2012年教育部哲学社会科学重大课题攻关项目阶段性成果

中国政法大学网络法研究中心文库14

## 作者简介

**于志刚** 男，1973年生，洛阳人。中国政法大学网络研究中心主任，教育部长江学者特聘教授。法学学士（1995年，中国人民大学）、法学硕士（1998年，中国人民大学）、法学博士（2001年，中国人民大学），2001年进入中国政法大学任教，次年破格晋升副教授。2004年至2005年赴英国牛津大学做访问学者，2005年破格晋升教授，2006年被遴选为博士生导师，同年开始兼任北京市顺义区人民检察院副检察长至今，2009年至2012年5月任研究生院副院长，2012年5月任教务处处长，2015年5月任中国政法大学副校长。2007年入选教育部新世纪优秀人才支持计划，2010年获北京市五四青年奖章，当选第11届全国青联委员，2013年受聘为最高人民法院案例指导工作专家委员会委员。

近20余年来在《中国社会科学》《法学研究》《中国法学》等刊物发表学术论文200余篇，出版《传统犯罪的网络异化研究》等个人专著12部，合著多部，主持教育部哲学社会科学重大课题攻关项目、国家科技支撑计划项目、国家社科基金项目等省部级以上科研项目近20项。曾获教育部高校优秀科研成果奖、霍英东青年教师奖，钱端升法学研究成果奖、司法部科研成果奖等科研奖励，以及宝钢优秀教师奖、北京市优秀教学成果奖等教学奖励。2010年11月，当选第六届全国十大杰出青年法学家。

**李怀胜** 男，1983年出生，河南省新乡市人。法学博士，中国人民公安大学法学院讲师，主要研究领域为刑法学、网络犯罪。发表文章30篇，其中关于网络犯罪的论文10余篇，有多篇文章被《中国社会科学文摘》、人大复印资料中心《刑法学》转载。独著著作1部，合著著作1部，主编、参编著作10余部。主持民政部课题、中国法学会课题、北京社科联青年人才项目等4项，参与国家、省部级课题10余项。

# 域外网络法律译丛·民商法卷

法学格致文库

穷究法理 探求真知

丛书主编 于志刚

本书主编 李怀胜

中国法制出版社
CHINA LEGAL PUBLISHING HOUSE

# 域外网络法律译丛·民商法卷

主　　编：李怀胜

副 主 编：于志强　杨　洁

翻译人员：（以翻译先后为序）

吴少卿　杨　洁　潘新睿　刘钥昕

周子实　王超群　荣钰湘　吕元乔

于志强　李怀胜

# 域外网络法律译丛前言

互联网的出现，开创了人类社会的新纪元。早期的网络不过是信息交流的媒介，谁也没有想到，今天它已演变为新的人类活动与实践空间。由虚拟信号组成的数字之网，借由物理的路由器和交换机，突破了时间与空间的物理区隔，让世界上不同地域的人建立新的社会联系。这样，在传统的社会关系网络之外，人类又有了一个新的网络社会关系。而网络空间与现实空间的关系，也由早先的“井水不犯河水”，变成了现在的“你中有我，我中有你”，可以预料，今后早晚要变成“不分你我”。法律规范人的行为，调节利益分配，因此法律适用于网络空间也是其应有之义，这一点不该有任何疑问。

实际上，考察网络法律的立法史，我们会发现它和网络的出现几乎是同步的，只不过近十几年来世界各国有关立法工作都呈现出了加速的趋势。网络空间中法律的生成大致遵循着两条路径：一是“网络空间的法律化”运动，二是“传统法律的网络化”运动。“网络空间的法律化”是指根据网络空间的组织结构、行为模式、适用规律等为其量身打造全新的法律规范，以使其适应网络法律行为的持续增进、进化和变异，因此这基本上是一种另起炉灶的做法；“传统法律的网络化”则是指努力寻求既有法律规范与网络空间的共同点和共通处，寻求在最小的规则调整的成本基础上，通过扩张传统法律的管辖范围和适用空间，使之能够约束网络空间。世界各国的立法实践基本都遵循着这两条路径。

然而，从“无法之网”到“有法之网”的编织过程并非都是坦途。计算机和网络的出现，其意义已经超越了蒸汽机的发明以及电力的使用，从而成为人类历史上影响最深远、意义最重大的技术创新活动。网络不是农业时代的耕牛、工业时代的蒸汽机，它与以往技术创新的重要区别在于，它在很大程度上已经摆脱了工具理性的束缚，转而开始制约、乃至型构人类社会的基本关系网络和组织形态。以网络为代表的现代科学技术的不断发展和深度社会化，正在全方位地改变着人类的社会面貌和生活，这一速度是如此之迅猛，根本不等传统法律窥探清楚其演进规律。因此，网络作为信息平台的天然优势造成的传统法律的时代性滞后，以及传统法律部门自身在网络时代的重新定位和转型问题，快速成为让世界各国普遍感到焦灼的事情。

笔者研究网络法律，尤其是网络犯罪已经有十几年的时间，在此过程中越来越感到，以解决问题为导向的就事论事型的研究在网络领域固然很重要，并且应当长期坚持，但是，站在更高的起点上以更高的理论视野去审视网络对于传统法律体系的影响、网络作为信息平台的天然优势造成的传统法律的时代性滞后，以及传统法律部门面对自身在网络时代的重新定位和转型问题，恐怕对于解决现在传统法律部门在网络空间中面临的诸多彷徨和困惑更加有益。在各国网络立法已有相当数量的背景下，方法论的指导已显得异常迫切。带着这样的想法，笔者依托中国政法大学网络法研究中心为平台，并联合了国内各法学学科中研究网络法律较为精干的力量，于2012年申请了教育部哲学社会科学研究重大课题攻关项目“信息时代网络法律体系的整体建构研究”，并获准立项。项目进行两年多来，已取得较为丰硕的研究成果，在此过程中，笔者认为有必要对域外国家、地区和国际组织的有关网络法律资料进行搜集和整理。原因在于，国内学者虽有对于域外网络立法信息的引介和零星译事，但就一个部门法整体而言，则几乎没有任何系统资料可寻。而囿于学科的局限，全面了解和搜集涵盖法学各部门法学科的域外立法资料更是十分少见。笔者更可以毫不夸张地说，虽然目前研究网络法律的学者为数已经不少，然而，真正对于域外网络立法现状有一个较为全面的直观认识的人寥寥无几，更遑论深入研究，研究视野的狭小严重阻碍了国内网络法领域研究水平的提升。为了改变这一现状，笔者所带的团队在过去搜集的域外网络法各部门法基础上，又进行了集中的搜集和整理工作，并择其优者而译之，形成了这套《域外网络法律译丛》。我们出版这套译丛有两点期望，一是为我国今后的网络法律工作提供可资借鉴的依据，毕竟他山之石可以攻玉；二是为中国法律走出去，输出带有中国特色、中国气派、中国风格的法律规则做点小小的技术准备。毕竟，要想让别人认可自己的法律规则，就要在规则设计上比别人做得更好，如果连别人的法律都不了解，那怎么去预先比较优劣呢?

这套译丛初期设想是分为民商法卷、行政法卷、刑事法卷和国际法卷四本，以后视情况将会续加其他类别。这套译丛，既是对我们正在研究的项目的支持，也愿为其他学者的研究提供力所能及的帮助。需要指出的，四个翻译类别的确定只是大概的分类，网络法律有其独特性。能否完全套用传统法律部门的学科分类其实是有探讨余地的，这样的编排主要是为了大家查找和使用的便利。本译丛所选的法律都很具有代表性，代表了域外网络法律的基本特点和发展方向，可以说是目前国内域外网络法律汇编方面取得的最具完整性、专门性的研究成果。愿它的出版能够增益我国的网络法律研究水平。

本书的出版，受到中国法制出版社的大力支持，尤其是刘峰、胡艺、靳晓婷三位编辑从中做了大量的工作，在此深表谢忱！

中国政法大学网络法研究中心主任　于志刚

# 本书前言

本书是对国外网络民商法律的汇编。网络民商法的服务对象包括两大类：网络个体和网络经济。因此网络民商法的立法进程是与网络的快速普及和网络经济的发展密切联系的。商业机构是网络社会的第一批用户。网络进入中国二十多年来，它已成为提振经济转型发展的引擎，信息技术催生了全新的经济形态，几乎所有的传统经济类型都存在网络化的问题。尤其是近年来网络对产业的影响日益凸显，网络已经渗透进了企业的全产业链条、全生命周期。如果说蒸汽机将人类从农耕文明引进了工业时代的大门的话，那么互联网引发的则是改变全球经济形态的信息革命。无论是传统的产业形态还是商业形态在网络时代都面临着信息化的升级换代问题。与此同时，网络经济在国民经济中占有的分量也日趋持重。根据有关机构的研究，到2013年底，我国电子商务的总体规模已经突破10万亿大关，且增速远超过其他任何经济形态。面对如此体量的经济规模，确实要好好规划一下怎么进行法律的保护、规范和引导了，毕竟网络经济首先也应当是法治经济。

带着这样的想法审视我国目前的网络法律体系，现状并不让人感到满意。我国网络法律体系的主要问题，首先是规范性文件层级较低，规范约束力不强，在整个网络民商法领域，由全国人大常委会制定的专门性法律仅有一部《电子签名法》，在《著作权法》《民事诉讼法》中散见个别涉及网络的条款；其次是网络法律以行政法律为主，民商法律数量严重不足。网络民商法规则的大量缺失，固然可以给网络提供“无拘无束”的发展环境，但也带来一系列的法律困扰，并在事实上增大了交易成本和风险。近些年来，学术界围绕虚拟财产的法律性质、域名和商标的冲突、个人信息的财产化保护、网络时代的隐私权等展开了持续的争论。需要指出的是，网络时代对传统法律的冲击，不仅存在于网络犯罪领域，更是波及包括民商法在内的法学各个部门。在知识产权领域，网络对传统著作权保护制度的冲击不但让传统工业巨头们抓狂，也使得知识产权法成为各国网络立法最为频繁的部门之一。考察域外网络民商事立法，在国际法层面，大多数的网络国际法都是民商事立法，在国内法层面，民商法也是各国网络法中最完备的法律部门。可以说，在网络民商法领域，我国不但没有抢占规则制定和输出的先机，反而逐渐与其他国家之间出现了法律的鸿沟。如何改变这一局面，确实是值得我们深思的。

组织本书的翻译的目的，自然是希望给我国的立法工作与学术研究提供一点域外的借鉴。本书是中国政法大学网络法研究中心组织编译的丛书《域外网络法律译丛》中的一本，按照翻译先后为序，参与翻译的人员及分工如下：

吴少卿：北京市西城区人民检察院检察官，翻译《韩国电子商务框架法》；

杨　洁：中国政法大学刑事司法学院硕士研究生，翻译《韩国电子金融交易法》、《英国电子商务指令》（潘新睿部分除外）、《欧盟指令》；

潘新睿：美国密歇根州立大学法学院JD、中国政法大学刑事司法学院博士研究生、美国康奈尔大学法学院访问学者，翻译《韩国个人信息保护法》《英国电子通讯预防和反恐电子商务指令（2006年反恐法案）规则》；

刘钥昕：河北省丰宁满族自治县人民检察院副检察长，中国政法大学刑事司法学院硕士研究生，翻译《韩国电子贸易简化法》；

周子实：中国政法大学法学硕士，德国马普外国刑法与国际刑法研究所博士研究生，翻译《奥地利关于电子货币发行与电子货币机构业务开办、经营与监管的联邦法》《韩国电子商务交易中的消费者保护法》《德国电子媒体法》；

王超群：中国政法大学社会学院辅导员，法学硕士，翻译马来西亚、菲律宾、文莱、澳大利亚、新西兰有关法律；

荣钰湘：中国政法大学刑事司法学院硕士研究生，翻译《奥地利信息安全法》《奥地利电子商务法》；

吕元乔：中国政法大学刑事司法学院硕士研究生，翻译瓦努阿图、萨摩亚有关法律；

于志强：浙江理工大学法政学院讲师，法学博士，翻译美国电子交易法案；

李怀胜：中国人民公安大学法学院讲师，法学博士，翻译美国电子签名与电子认证法。

康有为曾经说过，学术的使命，在于“汲取先进之思想、关注国家之问题、寻找解决之途径、提出创新之思维”。以此论套之，本书的翻译，也是为了汲取域外网络法制的先进思想，以达到关注当下中国网络治理的现实问题，寻求网络可持续发展的途径，最终提出有创新性的互联网规则。愿本书的翻译能够给读者带来一些收获。

本书的出版，得到中国法制出版社的大力支持，尤其是刘峰、张津编辑从中做了大量工作，在此深表谢忱！

中国人民公安大学法学院　李怀胜

# 目　录

## 亚洲篇



## 欧洲篇

## 大洋洲篇



## 美 洲 篇

# 亚洲篇

# 韩国电子商务框架法[①]

全部修订于2002年6月19日6614号法案
修订于2005年3月31日7440号法案
2005年12月29日7796号法案
2006年9月27日7988号法案
2007年4月11日8371号法案
2007年4月27日8387号法案
2007年5月17日8461号法案
2007年5月17日8466号法案
2007年12月27日8802号法案
2008年2月29日8852号法案
2008年3月21日8932号法案
2008年3月21日8979号法案
2008年12月26日9246号法案

① Framework Act On Electronic Commerce。

## 第一章　总则

**第一条**　目的

本法之目的在于通过分类电子商务法律关系，保障电子商务的安全和可信性以及建立其发展的基础，来促进国家经济的发展。

**第二条**　定义

本法所用词汇定义如下：（由 2005 年 3 月 31 日 7440 号法案修订）

1. “电子文件”是指在信息处理系统中以电子形式编辑、发送、接收或储存的一切信息；

2. “信息处理系统”是指拥有信息处理能力，用来编辑、发送、接收或储存电子文件的一切电子设备或系统；

3. “发件人”是指编辑并发送电子文件的人；

4. “收件人”是指发件人发送电子文件的接收对象；

5. “电子商务”是指在商品或服务市场中，其全部或部分商品或服务是通过电子文件进行的交易；

6. “电子商务经营者”是指经营电子商务的人；

7. “电子商务使用者”是指除了电子商务经营者之外的使用电子商务的人；

8. “电子文件授权存放处”是指根据本法第 31 条到第 32 条第 1 款的规定指定，为他人提供电子文件认证或保管业务，或者经营其他与电子文件有关的业务（以下所指的“电子文件的保管等”）的法人。

**第三条**　范围

除其他法律中规定的以外，本法适用于所有的电子商务。

## 第二章　电子文件

**第四条**　电子文件的有效性

（1）除其他法律规定的以外，只要是以电子形式存在的，电子文档都不能被否定效力。

（2）在本法条文的规定中，由所附表格所列明的，任何为了记录、报告、存放、保留或编辑等由电子文件所形成的活动，均会被认定为在相关法律的调整范围内。（最近一次修订由 2005 年 7440 号法案加入）

**第五条**　电子文件的保管

（1）当电子文件满足下面的条件的，对该电子文件的保管可以准用由相关法律法规规定的文件的保管的规定：

1. 电子文件的详细内容向社会公众公开的；

2. 电子文件的保存，是以其编辑、发送或接收时的形式的，或者可以用其编辑、发送或接收时的形式进行复写的；

3. 文件中所包含的涉及到发件人、收件人和电子文件发送或接收的时间的事项部分被保存的。

（2）由纸质或者其他非电子形式（以下所指的“电子转换源文件”）转换成的，能被信息处理系统操作（以下所指的“电子文件”）的文件满足下列要求，对该电子文件的保管可以准用由相关法律法规规定的文件的保管的规定：（最新一次修订由 2007 年 5 月 17 日 8461 号法案加入）

1. 电子文件的详细内容和形式需要与电子转换源文件相同；

2. 电子文件应当满足以上第一款的每一个条件。

（3）对第二款中电子文件和电子转换源文件的内容与形式进行认定的要求，对电子文件进行编辑的方法和程序以及其他重要的事项由知识经济部进行确定和公布。（最新一次修订由 2007 年 5 月 17 日 8461 号法案，2008 年 2 月 29 日 8852 号法案加入）

（4）在第一款和第二款的适用中，仅仅对发送或接收有重要性的部分不被认定为电子文件或转换的电子文件。（由 2008 年 5 月 17 日 8461 号法案修订）

**第六条**　电子文件接收的时间和地点

（1）电子文件发送的时间应认定为收件人或其代理人在具有接收相关电子文件能力的信息处理系统中输入的时间（包括转换的电子文

件，以下的类推适用）。（由 2007 年 5 月 17 日 8461 号法案修订）

（2）在以下条款规定的情形下，电子文件都应被认定为已被接收：

1. 收件人已经指定信息处理系统接收电子文件的，时间即为它们输入指定系统的时间，但是，电子文件被输入了非指定的信息处理系统的，则为收件人输出的时间；

2. 收件人没有指定信息处理系统接收电子文件的，则时间为它们被输入进收件人所管理的信息处理系统。

（3）一份电子文件应分别被认定为在发件人或收件人的营业地被发送或接收。存在两个或以上的营业地的，应当被认定为在对该电子文件进行主要管理的营业地被发送或接收；发件人或收件人没有营业地的，则该电子文件应被认定为在他或她经常居所地被发送或接收。

**第七条** 发件人被认定为已经发送电子文件的情形

（1）包含在所建立的电脑程序发送的电子文件内的，需要通过其他电子设备，被发件人的代理人发送接收或自动发送接收的任何意思表示，都被认为是由发件人发出的。

（2）在以下任何条款的情形下，电子文件的收件人可以对来自发件人发出的包含在电子文件内的意思表示采取行动：

1. 收件人依照事先与发件人协商一致的程序，核实了电子文件是否来自于发件人；

2. 收到的电子文件已经被发送，而通过发件人或其代理人与收件人的关系可推知，收件人认可发送人的行为是合法的，且是基于发送人或其代理人的意志。

（3）第二款的条款不能适用于以下情形：

1. 收件人已经收到了发件人的通知，电子文件并非其本人所有，且存在合理的时间去采取相关必要的措施；

2. 在第二款第二项中，收件人已经知道，或者如果他尽到合理的注意义务或依照与发件人约定的程序即可以得知，电子文件并非来自于发件人。

**第八条** 电子文件接收的独立性

每一个接收的电子文件都各自独立；但是，按照与发件人约定的核实程序进行核实或尽到合理的注意义务后，收件人明知相同的电子文件被重复地发送的除外。

**第九条** 对接收的确认

（1）在接收应当被确认的情况下，直到发件人收到对接收的确认通知，电子文件才应被认定为被发送。此时，民法第534条的条款不适用。（由2007年5月17日8461号法案修订）

（2）发件人没有把接收确认通知作为条件，而要求接收确认通知的，如果发件人没有在合理的期限（这个期限是指由发件人指定的期间或由发件人与收件人一致同意的期间）内收到接收确认通知，发件人可以撤回该电子文件。

**第十条** 依据发件人与收件人之间的合同的修改

发件人和收件人可以在合同中约定不同于本法第六条至第九条的规定内容，其他法律法规规定的除外。

**第十一条** 有关电子签名的事项

在电子商务中有关电子签名的事项应该适用电子签名法。（由2007年5月17日8461号法案修订）

## 第三章 电子商务中的安全保障和对消费者的保护

**第十二条** 对个人信息的保护

（1）为了保障电子商务的信用和安全，政府应当规划并实施政策，保护电子商务用户个人信息。

（2）所有电子商务的运营商在收集、应用、提供和管理电子商务用户个人信息方面，都应当遵守相关的规定，例如《信息和互联网应用发展与信息保护法案》。（由2007年5月17日8461号法案修订）

**第十三条** 对商业秘密的保护

（1）为了保障电子商务的信用和安全，政府应当规划并实施政策，保护电子商务用户商业秘密。

（2）所有的电子商务运营商（包括被委托运营信息处理系统的人，适用于此条以下的内容）应当采取措施保护电子商务用户的商业秘密。

（3）所有电子商务运营商在没有获得电子商务用户同意的情况下，不得把相关用户的商业秘密提供或泄露给他人。

（4）涉及到第一款至第三款中规定的商业秘密的范围和保护措施的必要问题，由总统令规范。

**第十四条** 编码产品的使用

（1）电子商务运营商可以用编码产品来保障电子商务的安全和信用。

（2）如果确有保障国家安全的必要，政府可以限制编码产品的使用，并且采取必要的措施获取编码信息的源文件或编码技术。

**第十五条** 为保护消费者需规划或实施的其他政策

（1）政府应当依据相关的法律法规，比如《消费者和门对门销售框架法案》等，规划并实施政策，保护电子商务消费者基本权益，确保用户对电子商务的信任。（由 2006 年 9 月 27 日 7988 号法案，2007 年 5 月 17 日 8461 号法案修订）

（2）政府可以建议电子商务运营商和运营组织自发地建立规则，以维护电商商务中的公平。

**第十六条** 对消费者危险的避免和由此产生的救济

（1）政府应当规划并实施相关政策，保证消费者的信息知情，并加大对消费者的教育，以避免消费者在电子商务中面临危险。

（2）政府应当规划并实施必要的措施，迅速公正地处理消费者在电子商务中面临的危险和出现的不满。

**第十七条** 电子商务运营商应基本注意的问题

电子商务运营商应当注意以下条文中的事项，以保护电子商务中的消费者，以及保障电子商务的安全和信用：（由 2008 年 3 月 21 日 8932 号法案修订）

1. 在运营商、产品、服务合同的条款和条件等中，提供准确的商标信息（包括涉及公司时法人代表的名字）；

2. 提供和保障合同的标准，让消费者能够便捷地知道和了解；

3. 设计能让消费者自己取消和变更自己需求指令的程序；

4. 设计便捷的撤销申请、取消或终止合同、替换、返还商品以及退款等程序；

5. 设计迅速公正地处理消费者不满和投诉的程序；

6. 保存详细的交易记录，以备对交易的核实。

### 第十八条　电子商务运营商的认证

政府可以支持对优秀的电子商务运营商的认证项目，以求保护消费者，确保电子商务运营商的良好发展。

## 第四章　电子商务基本政策和其发展系统的规划

**第十九条**　电子商务基本政策的原则和政府的责任

为了电子商务的发展，政府应当依据原则规划并实施电子商务的基本政策，例如意思自治原则、最低限度干涉原则、保障电子商务的安全和信用原则、国际合作原则。

**第二十条**　规划并实施电子商务的发展计划

（1）政府应当依据第十九条所规定的电子商务的基本政策原则，规划并实施包含在以下条款中的计划：（以下所指的“电子商务发展计划”）

1. 电子商务发展计划的基本方向；

2. 与电子商务相关的国际规范问题；

3. 电子支付系统问题；

4. 知识产权的保护问题；

5. 电子商务中当事人权利保障的问题；

6. 电子商务的安全和信用保障问题；

7. 与电子商务相关的发展和技术标准问题；

8. 电子商务发展所需的环境和条件的创造问题；

9. 与电子商务相关的国际合作的问题；

10. 支持创造电子商务发展基本条件的问题；

11. 高速信息和互联网络的建立以及使用的活跃度问题；

12. 其他与电子商务发展相关的重要问题。

（2）与电子商务发展计划相关的中央部门（以下所指的“相关中央部门”）的负责人应当根据管辖权规划在第一款中规定的其所属部分的发展计划，并且应当考虑主要政策的建立和实施。

（3）在电子商务发展计划的规划中，知识经济部应当负责整合由其他中央部门完成的各部分计划，交付第二十一条规定的电子商务政策委员会进行审议，并在由《信息发展框架法案》第八条规定的信息发展委员会完成计划。（由 2005 年 3 月 31 日 7440 号法案，2007 年 5 月 17 日 8461 号法案，2008 年 2 月 29 日 8852 号法案修订）

**第二十一条　电子商务政策委员会**

（1）电子商务政策委员会应当在知识经济部建立，审议与电子商务发展相关的问题。（由 2008 年 2 月 29 日 8852 号法案修订）

（2）委员会应当审议以下议题：

1. 电子商务发展计划的问题；

2. 电子商务发展计划的实际发展效果的评议问题；

3. 由不同相关中央部门采取的电子商务发展政策或电子商务计划的协调问题；

4. 其他由主席提出的，与电子商务发展主要政策相关的问题。

（3）委员会应当由包括主席在内不少于三十个成员组成。

（4）主席应当由知识经济部的副部长担任，成员应当由相关中央部门选任，选任的范围包括其部门内负责电子商务事务的职级在三级以上的公务员、高级公务员，以及知识经济部从有电子商务知识和工作经验的人中所选任的人。（由 2005 年 12 月 29 日 7796 条法案，2008 年 2 月 29 日 8852 号法案修订）

（5）依据第二十四条第一款第一项规定的电子文件的标准，电子商务政策委员会可以根据领域建立和运行分支机构等，以求有效地工作。

（6）对在第一款下的电子商务政策委员会和第五款下的分支委员会的构成和运营具有重要性的其他问题应当由总统令规范。

**第二十二条** 韩国电子商务学会

（1）政府应当建立韩国电子商务学会（以下所称的“KIEC”），以高效系统地推进电子商务发展计划，并支持与电子商务相关的政策的发展。

（2）KIFC 是一个独立的法人。

（3）KIFC 应当进行以下与电子商务有关的工作：（由 2005 年 3 月 31 日 7440 号法案，2007 年 5 月 17 日 8461 号法案，2008 年 2 月 29 日 8852 号法案修订）

1. 国内和国际的调查和研究、出版、宣传和发展；

2. 对系统的研究和对环境的创造；

3. 第十八条下优秀电子商务运营商的认证；

4. 对第二十一条第一款下电子商务政策委员会的运行的支持；

5. 对在第二十一条第五款规定的电子商务标准下的分支委员会的支持；

6. 第二十四条下的国际标准化的活动和标准的研究、发展以及普及；

7. 对第二十五条下的技术发展的支持；

8. 对第二十九条下的电子商务发展的国际交易和合作；

9. 对第三十一条到三十二条下的电子文件授权存放处的设计的支持；

10. 对第三十一条之八下的电子文件档案室等的规则的报告的支持；

11. 对第三十一条之九第三款下的电子文件授权存放处内的电子文件的保护措施的技术的支持；

11-2. 对第三十一条之十第一款下的电子文件授权存放处的检测的支持；

11-3. 接管在第三十一条之十五第三款下的保管中的文件；

12. 运行第三十二条下的电子商务调解委员会；

13. 其他由知识经济部或相关中央部门负责人委托的事项。

（4）KIFC 可以在总统令的授权下运行营利的项目，以满足第一款规定内容的开支。

（5）在预算的限度内，政府可以补贴整个或者部分 KIEC 运营所需的开支。

（6）KIEC 可以接受电子商务运营商的赞助，用来支持运营和项目的实施。

（7）KIEC 可以在总统令的规定下，从使用其个人标准的个体处集资。

（8）除本法规定以外，民法中与基金会相关的条款可以经适当的变更适用于 KIFC。（由 2007 年 5 月 17 日 8461 号法案修订）

## 第五章　电子商务的发展和基础的创造

**第二十三条**　电子商务的应用的发展等

（1）政府应当规划并实施必要的政策，例如对不同法律法规的整合，以促进电子商务应用的发展。

（2）知识经济部可以决定必要事项、方式以及保证电子文件充分利用的重要程序的标准性指引，并且进行公示。（最新修订由 2005 年 3 月 31 日 7440 号法案，2008 年 2 月 29 日 8852 号法案加入）

（3）知识经济部部长可以授权对用于编辑电子文件的装置设备进行认证，以保障电子文件的信用。（最新修订由 2007 年 5 月 17 日 8461 号法案，2008 年 2 月 29 日 8852 号法案加入）

（4）与第三款中对装置设备的认证的同时，认证管理的方式、程序及标准应当由知识经济部的条例规定。（最新修订由 2007 年 5 月 17 日 8461 号法案，2008 年 2 月 29 日 8852 号法案加入）

（5）知识经济部部长应当调查运行的实际条件和第三款规定的装置设备的认证的岗位管理状况，并且如果调查后被认定为不符合认证的标准的，他或她可以采取必要的措施，例如发出整改命令等。（最

新修订由2007年5月17日8461号法案，2008年2月29日8852号法案加入）

（6）当根据第三款规定的认证的装置或设备符合以下几项的规定时，知识经济部的部长可以撤销认证；除非符合第一项，他或她则应当撤销认证：（最新修订由2007年5月17日8461号法案，2008年2月29日8852号法案加入）

1. 认证是由欺诈或其他不公正手段获得的；

2. 由于装置或设备本质上低于认证的标准，而被认为是损害了电子文件的信用的；

3. 第五款规定的整改命令没有被实施的。

**第二十四条** 电子商务的标准化

（1）政府应当促进以下事项，以有效地运营电子商务并保障相关技术的可交换性：

1. 与电子商务相关的标准，例如电子文件的通过、修订、废除和扩张；

2. 电子商务国内及国际标准的调查和发展；

3. 其他对电子商务的标准化重要的问题。

（2）符合电子文件标准的分支委员会在第二十一条第五款的条件下建立后，该分支委员会应当调查、审议并通过在第一款第一项下的电子文件标准有关事项的解决方案。（由2005年3月31日第7440号法案修订）

（3）当对于第一款各项内容事项的有效实施存在必要性时，政府可以允许相关的学会和非政府组织自行运营。此时，政府可以根据总统令补贴其中发生的费用。

**第二十五条** 对电子商务技术发展的促进

政府应当促进以下各项事项，以提升电子商务发展所需的技术并提高技术标准：

1. 电子商务技术标准研究，技术的发展和研究，以及成熟技术的实践应用的相关事项；

2. 与电子商务有关的技术合作，技术指引以及技术转换相关的事项；

3. 电子商务信息的顺利分配和工业科技研究合作的相关事项；

4. 其他电子商务技术发展的必要事项。

**第二十六条** 电子商务专家的培养

（1）政府应当努力培养电子商务发展所需的专家。

（2）为了培养第一款中所指的专家，政府可以补贴全部或部分由研究学会所实施的计划所需的费用，这些学会包括在《公办学会建立、运营和培养法》下的公办学会等，《高等教育法》下的学校及其他相关组织机构。（由 2007 年 5 月 17 日 8461 号法案，2008 年 3 月 21 日 8932 号法案修订）

（3）有关补贴第二款中培养电子商务专家的学会的必要事项应当由总统令规范。

**第二十七条** 在公共部门中的电子商务的发展

国家机关、地方政府、公办学会及公共组织等（以下所指的“政府机构等”）应当规划并实施相关的商品和服务的采购计划，采购对于他们在电子商务中的运营或项目的实施重要的商品和服务。

**第二十八条** 诸如电子商务数据统计的实际情况调研

（1）知识经济部可以实施实际情况的调研，例如电子商务数据统计，以有效地规划及实施电子商务政策的发展。此时，在电子商务数据的统计编辑中，可以准用《数据统计法》中的规定。（由 2007 年 4 月 27 日 8387 号法案及 2008 年 2 月 29 日 8852 号法案进行修订）

（2）如果认定为对第一款中的实际情况的调研有必要，例如数据统计等，知识经济部部长可以要求政府机构等，运营商或与电子商务相关的公司或组织递交相关的数据或发表看法等。（由 2008 年 2 月 29 日 8852 号法案修订）

（3）政府机构等，运营商或与电子商务相关的公司或组织收到第二款中的递交要求后，应当遵从。

（4）其他对实际情况调研的实施具有必要性的事项，例如电子商务的数据统计，应当由总统令规范。

**第二十九条** 电子商务的国际化

（1）为了促进电子商务的国际合作，政府可以对电子商务的信息、技术或人力资源的交换，联合调查、研究和技术合作，国际的标准化的计划给予支持。

（2）政府应当尽力积极参与在国际组织中与电子商务有关的讨论，参加其中并支持电子商务运营商对海外市场的拓展。

**第三十条** 电子商务支持平台

（1）政府应当设计和改善中小企业在电子商务发展中所需的政策。

（2）为了中小企业在电子商务中的发展，知识经济部部长可以指派一个学会对电子商务的教育培训、技术指导、管理咨询、信息提供等进行支持，作为电子商务支持平台（以下所指的“ECSC”）。（由2008年2月29日8852号法案进行修订）

（3）对于ECSC的指派标准，计划实施实际记录的报告，以及补贴费用等事项具有一定必要性的问题由总统令规范。（由2008年3月21日8932号法案修订）

**第三十条之二** ECSC指派的撤销

如果ECSC符合以下任何一项，知识经济部的部长可以撤销这样的指派，当符合第一项时，他或她应当撤销这样的指派：

1. 对ECSC的指派存在欺诈或其他不公正的方式；
2. 无正当理由，至少连续两年没有提交运营纪录；
3. 不符合在第三十条第三款中的指派标准。

（词条最近修订由2008年3月21日8932号法案加入）

**第三十一条** 对电子商务发展的支持

（1）为了电子商务的发展，国家或地方政府可以授予优惠的税收政策支持，例如减免税费，给予财政支持以及在税务相关法案，例如《特殊税务限制法》和《地方税法》，规范下其他必要的行政支持。（由2005年3月31日7440号法案，2007年5月17日8461号法案修订）

（2）与电子商务相关的法人或组织开展在电子商务发展计划中的

项目，政府可以在预算的限度内补贴全部或部分项目费用。

## 第五章之二　电子文件授权存放处

**第三十一之二条**　电子文件授权存放处

（1）知识经济部部长可以指定一个专门进行电子商务保管的实体作为电子文件授权存放处，以保障电子商务维护等的安全和准确性，并且由这些存放处来保管电子文件。（由2008年2月29日8852号修订）

（2）有资格被指定为电子文件授权存放处的实体应限于法人。

（3）想要成为被指定的电子文件授权存放处的实体应当向知识经济部部长提出申请，保障有保管电子文件所必需的人力、技术、财政能力和其他装备设置。（由2008年2月29日8852号法案修订）

（4）对于第一款和第三款规定下的电子文件授权存放处，其所需的人力资源、技术、财政能力和其他装备设置的指定标准、方式和程序由总统令规范。（最新修订由2005年3月31日7440号法案加入）

**第三十一条之三**　无法成为电子文件授权存放处的理由

符合下项任何条件的法人不能被选为电子文件授权存放处：

1. 在由总统令规范的直接保管电子文件的高管到职员中，聘用符合以下条件人员的法人：

（a）无行为能力或者限制性行为能力的；

（b）被宣告破产并且还未恢复的；

（c）刑罚执行完毕（包括被认定执行完毕的）或被宣告缓刑，未满两年的；

（d）暂予监外执行期内的；

（e）被法庭或其他法案取消或暂停其资质的；

（f）根据地三十一条之五第一款取消其指定资质的法人的被取消时的主管人员（限制在取消后两年内）。

2. 根据第三十一条之五被取消指定资质未满两年的法人。（最新修订由2005年3月31日7440号法案加入）

**第三十一条之四**　整改令

符合以下各项条件的电子文件授权存放处，知识经济部部长可以发出命令要求在不超过六个月的固定期限内进行整改：（由 2007 年 5 月 17 日 8461 号法案，2008 年 2 月 29 日 8852 号法案进行修订）

1. 不符合第三十一条之二第四款电子文件授权存放处指定标准的；

2. 管理人员满足第三十一条之三第一款任何一项的；

3. 违反第三十一条之八第一款，无法对电子文件保管工作进行日常报告的；

4. 违反第三十一条之八第二款，无法对日常电子文件保管工作进行日常的修正报告的；

5. 违反第三十一条之九第一款，拒绝提供电子文件保管服务的；

6. 违反第三十一条之九第二款，非法歧视用户的；

7. 违反第三十一条之九第三款，无法采取必要的措施以保证其保管的电子文件完整且不变的；

8. 处理电子文件授权存放处的事务的方式或程序不恰当，并且因此在保管、传送或接收环节或电子文件核实的准确性上存在安全隐患的；

9. 无法根据第三十一条之十六第二款的规定，提供保险的。

（最新修订由 2005 年 3 月 31 日 7440 号法案加入）

**第三十一条之五**　指定的取消及附加费用

（1）根据第三十一条之二被指定为电子文件授权存放处的实体满足以下任何一项时，知识经济部的部长可以根据《知识经济部条例》取消相关的指定，或者指令全部或部分相关的业务暂停不多于一年的期限；当满足以下第一项或第二项时，他或她应当取消相关的指定：（由 2008 年 2 月 29 日 8852 号法案修订）

1. 通过欺诈和其他非法的手段，获取第三十一条之二第一款规定的指定的；

2. 根据第一款主条款，在停止运营期间，继续运营的；

3. 从获得根据第三十一条之二第一款的指定开始，一年以上无法开业运营的，或者开业后连续一年以上无法运行电子文件保管类的业务；

4. 在规定的期限内，无法根据第三十一条之四进行整改。

（2）当知识经济部部长根据第一款第三项和第三项采取暂停营业的措施，并且他或她认为相关的营业暂停可能会对电子文件授权存放处的用户造成严重的不便时，他或她可以强制要求不超过1亿韩元的附加费用以代替停业。（由2008年2月29日8852号法案修订）

（3）违反的类型和程度所决定的附加费用的数目应依据第二款的规定，计算附加费用的方式和其他必要的事项应由总统令规范。

（4）任何根据第二款有义务支付附加费用而没有在最后期限前支付的，知识经济部部长应当按照不缴纳税款的处理方式来对待以收集款项。（由2008年2月29日8852号法案修订）

（本条最新修订由2005年3月31日7440号法案加入）

**第三十一条之六** 代理电子文件保管的效力

电子文件授权存放处保管电子文件的，其即被认定为依据第五条第一款或第二款对电子文件进行保管。（由2007年5月17日8461号法案进行修订）

**第三十一条之七** 电子文件内容的推定

（1）在电子文件授权存放处保管的电子文件应当被推定为在保管期间其内容没有被修改。

（2）依据总统令规定的方式和程序，电子存放处针对事项，出示关于保管人、发件人、收件人和传送与接收等的日期时间的证书的，该在证书中声明的事项推定为真实。

（最新修订由2005年3月31日7440号法案加入）

**第三十一条之八** 关于电子文件的保管等业务的规范的报告

（1）根据《知识经济部条例》的规定，在开始运行之前，电子文件授权存放处应当准备关于电子文件保管业务的相关规范（以下所指的“业务规范”），并且向知识经济部部长报告。此时，关于业务的规范应当包括以下问题：（由2008年2月29日8852号法案修订）

1. 业务的类型；

2. 业务开展的方式和程序；

3. 电子文件保管的使用条件和服务费用；

4. 《知识经济部条例》规定的其他与开展业务相关的事项。

（2）电子文件授权存放处要改变在根据第一款已经报告的事项，应当根据《知识经济部条例》报告给知识经济部部长。（由 2008 年 2 月 29 日 8852 号法案修订）

（3）知识经济部部长已经根据第一款的规定批准的业务规范内容可能会损害保管业务安全或准确性的，或者妨害使用电子文件保管业务的用户（以下所指的“用户”）利益的，他或她可以要求相关的电子文件授权存放处在一定合理的时间内改变其业务规范。（由 2008 年 2 月 29 日 8852 号法案加入）

（4）当电子文件授权存放处已经改变其保管电子文件所使用的设备装置的，应当根据《知识经济部条例》向知识经济部部长报告。（最新修订由 2007 年 5 月 17 日 8461 号法案，2008 年 2 月 29 日 8852 号法案加入）

**第三十一条之九** 工作守则

（1）无正当理由，电子文件授权存放处不能拒绝提供诸如电子文件保管等的服务。

（2）禁止电子文件授权存放处非法歧视其用户。

（3）电子文件授权存放处应当根据总统令采取必要的措施避免其所保管的电子文件被损害或改变。

（4）无需满足法定的程序或发件人，收件人及相关的其他电子文件用户的许可，电子文件授权存放处可以把其保管在信息处理系统中的电子文件及其他相关的信息提供给他人或向公众公开。

（5）电子文件授权存放处为了保管电子文件而需要电子签名的，应当根据《电子签名法》第二条第三款的规定由该法第四条规定的授权的机构获得授权的电子签名。

（6）电子文件授权存放处应当保证与用户的独立性，以安全可信

地保管电子文件。（最新修订由 2007 年 5 月 17 日由 8461 号法案加入）

（此条由 2005 年 3 月 31 日 7440 号法案加入）

**第三十一条之十** 日常检查

（1）知识经济部部长可以指令 KIFC 对电子文件授权存放处的装置设备进行日常的安全检查。（由 2008 年 2 月 29 日 8852 号法案修订）

（2）当根据第三十一条之十四第三款的修正报告被做出或根据第三十一条之十四第三款的承继报告被做出后，知识经济部部长可以指令 KIFC 检查相关装置设备的安全。（由 2008 年 2 月 29 日 8852 号法案修订）

（3）第一款及第二款规定的检查的原则、时间、目标以及程序和其他必要的事项应当由知识经济部条例规范。（由 2008 年 2 月 29 日 8852 号法案修订）

（本条最新修订由 2007 年 5 月 17 日 8461 号法案加入）

**第三十一条之十一** 报告和检查

（1）如果知识经济部部长认为有必要，他或她可以根据总统令要求电子授权存放处递交相关的数据，或递交电子或纸质报告，并且要求相关的公共部门到达电子文件授权存放处的办公地点、经营地及其他相关地点，检查其装置、设备、与电子文件存放相关的文件和其他相关材料。（由 2008 年 2 月 29 日 8852 号法案修订）

（2）根据第一款进行检查的公共部门应当携带证明其权力的证件，并向利益方出示。（最新修订由 2005 年 3 月 31 日 7440 号法案加入）

**第三十一条之十二** 诸如电子文件等相关信息的安全

（1）禁止任何人对电子文件及其他储存在电子文件授权存放处的相关信息进行伪造和修改，或利用经伪造或修改的信息；

（2）禁止任何人通过在电子文件授权存放处的信息处理系统中输入虚假信息或非法指令来虚假发放第三十一条之七第二款规定的证书。

（3）禁止任何人毁坏或破坏电子文件及其他电子文件授权存放处中保存的其他相关信息，或侵害其中的秘密。

（4）电子文件授权存放处现在或曾经的管理人员或员工不能泄露其根据职责所了解的电子文件以及其他相关的信息内容，或让自己或其他第三方使用。

（此条最新修订由 2005 年 3 月 31 日 7440 号法案加入）

**第三十一条之十三** 用户信息的保护

（1）电子文件授权存放处应当保护与电子文件保管相关的个人信息。

（2）关于第一款中规定的个人信息的保护，《信息和互联网应用发展与信息保护法案》第二十二条到第三十二条、第三十六条第一款以及第五十四条、第六十二条、第六十六条以及第六十七条中的与个人信息保护相关的条款规定应当准用。此时，“信息交流服务的提供者”应被认定为“电子文件授权存放处”，“信息交流服务”为“电子文件保管服务”，“信息交流服务使用规定”为“电子文件保管业务规范”，“《公共管理和安全部条例》”为“《知识经济部条例》”，“公共管理和安全部”为“知识经济部”。（由 2008 年月 29 日 8852 号法案修订）

（此条最新修订由 2005 年 3 月 31 日 7440 号法案加入）

**第三十一条之十四** 电子文件授权存放处业务的转移和接管

（1）电子文件授权存放处可以转移其全部或部分业务到其他电子文件授权存放处或与其他电子文件授权存放处合并。此时，根据《知识经济部条例》的规定，他们需要在预计日期前至少 60 天内告知用户。（由 2008 年 2 月 29 日 8852 号法案修订）

（2）根据第一款规定转移其业务的电子文件授权存放处或继续存在的或合并后成立的电子文件授权存放处应当承继之前的电子文件授权存放处。

（3）任何根据第二款承继之前的电子文件存放处的人应当根据《知识经济部条例》汇报知识经济部。（由 2008 年 2 月 29 日 8852 号

法案修订）

（此条最新修订由2007年5月17日8461号法案加入）

**第三十一条之十五** 电子文件保管业务的终止

（1）当电子文件存放处想要终止其电子文件保管业务时，它应当在预定终止的日期前60天内，告知其用户并根据《知识经济部条例》汇报知识经济部部长。（由2008年2月29日8852号法案修订）

（2）根据第一款汇报的电子文件授权存放处应当向其他电子文件授权存放处转移其保管的电子文件及其他与保管电子文件相关的记录等（以下所指的“保管文件”）；但是，由于不可抗力其无法转移保管的电子文件，例如其他电子文件授权存放处拒绝接手等，此时它们应当立即报告知识经济部部长。（由2008年2月29日8852号法案修订）

（3）当知识经济部认为符合下列规定的条件，需要采取紧急措施以保障电子文件保管业务的持续性和安全性时，他或她可以指令KIEC接管相关的在保管中的电子文件或要求采取其他措施：（由2008年2月29日8852号法案修订）

1. 符合第二款规定的但书条款的；

2. 已经根据第三十一条之五被认定取消电子文件授权存放处的指定的；

3. 发生不可抗力，电子文件授权存放处无法开展电子文件保管业务的；

（4）根据第一款到第三款，对电子文件业务的终止，转移及接管具有重要性的其他问题应当由知识经济部条例规范。（由2008年2月29日8852号法案修订）

（此条最新修订由2007年5月17日8461号法案修订）

**第三十一条之十六** 补偿义务

（1）当电子文件授权存放处以任何违反该法案电子文件保管业务相关的条款的活动对用户造成损害时，它应当对相关的损害进行补偿；但是，当电子文件授权存放处证明其非因故意或疏忽造成的除外。

（2）电子文件授权存放处应当根据总统令购买保险以根据第一款的规定补偿损害。（最新修订由 2007 年 5 月 17 日 8461 号法案加入）

（此条最新修订由 2005 年 3 月 31 号 7440 号法案加入）

**第三十一条之十七**　费用等

电子文件存放处可以强制征收必要的对价，例如费用，为其证书或用户申请保险。（此条最新修订由 2005 年 3 月 31 日 7440 号法案加入）

## 第六章　电子商务调解委员会

**第三十二条**　电子商务调解委员会的建立和组成

（1）电子商务调解委员会（本章以下所指的“委员会”）是为了调解电子商务纠纷而建立。（由 2005 年 3 月 31 日 7440 号法案修订）

（2）委员会应当由包括主席在内不少于 15 个且不超过 50 个成员组成。

（3）成员应当由知识经济部部长从符合以下任何条款中的人员中指定或委托，主席应当从成员中选任：（由 2005 年 12 月 29 日 7796 号法案，2007 年 5 月 17 日 8461 号法案，2008 年 2 月 29 日 8852 号法案修订）

1. 在大学或政府认可的研究机构中，有或者曾经有助理教授以上或相当职称的，且主要研究领域与电子商务相关；

2. 在公共部门，担任或者曾经担任四级公务员以上的职位（包括隶属于高级公务员的公务员）或相当职位的，且有丰富的电子商务工作经验的；

3. 由法官、检察官或律师资格的；

4. 根据《非营利非政府组织援助法案》第二条的规定的非营利非政府组织推荐的；

5. 其他有电子商务或纠纷调解经验和知识的人。

（4）成员是兼职的，且任期为两年，可连任。

（5）根据第二十二条的规定应在 KIEC 中设置秘书以帮助处理委员会中的事务。

（6）成员任职的资质和保障，成员的退出、考察、转移应由总统令规范。

**第三十三条** 纠纷的调解

（1）想要获得与电子商务相关的损害的救济及纠纷调解的人都可以向纠纷调解委员会申请调解。

（2）委员会的调解应不超过 45 天，从根据第一款的规定收到纠纷调解申请之日起算，并根据纠纷给出建议；但是，存在不可抗力时可以延长时限，并应通知调解的双方延长的原因和时限。

（3）如果认定对于第二款规定的纠纷的调解有必要，委员会可以将调解分成不同调解组，每组不少于 3 人。

**第三十四条** 数据信息要求

（1）委员会可以要求调解的双方或证人提供调解所需的数据信息。此时，纠纷的相关方应当履行，除非存在正当理由。

（2）如果认为必要，委员会可以要求纠纷双方或证人出席委员会考虑他们的观点。

**第三十五条** 调解的立案

（1）符合以下任何一条时调解立案：

1. 纠纷的双方根据第三十三条第二款接受了调解；

2. 纠纷的双方向委员会递交了他们自己的调解协议。

（2）在第一款规定的情形下，委员会应当制作调解协议书，且由双方签字并盖章。

（3）第二款规定的调解协议应当与纠纷双方的合同具有一样的效力。

**第三十六条** 调解的不立案

符合下列条款任何一条时，委员会应通知双方调解不立案：

1. 调解只由单方申请，或纠纷的双方均不接受调解；

2. 纠纷的双方不接受委员会调解的草案；

3. 与调解相关的事项已被起诉到法院；

4. 案件本身不适合调解。

**第三十七条** 调解的费用

（1）根据总统令的规定，委员会可以收取纠纷调解申请方的调解费用。

（2）政府可以在预算内提供或补贴委员会的运作所需的费用。

**第三十八条** 委员会的运作

与委员会和调解分支组的运作以及调解的程序等有关的问题，除了第三十三条到三十七条规定的以外，均由总统令规范。

## 第七章 增补条款

**第三十九条** 权力的委托代理

根据总统令的规范，本法中规定的知识经济部的权力应当部分由部门负责人或地方政府负责人代理，或委托给相关的中央部门。（由2008年2月29日8852号法案修订）

**第四十条** 互惠待遇

本法应当同样适用于外国人和外国企业，但是，对于没有给予与本法等同的保护的国家的外国人或外国企业，本法或韩国加入或批准的条约可以给予其保护上等同的限制。

**第四十一条** 听证会

符合以下任何一项条款的，知识经济部部长应当举行听证会：（由2008年2月29日8852号法案，2008年8932号法案修订）

1. 他或她想要取消根据第三十条之二的规定的对支持平台的指定；

2. 他或她想要取消根据第三十一条之五第一款规定的对电子文件授权存放处的指定。

（此条最近修订由2005年3月31日7440号法案加入）

**第四十二条** 在应用刑法规定时对公务人员的法律拟制

刑法第一百二十九条到一百三十二条的应用中，电子文件授权存放处的高管和员工应视为公务人员。

（该条最新修订由2005年3月31日7440号法案加入）

## 第八章　处罚条款

**第四十三条**　处罚条款

（1）符合以下各项中任何一项的，判处十年以下有期徒刑或一亿韩元以下的罚金：（由 2007 年 5 月 17 日 8461 号法案修订）

1. 伪造或改变保存在电子文件授权存放处的电子文件及其他相关信息的，或违反了第三十一条之十二第一款的规定实施了伪造或改变信息行为的；

2. 在电子文件授权存放出的信息处理系统中，违反第三十一条之十二的规定，用输入虚假信息或非法指令的方式制造虚假的第三十一条之七规定的证书的。

（2）第一款中的犯罪预备行为应当被惩罚。

（此条最新修订由 2005 年 3 月 31 日 7440 号法案加入）

**第四十四条**　处罚条款

符合以下各项中任何一项的，判处五年以下有期徒刑或五千万韩元以下的罚金：（由 2007 年 5 月 17 日 8461 号法案修订）

1. 违反第三十一条之十二第三款的规定，毁坏、破坏保存在电子文件授权存放处的电子文件及其他相关信息，或泄露其秘密的；

2. 违反第三十一条之十二第四款的规定，现在或者曾经是电子文件授权存放处的高管或员工，并且泄露了其根据职责所了解的电子文件以及其他相关的信息内容，或让自己或其他第三方使用的。

（最新修订由 2005 年 3 月 31 日 7440 号法案加入）

**第四十五条**　附加处罚条款

如果法人的代表、代理人、员工或其他被法人招聘的人或根据第四十三条或第四十四条因为法人或个人的事务被判处有罪的其他人，不仅应当受到相关的处罚，而且该法人或个人也应当受到相关条款的罚金处罚；但是该法人或个人尽到了充分的注意义务并监督相关事务避免犯罪的除外。

（此条由 2008 年 12 月 26 日 9246 号法案完全修订）

**第四十六条** 疏忽大意的罚金

(1) 违反第三十一条之九第四款的规定，向公众开放电子文件和其他相关信息的电子文件授权存放处，应当因疏忽大意被处以不超过三千万韩元的罚金。

(2) 符合以下各项任何一项的，应当因疏忽大意被判处不超过一千万韩元的罚金：(由 2007 年 5 月 17 日 8461 号法案，2008 年 2 月 29 日 8852 法案修订)

1. 违反第三十一条之八第一款的规定，未能报告业务规范的；

2. 违反第三十一条之八第二款的规定，未能提交业务规范修改报告的；

3. 违反第三十一条之八第三款的规定，未能实施指令更改业务规范的；

3.2. 违反第三十一条之八第三款的规定，未能报告更改设备和装置的；

4. 违反第三十一条之九第一款的规定，无合法理由拒绝提供保管服务的；

5. 违反第三十一条之九第二款的规定，非法歧视用户的；

6. 违反第三十一条之九第三款的规定，未能采取必要的措施避免电子文件授权存放处内的电子文件被损坏或改变的；

6.2. 违反第三十一条之十第一款的规定，拒绝或阻碍日常检查的；

7. 未能根据第三十一条之十一第一款递交数据或报告，递交虚假数据、虚假报告或拒绝提交的，或阻碍、躲避相关部门的检查的；

8. 违反第三十一条之十四第一款后面部分，未能通知用户电子文件保管业务的转移或合并的；

9. 违反第三十一条之十四第三款，未能报告电子文件授权存放的承继的；

10. 违反第三十一条之十五第一款，未能通知用户电子文件保管业务的终止，或未能向知识经济部报告的；

11. 违反第三十一条之十五第二款，未能转移保管中的电子文件或未能报告的；

12. 违反第三十一条之十六第二款，未能提供保险的；

（3）根据第一款及第二款，对疏忽大意所作出的罚金应当根据总统令被知识经济部征收。（由 2008 年 2 月 29 日 8852 号法案修订）

（4）对根据第三款的罚金不服的可以从收到处罚通知之日起 30 天之内向知识经济部申请复议。（由 2008 年 2 月 29 日 8852 号法案修订）

（5）对第三款的罚金根据第四款提起复议的，知识经济部应当立即通知管辖的法院，收到通知的法院应当依据非诉案件程序立案审理。（由 2008 年 2 月 29 日 8852 号法案修订）

（6）在第四款规定的期限内，如果既没有提出复议，又不缴纳罚金的，应当按照国家税务的规定缴纳滞纳金。（此条最新修订由 2005 年 3 月 31 日 7440 号法案加入）

**附录**

（1）（生效日期）本法应于 2002 年 1 月 1 日生效。

（2）（电子商务支持平台指定的过渡性措施）本法根据旧法条款规定所指定的电子商务支持平台，在本法生效时，应当被认定为第三十条的电子商务支持平台。

（3）（和其他法律法规的关系）其他法律法规所引用的之前的电子商务框架法案或其中的法条，在本法生效时，如和本法发生冲突，则本法应当被引用。

**附录（2005 年 3 月 31 日 7440 号法案）**

（1）（生效日期）本法应于颁布后六个月生效。

（2）（电子商务政策议会的过渡措施）根据旧法建立和组成的电子商务政策议会，在本法生效时应当被认定为根据第二十一条的修订条款所建立和组成的电子商务政策委员会。

（3）（韩国电子商务交易协会的过渡措施）根据旧法建立和组成的韩国电子商务交易协会，在本法生效时应当被认定为第二十一条第五款修订条款所建立和组成的电子商务政策委员会的电子文件标准划分的分支委员会。

**附录（2005 年 12 月 29 日 7796 号法案）**

第一条（生效日期）

本法应于 2006 年 1 月 1 日生效。

第二条到第六条 略

**附录（2006 年 9 月 27 日 7988 号法案）**

第一条（生效日期）

本法应于颁布后六个月生效。（但书略）

第二条到第十三条略

**附录（2007 年 4 月 11 日 8362 号法案）**

第一条（生效日期）

本法应于颁布之日起生效。（但书略）

第二条到第十条略。

**附录（2007 年 4 月 11 日 8371 号法案）**

第一条（生效日期）

本法应于颁布之日起生效。（但书略）

第二条到第十条略

**附录（2008 年 4 月 27 日 8387 号法案）**

第一条（生效日期）

本法应于颁布后六个月生效。

第二条到第九条略

**附录（2007 年 5 月 17 日 8461 号法案）**

本法应于颁布后六个月生效；但是，第五条第二款到第四款的修订条款应于颁布之日起生效。

**附录（2007 年 5 月 17 日 8466 号法案）**

第一条（生效日期）

本法应于颁布后六个月生效。

第二条到第五条略

**附录（2007 年 12 月 27 日 8802 号法案）**

第一条（生效日期）

本法应于颁布后六个月生效。

第二条到第七条略

**附录（2008 年 2 月 29 日 8852 号法案）**

第一条（生效日期）

本法应于颁布之日起生效。（但书条款略）

第二条到第七条略

**附录（2008 年 5 月 21 日 8932 号法案）**

本法应于颁布之日起生效。

**附录（2008 年 3 月 21 日 8979 号法案）**

第一条（生效日期）

本法应于颁布之日起生效。

第二条到第六条略

**附录（2008 年 12 月 26 日 9246 号法案）**

本法应于颁布之日起生效。

# 韩国电子金融交易法①

2006年4月28日，通过第7929号法案进行修改
2007年4月27日，通过第8387号法案进行修改
2008年2月29日，通过第8863号法案进行修改
2008年12月31日，通过第9325号法案进行修改
2010年5月17日，通过第10303号法案进行修改

## 第一章　总则

**第1条**　立法目的

制定本法的目的在于通过阐明电子金融交易中的法律关系，确保电子金融安全性与可靠性、提高公民理财便利以及发展国家经济，从而形成促进国家电子金融产业的顺利发展的基础。

**第2条**　定义

本法中所使用的术语的定义遵照以下：（2007年4月27日，通过第8387号法案进行修改；2008年2月29日，通过第8863号法案进行修改）

1. 术语“电子金融交易”意为任何通过金融机构或通过利用电子设备提供金融产品或服务的电子金融服务提供者（在下文中被称为

① Electronic Financial Transaction Act。

“电子金融业务”）进行的交易，且利用上述机构的使用者是在与金融机构员工或电子金融业务经营者无任何直接接触的非面对面的自动化形式下进行交易的。

2. 术语“电子支付交易”意为任何提供支付一方（在下文中被称为“付款人”）经由金融机构或电子金融业务经营者将钱款通过电子支付设备交付接受支付方（在下文中被称为“收款人”）的电子金融交易。

3. 术语“金融机构”意为符合下列情形的任何机构、组织或业务经营者：

（a）任何机构即为金融服务委员会制定的关于机构设立等问题的法案第38条第1至第8款及第10至第12款规定的机构；

（b）任何在《特殊信用金融业务法案》规定下设立的特殊信用金融公司；

（c）任何受《邮政储蓄与保险法案》规制的通讯平台；

（d）任何在《社区信用合作社法案》下设立的社区信用合作社以及社区信用合作社联合体；

（e）其他任何从事与金融行业相关的机构、组织或业务经营者，以及其他依据由总统令所规制的法律从事相关业务的机构、组织或业务经营者。

4. 术语“电子金融业务经营者”意为任何依据第28条获得许可或进行登记者（不包括任何金融机构）。

5. 术语“电子金融业务经营辅助者”意为任何为了由金融服务委员会（在下文中被称为“金融服务委员会”）在关于金融服务委员会设立等问题的法案第3条规定的金融机构或电子金融业务经营者或支付网关系统的利益，对金融组织或电子金融业务经营者在从事电子金融交易或履行代理交易职责时起辅助作用的人。

6. 术语“支付网关系统”意为任何通过在金融机构与电子金融业务经营者间发送电子金融交易信息而进行与账户、支付结算相关商务的金融数据处理系统。

7. 术语“使用者”意为任何为了便于从事电子金融交易而与金融机构或电子金融业务经营者签订合同进行电子金融交易的人（下文中被称为“电子商务交易合同”）。

8. 术语“电子设备”意为任何用于通过电子途径传输或处理电子金融交易信息的设备，例如自动提款机、自动存取款机、借方终端、计算机、电话或其他通过电子途径传输或处理信息的设备。

9. 术语“电子文件”意为任何依照《电子商务架构法规》第 2 条第 1 款，在信息系统中起草、传输、接收或储存的信息。

10. 术语“存取方式”意为任何处理电子金融交易中交易请求或者任何维护使用者与交易细节真实性与准确性的方式，或由下列任何一种设备所完成的上述信息处理：

（a）电子支付卡或其他类似的电子信息设备；

（b）《电子签名法》第 2 条第 4 款以及上述法条第 7 款中规定的执照所指向的电子签名创建秘钥；

（c）向金融机构或电子金融业务经营者注册过的用户代号；

（d）使用者的生物信息；以及

（e）上述（a）或（b）项中所涉及的方式或信息使用中所用到的任何密码。

11. 术语“电子支付方式”意为电子资金转账、电子借记卡支付手段、电子预付方式、电子货币、信用卡、电子担保或其他通过电子手段进行的支付方式。

12. 术语“电子资金转账”意为任何以下列方式之一，从某一由金融机构或电子金融业务经营者所开户的账户（限于与金融机构有联系的账户；在下文中即指此）向另一账户，通过以进行付款人与收款人之间资金转账为目的的电子设备所进行的资金转账。

（a）付款人向金融机构或电子金融业务经营者发出的支付请求；以及

（b）收款人向金融机构或电子金融业务经营者发出的代收请求（下文中被称为“代收转账”）。

13. 术语“电子扣账付款方式”意为任何由金融机构或电子金融业务经营者为了提供货物或服务与以电子形式在使用者与连锁店之间通过金融机构账户进行的电子资金转账能同时进行，而发给的批准（不包括贷款批准）或该批准之中的信息。

14. 术语“电子预付方式”意为任何对满足下列要求的以电子形式可转让的货币价值批准或该批准之中的信息；但，不应包括电子货币：

（a）用于由发行者（尤其是包括总统令所规定的利益关系人）之外的第三人所进行的货物或服务的支付以及与此相关的价格支付；以及

（b）用于对不少于两类产业分类的货物或服务的支付（即指依据《统计法》第22（1）条，由韩国国家统计局局长发布的《韩国标准产业分类法》中所规定的中级产业分类；下文同样适用）。

15. 术语“电子货币”意为任何符合下列要求的，关于对以电子形式储存或处理的可转让的货币价值的批准或该批准之中的信息：

（a）用于符合总统令所规定的标准的领域范围内并由连锁店所使用的；

（b）符合第14款（a）项规定；

（c）用于支付总统令所规定的不少于五类产业分类的货物或服务；

（d）用于现金与存款的等价交换；以及

（e）用于发行者保证之下的现金与存款的交换。

16. 术语“电子债券”意为任何符合下列要求的，在电子文件下规定的债权人的货币债券：

（a）用于债务人选定债权人；

（b）为了涵盖电子债券中债的内涵；

（c）为了涵盖《电子签名法》第2条第3款规定的被批准的电子签名；

（d）为了通过某一金融机构向第29（1）条规定的电子债券管理

机构进行登记（下文中被称为“电子债券管理机构”）；以及

（e）为了债务人向债权人传递符合《电子商务架构法规》第 6（1）条规定的本法条（a）至（c）项规定的所有条件的电子文件，以及为了使债权人按照《电子商务架构法规》规定接受上述电子文件。

17. 术语“交易请求”意为任何通过使用者依据电子金融交易合同请求金融机构或电子金融业务经营者处理电子金融交易事宜。

18. 术语“错误”意为任何不受电子金融交易合同制约的电子金融交易情形，或者使用者的交易请求既非基于故意亦非基于明显的疏忽的情形。

19. 术语“电子支付结算代理服务”意为任何在购买货物或服务中，以电子形式协助传递或接收支付结算信息，或者在上述活动的实施中对价格结算起主要或直接作用的服务。

20. 术语“连锁店”意为除金融机构或电子金融业务经营者外，任何在使用电子扣账付款方式、电子支付方式或电子货币进行的交易下，根据包含金融机构或电子金融业务经营者一方的合同，向使用者提供货物或服务的自然人。

**第 3 条　适用范围**

（1）除其他法律另有特别规定外，本法应适用于所有电子金融交易活动；倘若以下：不应适用于总统令所限定的电子金融交易中，在金融机构与电子金融业务经营者之间所订立的分包合同；

（2）第四章条款不应适用于本法第 2 条第 3 条（c）款与（d）款所规定的金融机构。

**第 4 条　互惠原则**

本法应适用于外国人或外国企业；但书：对于任何本国领域内不能依本法授予国民或大韩民国企业保护性利益的外国人或外国企业，上述本法或大韩民国加入的条约所涉及的保护性利益可比照此予以限制适用。

## 第二章　电子金融交易各方的权利与义务

### 第一部分　一般条款

**第5条**　电子文件的使用

（1）《电子商务架构法规》第4条第1项至7项、第9项、第10项规定应适用于电子金融交易所使用的电子文件。

（2）金融机构或电子金融业务经营者所接收的关于交易请求的电子文件应视为是相互独立的；但，当金融机构或电子金融业务经营者与使用者着手进行电子金融交易合同确认书程序，且该程序具有普遍性时，其亦包含在上述文件中。

**第6条**　专用通道的选择、运用与管理

（1）任何金融机构或电子金融业务经营者应对电子金融交易必需的专用通道进行选择、运用与管理，并且对使用者及其交易所需的细节问题等进行查明与授权。

（2）当金融机构或电子金融业务经营者处理专用通道事宜时，该机构或经营者仅应在使用者已申请区分其与其他使用者身份之后；但，无论如何，若符合下列款项时，也可在使用者未申请且使用者身份未查明的情况下处理专用通道事宜：

1. 如若电子支付方式或电子货币符合本法第16条第（1）款但，以及

2. 如若使用者对专用通道的同意书依据总统令用于续签或重签等。

（3）禁止犯符合下列款项之罪，除非其他法律关于专用通道的使用与管理有特别规定；但，上述规定不适用于符合本法第18条规定的电子支付方式或应作为证券而传递或提供的电子货币：（2008年12月31日，通过第9325号法案进行修改）

1. 获得或传递专用通道；

2. 有偿借取或出借专用通道；

3. 提供作为抵押的专用通道；

4. 协助上述1至3项中行为的实施。

**第7条** 交易细节的查明

（1）任何金融机构或电子金融业务经营者应确保使用者通过进行电子金融交易的电子设备（包括任何事先在金融机构或电子金融业务经营者间所规定的电子设备）所进行的交易的细节能够得以查明。

（2）任何金融机构或电子金融业务经营者应基于使用者的请求，以书面形式提供交易相关细节（不包括任何电子文件；下文同样适用），金融机构或电子金融业务经营者应在收到上述请求两周内向使用者提供对该使用者的交易细节进行说明的文件。

（3）依据上述第（1）与第（2）款，关于保期、种类、范围等交易细节应由总统令予以规定。

**第8条** 错误的纠正等问题

（1）当使用者发现电子金融交易存在任何错误时，使用者可请求相关金融机构或电子金融业务经营者对上述错误予以纠正。

（2）当任何金融机构或电子金融业务经营者收到上述第（1）款所规定的错误纠正请求时，该机构或经营者应立刻进行调查并对正在进行的交易予以恰当有效的纠正，之后应在收到上述请求后的两周内，根据总统令所规定的方式告知使用者错误的原因以及纠正的结果。（2008年12月31日，通过第9325号法案进行修改）

（3）当任何金融机构或电子金融业务经营者本人发现电子金融交易中存在任何错误时，该机构或经营者应立刻进行调查并对正在进行的交易予以恰当有效的纠正，之后应在发现错误后的两周内，根据总统令所规定的方式告知使用者错误的原因以及纠正的结果。（2008年12月31日，通过第9325号法案进行修改）

**第9条** 金融机构或电子金融业务经营者的责任

（1）当使用者因伪造或变更专用通道，或在完成合同或实现交易请求进行电子交易过程中而产生意外而遭受任何损失时，相关金融机构或电子金融业务经营者有责任对使用者的损失进行赔偿。

（2）虽然有第（1）款规定，但任何金融机构或电子金融业务经营者可在全部或部分符合下列任一款项的时候要求使用者履行承担损失的责任：

1. 当先前与使用者所达成的协议中，有关于任何由使用者故意或重大过失招致的事故由使用者承担全部或部分责任的规定时；以及

2. 当使用者为法人［不包括《中小企业基本法》第2（2）条中所规定的小企业］遭受任何损失，而金融机构或电子金融业务经营者有依请求避免发生事故的责任，譬如建立与完善安全程序等时。

（3）第（2）款所规定的使用者故意或重大过失应限于在总统令效力范围内，电子金融交易标准化合同（在下文中被称为“标准化合同”）中有所规定的情况。

（4）根据金融服务委员会规定的分类标准，任何金融机构或电子金融业务经营者应采取必要措施使自己减免第（1）款所规定的责任，例如购买保险、参加互助协会、储备金积累。（2008年2月29日，通过第8863号法案进行修改）

**第10条**　专用通道遗失或被盗用的责任

（1）任何金融机构或电子金融业务经营者应在接到使用者关于专用通道遗失或被盗用的通知时，对使用者因使用上述由第三方提供的专用通道可能造成的从接到通知时起的损失予以补偿；但，依照总统令，上述规定不适用于任何电子预付方式或电子货币中遗失或被盗用的损失。

（2）虽然有本条第（1）款以及第9条的规定，但如若其他法律或者下级法规的规定的适用对使用者而言是更有利的，则其他法律或下级法规的规定应优先适用。

**第11条**　电子金融业务经营辅助者的地位

（1）电子金融业务经营辅助者（包括任何电子债券管理机关；在本章下文中同样适用）关于电子金融交易的故意或过失应被视作是相关金融机构或电子金融业务经营者的故意或过失。

（2）当任何金融机构或电子金融业务经营者对其电子金融业务经

营辅助者的故意或过失所导致的损害给予使用者以赔偿时，该机构或经营者可实现其向电子金融业务经营辅助者求偿的权利。

（3）任何使用者可根据其与金融机构或电子金融业务经营者所达成的协议，向金融机构或电子金融业务经营者发出不同形式的用于向电子金融业务经营辅助者发出的通知。在上述情况下，向电子金融业务经营辅助者发出的通知应被视作是向上述金融机构或电子金融业务经营者发出的。

## 第二部分 电子支付交易等

**第 12 条** 电子支付交易合同的有效性

（1）任何金融机构或电子金融业务经营者应确保所做出的支付是依据其与付款人或收款人所订立的为了实现电子支付交易的协议，基于付款人或收款人交易请求的数额而向收款人或其金融机构或电子金融业务经营者所发出的。

（2）任何金融机构或电子金融业务经营者应在无法实现依据第（1）款进行的交易请求数额时，向付款人返还电子支付交易所收到的数额。在上述情况下，当数额交易的失败归咎于付款人的过失时，上述交易所支出的费用可予以扣除。

**第 13 条** 支付的生效

在支付是通过电子支付设备所进行的情况下，该支付应在符合下列任一款项时生效。

1. 对于电子资金转账：当付款人开户所在的金融机构或电子金融业务经营者总账中完整记录了交易请求的数额信息时；

2. 对于从电子设备直接现金取款：当收款人收到现金时；

3. 对于通过电子支付方式或电子货币进行的交易：当收款人所指定的电子设备接收到关于交易请求的数额时；以及

4. 对于通过其他电子支付方式进行的支付：当收款人开户所在的金融机构或电子金融业务经营者的电子设备中完整录入了交易请求的数额信息时。

**第 14 条** 交易请求的撤回

（1）任何使用者可在依据第 13 条各款规定的支付生效时间之前撤回其交易请求。

（2）虽然有第（1）款规定，但对于批次交易或预交易等，金融机构或电子金融业务经营者与使用者可对交易请求的撤回决定不同的时间。

（3）任何金融机构或电子金融业务经营者应在其标准化合同中对符合第（1）款规定的交易请求的撤回以及第（2）款规定的合意的方式与程序有所规定。

**第 15 条** 对撤回转移中存款的同意

（1）任何金融机构或电子金融业务经营者应事先获得付款人对于撤回存款的同意，从而促成在总统令规定的情形下的托收转移。

（2）任何付款人可在撤回的存款被完整记录在付款人基于收款人交易请求的总账中前，请求金融机构或电子金融业务经营者取消付款人在第（1）款规定下的撤回存款的同意。

（3）虽然有第（2）款规定，但对于批次交易或预交易等，金融机构或电子金融业务经营者可基于先前与付款人的合意，对同意的取消时间有不同规定。

（4）任何金融机构或电子金融业务经营者应在其标准化合同中对关于取消同意以及在第（2）款与第（3）款规定下的合意的方式与程序有所规定。

**第 16 条** 电子货币的担保、使用与兑换

（1）任何发行电子货币的金融机构或电子金融业务经营者（在下文中被称为“电子货币发行者”）应在发行电子货币时，对专用通道指定识别号码，并将其与根据《真实姓名金融交易与隐名担保法》第 2 条第 4 款规定的使用者真实姓名（在下文中被称为“真实姓名”）或存款账户相连进行管理；但，上述规定不得适用于表面价值低于总统令所决定的数额的电子货币。

（2）电子货币发行者应发行用以与现金或存款等价交换的电子货币。

(3) 电子货币发行者应采取必要手段维持与使用其所发行的电子货币，从而来保证其持有者能够使用其。

(4) 电子货币的发行者应基于该电子货币持有者的请求，有将上述电子货币兑换成现金或存款的义务。

(5) 第 (1) 款至第 (4) 款电子货币的担保与兑换的方式与程序应由总统令予以规定。

**第 17 条** 电子支付的生效

当电子货币持有者根据其与收款人达成的合意，通过电子货币对货物或服务支付价款时，对上述价款的支付义务应被认定为得到履行。

**第 18 条** 电子货币的可流通性等

(1) 电子预付方式或电子货币的持有者可将其转移给第三方，或依据其与该电子预付方式或电子货币的发行者达成合意的情况下将该电子预付方式或电子货币作为担保提供。

(2) 当电子预付方式或电子货币依据第 (1) 款规定被转移给第三方或被作为担保予以提供时，该电子预付方式或电子货币应必须通过发行者的中央计算机系统被完成；但，上述情况不适用于真实姓名不明确的电子预付方式或不符合第 16 条第 (1) 款规定的电子货币。

**第 19 条** 电子预付方式的退款

(1) 任何发行电子预付方式的金融机构或电子金融业务经营者应基于电子预付方式持有人的请求，按照先前所达成的协议，退还上述电子预付方式所记载的余款。

(2) 任何金融机构或电子金融业务经营者应在标准化合同中达成对于第 (1) 款退款的合意，并达成关于该机构或经营者将在符合以下任一项情况时支付电子预付方式中所含的所有余款的合意：

1. 当电子预付方式因其由于自然灾害等难以运用于连锁店提供货物或服务而无法使用时；

2. 当连锁店由于电子预付方式中的缺陷而无法提供货物或服务时；以及

3. 当电子预付方式中所记载的余款低于设定好的比例时。在此情况下，设定好的比例不应低于20%。

**第20条** 设立电子债券流通的要件

（1）当电子债券的流通满足下列各项所有条件时，应视为满足《民法》第450（1）条的债务人设立要件：

1. 出让人向受让人发出的电子债券或有关债务人的同意，应通过含有依据《电子签名法》第2条第3款规定的具有证明力的电子签名的电子文件形式进行；以及

2. 表述通知或第1项中规定的同意的电子文件应由电子债券管理机构进行登记。

（2）当满足《电子签名法》第20条规定的时间限制及满足本法第（1）款所有条件时，表述通知或第（1）款规定的同意的电子文件应视为满足《民法》第450（2）条的债务人设立要件。

## 第三章 电子金融交易安全保障及对使用者的保护

**第21条** 安全保障的义务

（1）任何金融机构或电子金融业务经营者及其电子金融业务经营辅助者（下文中被称为“金融机构等”）应履行善意管理的义务从而保障电子金融交易的安全运行。

（2）金融机构等应遵守金融服务委员会为电子交易或发展以及通过电子金融交易的电子金融业务而对人力、设施、电子设备等信息技术领域所设立的标准，从而保障电子金融交易的安全性与可靠性。（2008年2月29日，通过第8863号法案进行修改）

（3）金融服务委员会可决定对于使用及依据《电子签名法》第2条第8项关于为保障电子金融交易安全性与可靠性的其他授权方式的必要标准。

**第22条** 电子金融交易记录的创制与保存

（1）金融机构等应创制对于追踪与检索电子金融交易细节、纠正上述细节的错误以及依据总统令规定的在5年期限范围内的一定时期

内保存上述细节所必要的记录。

（2）上述由金融机构等保存的细节以及第（1）款规定的保存方式应由总统令进行规定。

**第 23 条** 对使用电子支付方式的核准与限制

金融服务委员会可在符合下列任一条件的情况下对限制条件进行规定，或采取其他依据总统令的关于金融机构或电子金融业务经营者的必要特殊措施：（2008 年 2 月 29 日，通过第 8863 号法案进行修改）

1. 上述对发行电子货币票面价值与电子预付方式的限制；
2. 对使用电子资金转账的限制；以及
3. 对使用电子扣账付款方式的限制。

**第 24 条** 标准化合同的分类、变更通知等

（1）任何金融机构或电子金融业务经营者应在与使用者订立电子金融交易合同时，对标准化合同进行分类。并且应基于使用者的请求，向使用者呈递符合金融服务委员会规定的情形解释的标准化合同的复印件。（2008 年 2 月 29 日，通过第 8863 号法案进行修改）

（2）任何金融机构或电子金融业务经营者在其制定了与第（1）款规定相背离的合同时，可以不对外宣称其制定的上述合同中包含标准化合同的细节问题。

（3）任何金融机构或电子金融业务经营者在其变更标准化合同的情况下，应在变更后的标准化合同生效前不少于 1 个月内，以金融服务委员会所规定的方式，对此张贴通告或对此通知相关使用者；但，当标准化合同因法律或下级法规的修订而进行了紧急的变更时，上述机构或经营者应不迟延地以金融服务委员会所规定的方式，对此张贴通告并对此通知相关使用者。（2008 年 2 月 29 日，通过第 8863 号法案进行修改）

（4）任何使用者可在不晚于上述被变更的标准化合同中细节变更被依据第（3）款张贴或通知而直接生效的工作日前，终止电子金融交易合同。当使用者在上述部分所规定的期间内不对变更后的标准化合同提出异议时，该使用者应被视为同意变更后的标准化合同。

**第 25 条** 标准化合同的起草与变更

（1）当任何金融机构或电子金融业务经营者意欲订立或变更电子金融交易标准化合同时，该机构或经营者应对此事先向金融服务委员会进行报告；但，若该情况在金融服务委员会的决定下不对使用者的权利、利益或义务有不利影响，则其应在标准化合同订立或变更后 10 日内被报告给金融服务委员会。（2008 年 2 月 29 日，通过第 8863 号法案进行修改）

（2）若有维持电子金融交易良好秩序的必要，金融服务委员会可委托某一金融机构或电子金融业务经营者依据第（1）款变更标准化合同。（2008 年 2 月 29 日，通过第 8863 号法案进行修改）

（3）金融服务委员会可对第（1）款规定下的标准化合同订立或变更的报告期限与程序以及其他必要问题进行决定。（2008 年 2 月 29 日，通过第 8863 号法案进行修改）

（4）第（1）款至第（3）款规定不应适用于第 2 条第 3 条（c）目与（d）目所规定的金融机构。

**第 26 条** 电子金融交易信息的提供等

任何人在从事与电子金融交易有关的商事活动中发现存在下列款项中的问题的，既不应该将其提供或透露给任何第三方，也不应在其商业目的之外且无相关使用者的同意下对其进行使用；但，上述规定不得适用于《真实姓名金融交易与隐名担保法》第 4（1）条但书或其他法律规定的情况：

1. 使用者身份的相关问题；以及

2. 与使用者账户、专用通道以及电子金融交易细节与结果相关的信息与资料。

**第 27 条** 争端的处理与调解

（1）任何金融机构或电子金融业务经营者应在总统令规定的情形下，准备反映与电子金融交易有关的使用者的合理意见或投诉的程序，以及对在从事电子金融交易过程中由使用者造成的损失进行补偿的程序。

（2）当使用者对电子金融交易的进行有任何反对意见时，其可依照第（1）款规定的程序要求损害赔偿，或对其他争端予以处理，或向金融服务主管或消费者保护委员会等提出争端调解申请。

（3）细化的争端处理程序、方式等以及第（1）与第（2）款规定的争端调解的申请应由总统令予以规定。

（4）任何金融机构或电子金融业务经营者应在订立电子金融交易合同时，对第（1）至第（3）款规定的程序进行阐明。

## 第四章　电子金融业务的许可、登记与功能

**第 28 条**　电子金融业务的许可与登记

（1）任何意欲从事发行与管理电子货币业务的人应获得金融服务委员会对此的许可；但，上述规定不得适用于《银行法》规定的银行以及由总统令规定的其他金融机构。（2008 年 2 月 29 日，通过第 8863 号法案进行修改；2010 年 5 月 17 日，通过第 10303 号法案进行修改）

（2）任何意欲从事下列各项规定的服务的人应向金融服务委员会进行登记；但，上述规定不得适用于《银行法》规定的银行以及由总统令规定的其他金融机构：（2008 年 2 月 29 日，通过第 8863 号法案进行修改；2010 年 5 月 17 日，通过第 10303 号法案进行修改）

1. 电子资金转账服务；
2. 电子扣款付款方式的核准与管理；
3. 电子预付方式的核准与管理；
4. 电子支付结算代理服务；以及
5. 其他由总统令规定的电子金融服务。

（3）虽然有上述第（2）款的规定，任何满足下列任一款项规定的人可以从事所满足的各款项所规定的服务工作而不必向金融服务委员会进行登记：（2008 年 2 月 29 日，通过第 8863 号法案进行修改）

1. 任何从事满足下列任一情况的电子预付方式的人：

（a）当该电子预付方式仅用于满足总统令规定的标准的连锁店

时，例如该连锁店位于特别指定的建筑内；

（b）当该电子预付方式所处理的全部余款不多于总统令所规定的数额时；以及

（c）当电子预付方式的对价并非由使用者事先直接支付且其受制于退款保证保险等时，例如按照总统令的规定解除使用者所持有的债务的货币价值时。

2. 任何按照总统令从事电子支付结算代理服务的人，例如从事不直接包含于资金转移中的传输仅用于电子支付交易的电子处理的信息。

（4）第二章第4条与第三章（不包括第19条、第23条及第25条）的规定，以及第37条、第38条、第39条（1）款和（6）款、第41条（1）款、第43条（2）款和（3）款、第46条以及第47条涉及电子金融业务经营者的规定应关于从事电子预付方式而根据第（3）1（c）项规定不必进行登记的人加以必要的变通适用；但，在总统令规定的金融事件发生的情况下，例如因相关受雇人或官员的非法或非正义的行为而导致的破产的表述，第25条、第39条（2）款至（5）款以及第40条（2）款和（3）款的规定应加以必要的变通适用。

（5）金融服务委员会可对第（1）款规定的许可增加附属条件。（2008年2月29日，根据第8863号法案进行修改）

**第29条** 电子债券管理机关的登记

（1）任何意欲从事电子债券登记与管理业务的人应向金融服务委员会进行登记。（2008年2月29日，根据第8863号法案进行修改）

（2）第21条、第22条、第39条、第41条以及第43条应对按照第（1）款规定已进行登记从事电子债券登记与管理业务的电子债券管理机关加以必要的变通适用。

（3）电子债券管理机关对电子债券登记的程序与方式以及其他必要问题应由总统令予以规定。

**第30条** 资本

（1）任何意欲依照第28条第（1）款获得许可的人，应是拥有资本不少于50亿的股份公司。

（2）符合第28条第（2）款第1项至3项登记条件的人，应是《商法》第170条所规定的公司，且按照总统令的规定，其对于每一类业务的资本或总投资金额不少于20亿。

（3）符合第28条第（2）款第4项与第5项以及第29条登记条件的人，应是《商法》第170条所规定的公司，或是《民法》第32条所规定的法人，且按照总统令的规定，其对于每一类业务的资本、总投资金额或设立资金不少于50亿。

**第31条**　许可与登记的必要条件

（1）任何意欲依据第28条与第29条获得许可或进行登记的人，应符合下列所有条件。下列第4项与第5项条件仅适用于许可的情况：

1. 拥有第30条所规定的资本或设立资金；

2. 拥有专业的人力资源及硬件设施，例如足以保护使用者并开展业务目标活动的计算机设备；

3. 符合总统令关于财政状况的标准；

4. 对开展相关业务有恰当且良好的必要规划；以及

5. 按照总统令规定，拥有维护大多数投资者权利的足够的投资能力、良好的财政状况以及社会信誉。

（2）关于第（1）款规定的许可与登记的细节化要件的相关必要问题应由金融服务委员会予以规定。（2008年2月29日，通过第8863号法案进行修改）

**第32条**　取消许可与登记资格的条件

任何符合下列任一款项的人应被取消依照第28条与第29条所赋予的许可或登记的资格：（2008年2月29日，通过第8863号法案进行修改）

1. 公司依据第34条撤回登记尚不满1年的，以及撤回时任该公司大股东（即指由总统令规定的任何上述投资者；下文同样适用）的个人从上述撤回做出起尚不满1年的；

2. 公司依据第43条第（1）款规定被撤销许可或登记尚不满3年的，以及被撤销时任该公司大股东的个人从上述撤销做出起尚不满3年的；

3. 公司根据《债务人恢复与破产法》规定正在进行恢复程序，以及该公司的大股东；

4. 根据金融服务委员会的规定，任何无法在金融交易及其他商业交易中所达成的时限内偿还债务的人；

5. 任何因违反与金融相关的法律或总统令颁布的下级法规而已受过罚款或更严重的处罚，而在受罚之日起5年内又申请许可或登记的；以及

6. 公司的大股东满足上述第1项至第5项任一规定的。

**第33条** 许可与登记的申请等

（1）任何意欲依据第28条与第29条规定获得许可或进行登记的人，应在符合总统令规定的条件下向金融服务委员会递交申请。(2008年2月29日，通过第8863号法案进行修改)

（2）金融服务委员会应在符合总统令规定的条件下，在收到第（1）款规定下的申请时，授予许可或登记，并应将结果通知申请人。(2008年2月29日，通过第8863号法案进行修改)

（3）当金融服务委员会依据第28条与第29条规定授予了许可或登记后，其应毫不迟延地将细节问题在政府公报中予以公布并通过网络等告知普通公众。(2008年2月29日，通过第8863号法案进行修改)

**第34条** 基于申请的登记的撤回

（1）任何依据第28条第（2）款以及第29条已被授予登记的人，可依据总统令规定的情形申请对上述登记的撤回。

（2）金融服务委员会应在收到第（1）款申请时，毫不迟延地撤回该登记。(2008年2月29日，通过第8863号法案进行修改)

（3）当金融服务委员会已按照第（2）款规定撤回登记后，其应毫不迟延地将细节问题在政府公报中予以公布并通过网络等告知普通

公众。（2008 年 2 月 29 日，通过第 8863 号法案进行修改）

**第 35 条** 同业禁止的限制性规定

（1）任何已依据第 28 条第（1）款规定获得许可的电子金融业务经营者不得同时进行除下列各项中所规定的外其他的业务：

1. 第 28 条第（2）款规定的各项业务（限于已进行登记的业务）；以及

2. 依据第 28 条第（1）款已被许可的业务，以及其他由总统令所规定的对于从事第 1 项规定中的业务所必备的业务。

（2）虽然有上述第（1）款的规定，已依据第 28 条第（1）款规定获得许可的电子金融业务经营者可依据总统令规定的金融机构的付款担保或所购买的对于电子货币所有非退款部分的退款保险，从事除第（1）款各项规定外的业务外的其他业务。

**第 36 条** 相同名称的使用禁止

（1）“电子货币”的名称应仅使用于第 2 条第 15 项规定下的电子货币。

（2）任何未获得第 28 条第（1）款所规定的许可的人不得在其商品名中使用“电子货币”的表述。

**第 37 条** 连锁商店所应遵守的问题

（1）任何连锁商店都不得在电子扣账付款方式、电子预付方式或电子货币（在下文中被称为“电子货币等”）领域内拒绝提供货物或服务，或不恰当地对待使用者。

（2）任何连锁商店都不得向使用者收取会费来归自己使用。

（3）任何连锁店都不得有下列任一行为：

1. 在不提供货物或服务的情况下伪装进行电子货币等交易；

2. 超过实际营业额进行电子货币等交易；

3. 以其他连锁商店的名义进行电子货币等交易；

4. 向第三方出借连锁商店的名称；以及

5. 通过电子货币等进行交易代理。

（4）除连锁商店外的人不以连锁店名义进行任何通过电子货币等

的交易。

**第38条** 连锁商店的招募等

（1）任何金融机构或电子金融业务经营者在招募其连锁商店时，应明确其所寻求合作的商店是否实际从事其自己的业务；但，上述规定不得适用于已根据《专门信贷金融业务法》第16－2条规定所得已确认的连锁商店。

（2）任何金融机构或电子金融业务经营者不得要求其连锁商店承担由下列任一项中所规定的交易所产生的损失；但，上述规定不得适用于金融机构或电子金融业务经营者与其连锁商店签订合同中规定上述损失在被金融机构或电子金融业务经营者证明是由于连锁商店故意或重大过失所造成时，则上述损失应全部或部分由连锁商店承担的情况：

1. 使用任何遗失或被盗的电子货币等进行的交易；以及

2. 使用任何伪造或变造的电子货币等进行的交易。

（3）任何金融机构或电子金融业务经营者应以总统令所规定的方式通知其连锁商店下列各项中规定的情况：（2008年2月29日，通过第8863号法案进行修改）

1. 连锁商店应承担的会费；

2. 第（2）款规定的连锁商店的责任；以及

3. 第37条规定的连锁商店应遵守的问题。

（4）依据总统令的规定，当连锁商店因违反第37条规定而被处罚或收到相关管理机关关于上述惩罚的书面通知时，相关金融机构或电子金融业务经营者应毫不迟延地终止与上述连锁商店的合同，除非特殊领域有相反的规定。

## 第五章 对电子金融业务的管理

**第39条** 管理与检查

（1）金融监督院［即指《金融服务委员会设立等问题法案》第24条第（1）款规定下的金融监督院；下文同样予以适用］应在金融

服务委员会的指导下，对金融机构与电子金融业务经营者是否遵守本法或本法下级的命令进行管理。（2008 年 2 月 29 日，通过第 8863 号法案进行修改）

（2）金融监督院长官［即指《金融服务委员会设立等问题法案》第 29 条第（1）款规定下的金融监督院的长官；下文同样予以适用］可在依据第（1）款进行管理的必要情况下，要求金融机构或电子金融业务经营者报告该机构或经营者的业务经营状况以及财务状况。（2008 年 2 月 29 日，通过第 8863 号法案进行修改）

（3）金融监督院的长官可对电子金融业务及其他相关金融机构和电子金融业务经营者的财务状况进行检查，并且若进行上述检查被视为是必要的时，可要求金融机构和电子金融业务经营者递交与其相关的业务经营状况以及财务状况的材料，或可命令所有利益相关方到场。

（4）任何依据第（3）款从事检查工作的人，应携带能证明其职权的证件，并将其向利益相关方出示。

（5）金融监督院的长官在其依据第（3）款规定进行检查时，应将金融服务委员会所规定的情形的相关结果告知金融服务委员会。（2008 年 2 月 29 日，通过第 8863 号法案进行修改）

（6）当金融机构或电子金融业务经营者违反本法的任何规定或本法的下级命令，而被认为是可能破坏金融机构或电子金融业务经营者良好运行的，金融服务委员会可在建议金融监督院的长官的情况下采取任何符合下列任一项规定的措施，或要求金融监督院的长官采取符合下列第 1 至第 3 项的措施：（2008 年 2 月 29 日，通过第 8863 号法案进行修改）

1. 对违法行为的矫正命令；
2. 对金融机构或电子金融业务经营者发出的注意或警告；
3. 对政府官员或受雇佣者发出的注意、警告或恢复的要求；以及
4. 对政府官员的解雇建议或对政府官员停职的要求。

**第 40 条**　对金融机构等的联盟或外部命令的管理与检查

（1）当金融机构或电子金融业务经营者为了进行与电子金融交易

相关的联盟或进行外部命令而与下级电子金融服务经营者签订或变更合同时（包括下级电子金融业务经营者为了联盟或进行外部命令而与其他下级电子金融业务经营者签订或变更合同时），该机构或经营者应遵守金融服务委员会规定的标准，从而保障电子金融交易的安全性与可靠性以及金融机构与电子金融业务经营者良好地运营。（2008 年 2 月 29 日，通过第 8863 号法案进行修改）

（2）当第（1）款规定下的合同细节被认为可能破坏金融机构或电子金融业务经营者良好运行以及损害使用者的权利与利益时，金融服务委员会可指导金融机构或电子金融业务经营者对相关合同细节更正或补充。（2008 年 2 月 29 日，通过第 8863 号法案进行修改）

（3）金融监督院的长官在对与第（1）款规定的联盟或外部命令相关的金融机构或电子金融业务经营者进行检查时，可要求该机构或经营者的下级电子金融业务经营者递交金融服务委员会所规定的标准的资料。（2008 年 2 月 29 日，通过第 8863 号法案进行修改）

**第 41 条** 大韩民国中央银行对递交材料等的要求

（1）当货币政策委员会认为实施与电子支付交易相关的货币信贷政策以及促进支付与清算系统平稳运行是必要的情况下，大韩民国中央银行可要求金融机构或电子金融业务经营者递交材料。在上述情况下，该要求应考虑到相关金融机构与电子金融业务经营者的工作负担，将材料的范围限制在必要的最小范围内。

（2）当货币政策委员会认为实施货币信贷政策是必要的情况下，大韩民国中央银行可要求金融监督院对电子货币的发行者以及对已登记进行第 28 条第（2）款第 1 项规定的业务或与大韩民国中央银行共同进行检查工作的金融机构和金融业务经营者进行检查。

（3）关于第（1）与第（2）款规定的要求的方式与程序，《大韩民国中央银行法》第 87 条与第 88 条以及《金融服务委员会设立等问题法案》第 62 条的规定应加以必要的变更适用。（2008 年 2 月 29 日，通过第 8863 号法案进行修改）

**第 42 条** 财务部以及对健全管理的指导性措施

（1）在金融服务委员会规定的情形下，金融机构与电子金融业务经营者应按照第28条第（1）款及第（2）款规定的业务分类对账户分别进行管理，从而对与资金管理及电子金融交易相关的业务的表现进行分析，并继而对与电子金融交易相关的业务及对其的管理制作报告，并将此报告递交金融服务委员会。（2008年2月29日，通过第8863号法案进行修改）

（2）金融服务委员会可为对下列各项的管理指导性措施制定标准，从而指导从事与电子金融交易相关业务的金融机构或电子金融业务经营者良好运行，以及防止总统令规定下的金融事故的出现：（2008年2月29日，通过第8863号法案进行修改）

1. 与资本正当性相关的问题；
2. 与资产稳定性相关的问题；
3. 与流动资产相关的问题；以及
4. 其他必要的保障管理稳定性问题。

（3）当已获得第28条第（1）款规定的许可的金融机构或电子金融业务经营者被认为有严重破坏其自身稳定的管理的可能时，例如无法达到第（2）款规定的管理指导性措施的标准时，金融服务委员会可要求其采取必要措施来改善其自身的管理，例如增加资本、加强对利润分配的限制等。（2008年2月29日，通过第8863号法案进行修改）

（4）当已获得第28条第（1）款规定的许可的金融机构或电子金融业务经营者的财务状况因严重金融事故或破产索赔而不符合第（2）款规定的管理指导性措施的标准或被认为明显不符合上述标准时所采取的措施等，应对第10条、第11条第（1）款、（4）款与（5）款以及《金融行业结构改进法》第13－2条、第14条、第14－2条至14－5条、第14－7条、第15条至19条、第27条及第28条规定进行变更适用。

**第43条** 许可与登记的撤销

（1）当金融机构或电子金融业务经营者符合下列任一款项的规定时，金融服务委员会可撤销其依据第28条取得的许可或登记：（2008

年2月29日，通过第8863号法案进行修改）

1. 当其依据第28条所取得的许可或登记是错误的或是基于欺诈的方式时；

2. 当其符合第32条第1项至第5项任一规定时；

3. 当其违反第（2）款扩展业务的规定时；

4. 当其在连续的一年或一年以上的时间内，无任何合理的理由而无法从事业务时；以及

5. 当其因合并、破产或歇业等而实际上终止上述公司的业务时。

（2）当金融机构或电子金融业务经营者符合下列任一款项规定时，金融服务委员会可命令其在不多于6个月的一定期限内扩大相关业务的所有或部分方面：（2008年2月29日，通过第8863号法案进行修改）

1. 当其违反第6条第（1）款与第（2）款、第8条第（2）款与第（3）款、第16条第（1）款至第（4）款、第19条第（1）款、第35条、第36条或第38条第（3）款与第（4）款的规定时；以及

2. 当其未遵守金融服务委员会在第23条、第39条第（6）款、第40条第（2）款或第42条第（3）款规定所制定的任何措施、指导性措施或命令时。

（3）业务被全部或部分扩大或者依据第（1）款与第（2）款规定被撤销许可或登记的金融机构或电子金融业务经营者，可在上述处置实施之前继续从事电子金融交易支付与结算业务。

（4）当依据第（1）款被撤销许可或登记时，金融服务委员会应毫不迟延地在政府公报中公布细节并通过网络等告知一般公众。（2008年2月29日，通过第8863号法案进行修改）

**第44条** 听证

当金融服务委员会意欲依据第43条第（1）款撤销许可或登记时，其应对其进行听证。

**第45条** 合并、解散、歇业等的批准

（1）当依据第28条第（1）款规定获得许可的电子金融业务经营

者意欲进行下列任一款项下的行为时，其应在总统令所规定的情形下得到由金融服务委员会对此所授予的批准：（2008 年 2 月 29 日，通过第 8863 号法案进行修改）

1. 与另一金融机构或电子金融业务经营者进行合并；

2. 电子金融业务的解散或歇业；以及

3. 全部或部分地转移或接收业务。

（2）金融服务委员会可对第（1）款规定的予以批准的情形增加条件。（2008 年 2 月 29 日，通过第 8863 号法案进行修改）

**第 46 条** 罚金

（1）当金融机构或电子金融业务经营者符合第 43 条第（2）款规定下的任一情形时，金融服务委员会可在总统令所规定的情形下，对其处以不超过 5000 万的罚金用以替代扩大业务的命令。（2008 年 2 月 29 日，通过第 8863 号法案进行修改）

（2）罚金的数额依据第（1）款以及其他依据总统令规定的强加罚金的违法行为的类型、程度等。

（3）除非第（1）款规定的罚金在某一特定期限内支付，否则金融服务委员会应比照拖欠国家税收的强制性规定的实践做法进行收集。

（4）金融服务委员会可在总统令所规定的情形下，将与罚金的收集相关的工作以及拖欠的强制性措施委托给国家税务专员。（2008 年 2 月 29 日，通过第 8863 号法案进行修改）

## 第六章 补充规定

**第 47 条** 电子金融交易的统计研究

（1）大韩民国中央银行可对电子金融业务及电子金融交易进行统计研究，从而掌握电子金融交易现状并建立与落实有效的货币信贷政策。在上述情况下，大韩民国中央银行可要求政府机关、金融机构等以及与电子金融交易相关的公司与组织递交必要的材料。

（2）政府机关、金融机构等以及与电子金融交易相关的公司与组织依据第（1）款规定被要求递交材料的，除有正当理由外，应满足上述要求。

（3）第（1）款规定的关于统计研究的对象、方式与程序的必要材料应由总统令予以规定。

**第48条** 委托的权力

在符合总统令规定的情形下，金融服务委员会可依据本法，将其部分权力委托给金融监督院的长官。（2008年2月29日，通过第8863号法案进行修改）

## 第七章 刑罚规定

**第49条** 刑罚规定

（1）任何符合下列任一项规定的人，应受不超过7年的监禁刑或不超过5000万罚款的处罚：

1. 任何伪造或变造任何专用通道的人；

2. 任何对伪造或变造的专用通道起买卖中介、售卖、出口、进口或使用作用的人；

3. 任何对遗失或被盗用的专用通道起了买卖中介、售卖、出口、进口或使用作用的人；

4. 任何获得了专用通道或利用所获得的专用通道从事电子金融交易的人，以虚假的与欺诈性的方式侵入电子金融交易的电子设备或《提升信息与通讯网络利用率与信息保护法》第2条第（1）款规定的信息通讯网络的人；

5. 任何对使用暴力、侵占、欺诈或敲诈他人所获得的专用通道起买卖中介、售卖、出口、进口或使用作用的人。

（2）电子货币应被视为是在适用《刑法》第214条至第217条时的保证，且因此与上述电子货币相关的犯罪行为应受到上述法条的惩罚。

（3）任何以从事业务以外的目的提供、泄露或使用电子金融交易信息的人［包含任何依据第28条第（4）款规定进行变通性适用的发行电子预付方式的人］违反第26条规定的，应受不超过5年的监禁刑或不超过3000万罚款的处罚。

（4）任何符合下列任一项规定的人，应受不超过3年的监禁刑或不超过2000万罚款的处罚：（2008年2月29日，通过第8863号法案进行修改）

1. 任何违反了第6条第（3）款第1项规定获取或转移专用通道的人；

2. 任何违反了第6条第（3）款第2项规定借用或出借专用通道的人；

3. 任何违反了第6条第（3）款第3项规定的抵押人或承押人；

4. 任何对违反第6条第（3）款第4项规定的行为进行帮助的人；

5. 任何未获得第28条或第29条规定的许可或登记而从事业务的人；

6. 任何通过虚假的或欺诈性的方式依据第28条或第29条获得许可或登记的人；

7. 任何违反第37条第（3）款第3项规定以其他连锁商店的名义并通过电子货币等从事交易的人；

8. 任何违反第37条第（3）款第5项规定通过电子货币等从事交易代理的人；

9. 任何违反第37条第（4）款规定以其他连锁商店的名义并通过电子货币等从事交易的人；以及

10. 任何以虚假的或欺诈性的方式对电子金融交易信息进行解读或提供的人。

（5）任何符合下列任一项规定的情况的人，应受不超过1年的监禁刑或不超过1000万罚款的处罚：

1.（被删除）；（2008年12月31日，通过第9325号法案）

2. 任何违反第36条规定使用“电子货币”名称的人；

3. 任何违反第37条第（1）款规定，在通过电子货币等进行交易的领域，拒绝提供货物或服务或不恰当地对待使用者的人；

4. 任何违反第37条第（2）款规定将应由连锁商店承担的会费向使用者收取的人；

5. 任何违反第 37 条第（3）款第 4 项规定向第三方出借连锁店名称的人；以及

6. 任何从事了第 45 条第（1）款规定下的行为而未获上述法条批准的人。

（6）第（1）款规定的任何犯罪的未遂也具有可罚性。

（7）第（1）至第（6）款规定的监禁刑与罚款可同时施加。

**第 50 条** 连带处罚规定

若法人代表或代理人、受雇者或其他法人的受雇者或个人实施了第 49 条规定下的与上述法人或个人的业务有关的行为，则不仅上述犯罪行为人应以此受到处罚，而且法人或个人应同样根据上述法条被处以罚款。

**第 51 条** 对疏忽大意的过失的罚款

（1）任何符合下列任一项规定的情况的人［包含在第 1 项、第 3 项、第 4 项、第 5 项与第 6 项下，任何依据第 28 条第（4）款规定进行变通性适用的发行电子预付方式的人］应以其疏忽大意的过失被处以不超过 1000 万的罚款：（2008 年 12 月 31 日，通过第 9325 号法案进行修改）

1. 任何违反第 7 条第（2）款规定未传递记载交易细节的文件的人；

1-2. 任何违反第 8 条第（2）款与第（3）款规定未告知导致错误发生的原因及更正结果的人；

2. 任何违反第 18 条第（2）款规定向第三方转移电子预付方式或电子货币，或将其作为担保予以提供的人；

3. 任何违反第 22 条第（1）款规定未创制或保存记录的人［包含可对第 29 条第（2）款进行变通性适用的情形］；

4. 任何违反第 24 条第（1）款与第（3）款或第 25 条第（1）款规定未对标准化合同进行分类、解释、传递、邮寄、提示或报告的人；

5. 任何违反第 27 条第（1）款规定未准备争端处理程序的人；

6. 任何拒绝、妨碍或逃避第 39 条第（3）款规定的检查或递交材料的人［包含可对第 29 条第（2）款及第 40 条第（3）款规定进行变通性适用的情形］；以及

7. 任何违反第 42 条第（1）款规定未对账户分类管理、未递交报告或递交了虚假性报告的人。

（2）第（1）款规定下的疏忽大意的过失的罚款应在总统令所规定的情形下由金融服务委员会施用与收集。（2008 年 12 月 31 日，通过第 9325 号法案进行修改）

（3）任何对依据第（2）款规定所施加的对疏忽大意的过失的罚款不满的人，可在收到上述处置通知之日起 30 日内，向金融服务委员会提出异议。（2008 年 2 月 29 日，通过第 8863 号法案进行修改）

（4）当任何依据第（2）款规定因疏忽大意的过失而受到罚款的处罚的人依据第（3）款规定提出反对时，金融服务委员会应立即通知对此有管辖权的法院，且该法院在接到上述通知时应在《较小争议性诉讼程序法》规定下对疏忽大意的过失处以罚款。（2008 年 2 月 29 日，通过第 8863 号法案进行修改）

（5）若既无人提出异议，亦在第（3）款规定的期限内又未支付对疏忽大意的过失的罚款的，该罚款应比照拖欠国家税收的强制性规定的实践做法进行收集。

**附录**

**第 1 条**（生效日期）

本法应于 2007 年 1 月 1 日起发生效力。

**第 2 条**（专用通道等的过渡性规定）

专用通道以及电子支付方式在本法生效之时予以发行的，应被视为是依据本法进行发行的。

**第 3 条**（许可与登记的过渡性规定）

（1）任何从事电子货币发行或管理的人，在本法生效之时起 3 个月内应获得金融服务委员会依据第 28 条第（1）款规定对此的许可。

（2）任何从事电子资金转账服务、电子扣账付款方式或电子预付

方式或电子支付结算代理服务等发行与管理业务的人，在本法生效之时起6个月内应向金融服务委员会依据第28条第（2）款规定申请登记。

（3）任何从事电子债券管理机关业务的人，应在本法生效之日起3个月内向金融服务委员会依据第29条规定申请登记。

**第4条　略**

**附录（2007年4月27日，第8387号法案）**

第一条（生效日期）

本法应在其颁布之日起6个月后发生效力。

第二条至第九条 略

**附录（2008年2月29日，第8863号法案）**

第一条（生效日期）

本法应在颁布之日起发生效力。

第二条至第五条 略

**附录（2008年12月31日，第9325号法案）**

本法应在颁布之日起3个月后发生效力。

**附录（2010年5月17日，第10303号法案）**

第一条（生效日期）

本法应在颁布之日起6个月后发生效力。

（附文略）

第二条至第十条 略

# 韩国个人信息保护法[①]

2011 年 3 月 29 日公布

2011 年 9 月 30 日生效

## 第一章 总则

**第 1 条** 目的

本法案的目的是用保护隐私，防止个人信息被无授权地搜集、泄露、滥用或误用的方法来处理个人信息，以加强公民的权利和利益，并进一步实现个人的尊严和价值。

**第 2 条** 定义

本法案中使用的术语定义如下：

1. “个人信息”指属于任何活着的人的，并可能通过他/她的姓名、居民登记号、照片等（包括那些单独不足以，但与其他信息综合起来可以指认出特定之人的信息）指认出该人的信息；

2. “处理”指搜集、生成、记录、储存、保留、增值处理、编辑、收回、纠正、恢复、使用、提供、泄露和消灭个人信息，及其他类似活动；

3. “资料主体”指可以通过处理的信息来指认并成为该信息的主

① Personal Information Protection Act。

体的自然人；

4. “个人信息档案”指基于一个特定的规则，以系统的方式被整理或编组，以便容易查取的一套或多套的个人信息；

5. “个人信息处理者”指可以直接或间接处理个人信息，并为了公务或商业的目的来操作个人信息档案的公共机构、法人、组织、个人等；

6. “公共机构”指下款中描述的机构：

a. 国民议会的行政主体、法院、宪法法院和国家选举委员会、中央行政部门或机关（包括总统办公室和总理办公室下属的）及它们的附属机构和当地政府；以及

b. 其他由总统法令指定的国家机构和公共部门。

7. “可视化资料处理设备”指由总统法令指定的，持续地安装在一个特定地方来对人或物拍照，或通过有线或无线的网络来传送这类照片的设备。

**第3条**　个人信息保护原则

（1）个人信息处理者应当有明确和特定的个人信息处理目的，并应当合法公平地搜集达到该目的所需的最少的个人信息。

（2）个人信息处理者对个人信息的处理应当与达到个人信息处理目的的必要程度相一致，并不能超出该目的而使用。

（3）个人信息处理者应当在达到个人信息处理目的的必要的程度内确保个人信息是准确、完整、最新的。

（4）个人信息处理者应当根据个人信息处理的方式、类型等，使用安全的方法来处理个人信息，考虑到资料主体的权利被侵犯的可能性以及这类风险的严重程度。

（5）个人信息处理者应当公布它的隐私政策以及其他的个人信息处理事务，并应当确保资料主体包括查取他/她个人信息在内的权利。

（6）个人信息处理者应当以最小化侵犯资料主体隐私的可能性的方式来处理个人信息。

（7）个人信息处理者应当在可能的情况下，努力匿名地处理个人

信息。

（8）个人信息处理者应当通过遵守和执行本法案及其他相关的法律法规中提出的责任和义务，努力获得资料主体的信任。

**第 4 条** 资料主体的权利

与他/她个人信息的处理相关时，资料主体应当有在下述段落中说明的权利：

1. 被通知该个人信息被处理的权利；
2. 对该个人信息处理的同意与否，以及选择同意范围的权利；
3. 确认该个人信息处理，以及要求查取（包括证书的签发，下文中同样适用）该个人信息的权利；
4. 停止处理、纠正、删除和消灭该个人信息的权利；以及
5. 通过及时公正的程序，为该个人信息处理造成的任何损害获得适当补偿的权利。

**第 5 条** 国家的义务等

（1）国家和当地政府应当制定政策以防止超出目的的搜集、滥用和误用个人信息、密切监视和追踪等造成的损害性后果，以及加强人类的尊严和个人的隐私。

（2）国家和当地政府应当制定对保护第四条中所说的资料主体的权利有必要的政策措施，包括改进立法。

（3）国家和当地政府应当尊重、促进和支持个人信息处理者对资料保护活动的自我约束，来改善非理性的与个人信息处理相关的社会实践。

（4）国家和当地政府对与个人信息处理相关的法律、法规或条例的制定和修改，应当遵从本法案的目的。

**第 6 条** 与其他法案的关系

除了在其他法案（如促进信息交流网络利用和资料保护法案、使用和保护信贷信息法案等）中特别指明之外，资料保护应当由本法案管理。

## 第二章　资料保护政策的建立等

**第7条**　个人信息保护委员会

（1）个人信息保护委员会（以下称为“委员会”）应当在总统办公室下属设立，以考虑和解决关于资料保护的事项。委员会应当独立行使授权内的职权。

（2）委员会应当由不超过十五位委员组成，包括一位主席和一位应当有政治服务的公职人员身份的常务委员。

（3）主席应当由总统从非公职人员的委员中委任。

（4）委员应当由总统从下述段落中所列举的人中任命或委任。在这种情况下，五名委员应当从被国民议会选举的候选人中任命或委任，另外五名委员从最高法院首席大法官提名的候选人中选择：

1. 隐私相关的民间组织或消费者群体推荐的人；
2. 由个人信息处理者组成的行业协会推荐的人；以及
3. 其他有足够的与个人信息相关的学术知识和经验的人。

（5）主席和委员的任期应当为三年，最多连任一次。

（6）委员会会议应当在主席认为有必要或在超过四分之一的委员提出时，由主席召集。

（7）如果有超过一半的委员出席了会议，委员会会议的决议应当有出席的委员的过半数赞成票。

（8）委员会内应设秘书处来负责委员会的行政事务。

（9）在第（1）款至第（8）段中没有提到的事务，如果对委员会的组织和运作有必要，应当由总统法令说明。

**第8条**　委员会的功能

（1）委员会应当考虑和解决以下事务：

1. 第9条的基本计划和第10条的实施计划；
2. 与资料保护相关的政策、系统和立法的改进事务；
3. 个人信息处理相关的公共机构的职务的统筹事务；
4. 解释和运用资料保护相关的法律法规的事务；

5. 根据第18条第（2）5款，使用和提供个人信息的事务；

6. 根据第33条第（3）款，隐私影响评估的结果的相关事务；

7. 根据第61条第（1）款，意见建议的相关事务；

8. 根据第64条第（4）款，措施建议的相关事务；

9. 根据第66条，披露结果的相关事务；

10. 根据第67条第（1）款，制作和提交年度报告的相关事务；

11. 总统、委员会主席或超过两名委员参加的关于资料保护的会议的相关事务；以及

12. 其他按照本法案或其他法律法规，应当被委员会考虑和解决的事务。

（2）如果是为了考虑和解决第（1）款中所说的事务所需，委员会可以向相关的政府官员、资料保护的专家、民间组织和相关工作者寻求意见，并向有关部门要求相关材料。

**第9条** 基本计划

（1）公共管理和安全部长应当每三年一次，与中央行政部门或相关机构的负责人商议，设立资料保护基本计划（以下称为“基本计划”）并将其提交委员会，并应当根据委员会的审查和决议执行基本计划。

（2）基本计划应当包括以下内容：

1. 资料保护的基本目标和计划管理；

2. 信息保护系统和立法的改进；

3. 防止隐私侵犯的对策；

4. 如何便于资料保护的自我约束；

5. 如何激励资料保护的教育和公共关系；

6. 数据保护专家的训练和培养；

7. 其他资料保护所需的事务。

（3）国民议会、法院、宪法法院和国家选举委员会可以设立和实施自己的资料保护基本计划，用于其相关机构包括下属单位。

第 10 条　实施计划

（1）中央行政部门或机构的负责人应当每年一次，根据基本计划设立资料保护的实施计划并将其提交委员会，并应当根据委员会的审查和决议执行实施计划。

（2）对实施计划的设立和执行有必要的事务，应当由总统法令说明。

第 11 条　材料的要求

（1）为了基本计划的有效设立和执行，公共管理和安全部长可以向个人信息处理者、中央行政部门或相关机构的负责人、当地政府和相关组织的负责人等，要求关于个人信息处理者的法规遵守的实际状况和个人信息的管理等的材料或建议。

（2）为了实施计划的有效设立和执行，中央行政部门或机构的负责人可以向在其管辖权范围内的个人信息处理者要求第（1）款中列举的材料。

（3）任何被要求提供第（1）款和第（2）款中材料的人应当按要求提供，除非在特定的情况下被免除义务。

（4）任何必要的事务，包括提供第（1）款和第（2）款中材料的范围和方法，应当由总统法令说明。

第 12 条　资料保护指引

（1）公共管理和安全部长可以设立关于个人信息处理标准、隐私侵犯的类型和预防措施等的标准资料保护指引（以下称为“标准指引”），并鼓励个人信息处理者遵守。

（2）中央行政部门或机构的负责人可以设立关于在其管辖权范围内的个人信息处理的资料保护指引，并鼓励个人信息处理者遵守。

（3）国民议会、法院、宪法法院和国家选举委员会可以设立和实施自己的资料保护指引，用于其相关机构包括下属单位。

第 13 条　促进和支持自我约束

公共管理和安全部长应当制定下列对于促进和支持个人信息处理者对资料保护的自我约束活动有必要的政策措施：

1. 资料保护的教育和公共关系；

2. 促进和支持资料保护相关的机构和组织；

3. 引进和便利隐私标记系统；

4. 支持个人信息处理者的自我约束规则的形成和实施；

5. 其他对支持个人信息处理者对资料保护的自我约束有必要的事务。

**第 14 条** 国际合作

（1）政府应当制定对于在国际环境下提高资料保护标准有必要的政策措施。

（2）政府应当制定相关的政策措施，以避免资料主体的权利因为个人信息的跨境传送而被侵犯。

## 第三章 个人信息处理

### 第一节 个人信息的搜集、使用、提供等

**第 15 条** 个人信息的搜集和使用

（1）个人信息处理者可以在下述任何情况下搜集个人信息，并在搜集目的的范围内使用：

1. 获得了资料主体的同意；

2. 法律中存在特殊条款或是为了遵守法律义务不可避免的；

3. 为了公共机构可以在其管辖权范围内执行法律法规要求的工作而不可避免的；

4. 为了执行和履行与资料主体的合同而必须需要的；

5. 为了保护资料主体的，或是在资料主体或他/她的法定代理人无法表达明确意图或之前的同意因为未知地址而无法被获得的情况下的第三方的生命、身体、或经济利益免于紧迫性的危险而明确需要的；或者

6. 为了达到个人信息处理者的、明确优先于资料主体的正当利益而必需的。在这种情况下，只有当个人信息处理者的正当利益存在实

质的关系，并且没有超出合理范围时，才可以被允许。

（2）当个人信息处理者获得了第（1）款第1项中的同意时，应当告知资料主体下述内容。当下述内容被修改时也应当告知：

1. 搜集和使用个人信息的目的；

2. 将被搜集的个人信息的细节；

3. 个人信息被保留和使用的期限；以及

4. 资料主体有权拒绝同意，以及拒绝同意引起的不良影响。

**第16条** 搜集个人信息的限制

（1）个人信息处理者应当搜集达到第15条第（1）款中的目的所需的最少的个人信息。在这种情况下，最少的个人信息被搜集的举证责任应当由个人信息处理者承担。

（2）个人信息处理者不能以资料主体不同意其搜集超出最低需要的信息为理由而拒绝向资料主体提供商品或服务。

**第17条** 个人信息的提供

（1）个人信息处理者可以向如下所说的第三方提供（或分享，下文中同样适用）资料主体的个人信息：

1. 获得了资料主体的同意；或者

2. 个人信息被提供的目的处于按照第15条第（1）款第2项、第3项、第5项个人信息被搜集的目的的范围内。

（2）当个人信息处理者获得了第（1）款第1项中的同意时，应当告知资料主体下述内容。当下述内容被修改时也应当告知：

1. 个人信息的接收者；

2. 上述接收者使用个人信息的目的；

3. 将被提供的个人信息的细节；

4. 个人信息被上述接收者保留和使用的期限；以及

5. 资料主体有权拒绝同意，以及拒绝同意引起的不良影响。

（3）当个人信息处理者向海外的第三方提供个人信息时，应当告知资料主体第（2）项的内容，并且获得资料主体的同意。个人信息处理者不得在违反本法案的情况下签订个人信息的跨境传送合同。

**第 18 条　使用和提供个人信息的限制**

(1) 个人信息处理者不得在超出第 15 条 (1) 款的范围外使用个人信息，并不得在超出第 17 条第 (1) 款和第 (3) 款的范围外向第三方提供。

(2) 即使有第 (1) 款，当下述任何情况存在时，个人信息处理者可以使用或向第三方提供个人信息以达到超出计划的目的，除非这样做很可能会不公正地侵犯资料主体或第三方的利益；然而第 5 条至第 9 条只适用于公共机构：

1. 获得了资料主体额外的同意；

2. 法律中有特殊条款；

3. 为了保护资料主体的，或是在资料主体或他/她的法定代理人无法表达明确意图或之前的同意因为未知地址而无法被获得的情况下的第三方的生命、身体、或经济利益免于紧迫性的危险而明确需要的；

4. 为了统计和科学研究的需要等，个人信息以无法被辨别身份的方式被提供；

5. 当个人信息处理者为了超出计划的目的而使用或向第三方提供个人信息，才能在管辖范围内执行其他法律的要求，并且符合委员会的审查和决议时；

6. 为了履行条约或国际公约而必须向外国政府或国际组织提供个人信息时；

7. 为了调查犯罪、控告和起诉而必需时；

8. 法庭审理案子而必需时；

9. 刑罚、对照顾和监护的强制执行而必需时。

(3) 当个人信息处理者获得了第 (2) 款第 1 项的同意时，应当告知资料主体下述内容。当下述内容被修改时也应当告知：

1. 个人信息的接收者；

2. 使用个人信息的目的（在提供个人信息的情况下，指接收者的使用目的）；

3. 将被使用或提供的个人信息的细节；

4. 个人信息被保留和使用的期限（在提供个人信息的情况下，指接收者保留和使用的期限）；以及

5. 资料主体有权拒绝同意，以及拒绝同意引起的不良影响。

（4）当公共机构为了超出计划的目的而使用个人信息，或将其提供给第2至6、8、9项中的第三方时，该公共机构应当按照公共管理和安全部的条例，在公报或网站上贴出这种使用或提供的法律依据，目的和范围，以及其他必要事项。

（5）当个人信息处理者为了超出在第（2）款中给出的计划的目的，向第三方提供个人信息时，个人信息处理者应当要求个人信息的接收者限制使用的目的和方法以及其他必要事项，或者准备必要的预防措施来确保个人信息的安全。在这种情况下，被要求的人应当采取必要的措施来确保个人信息的安全。

**第19条** 对接收者使用和提供个人信息的限制

从个人信息处理者获得个人信息的人不得超出计划的目的而使用个人信息，也不得在除了下述情形外将其提供给第三方：

1. 获得了资料主体额外的同意；或

2. 其他法律中有特殊条款；

**第20条** 资料主体外的个人信息来源的通知

（1）当个人信息处理者处理从资料主体以外的来源获得的个人信息时，个人信息处理者应在该资料主体提出要求时，立刻通知该资料主体下述一切信息：

1. 搜集的个人信息的来源；

2. 处理个人信息的目的；以及

3. 资料主体有权利要求停止对个人信息的处理。

（2）第（1）款在下述情况不适用；然而，在此法案下它明确优先于资料主体的权利：

1. 当个人信息，作为要求通知的客体，被包括在第32条第（2）款所说的个人信息档案中时；或者

2. 当该通知可能对他人生命或身体造成伤害，或者对他人的财产和其他利益造成不公正的损害时。

**第 21 条** 个人信息的消灭

（1）当个人信息因保留期限届满、个人信息处理的目的达到等原因而变得不必要时，个人信息处理者应当没有延迟地消灭个人信息；然而，如果其他法律法规强制它被保留，则不适用。

（2）当个人信息处理者在第（1）款的情况下消灭个人信息时，应当采取必要的措施来防止恢复。

（3）当个人信息处理者有义务保存，而非消灭时，第（1）款中的但书所说的个人信息、相关的个人信息或个人信息档案应当被储存并与其他个人信息分开管理。

（4）其他必要事项，如消灭个人信息的方法、消灭的过程等，应当由总统法令说明。

**第 22 条** 获得同意的方法

（1）当个人信息处理者从资料主体［包括第（5）款所说的他们的法定代理人。本条以下内容同样适用］获得在本法案下进行个人信息处理的同意时，个人信息处理者应当分开地通知资料主体需要同意的事项、帮助资料主体明确地认知各项并分别地获得各项的同意。

（2）当个人信息处理者从资料主体获得根据第 15 条第（1）款第 1 项、第 17 条第（1）款第 1 项和第 24 条第（1）款第 1 项进行个人信息处理的同意时，个人信息处理者应当将需要资料主体同意才能处理的个人信息和不需要获得资料主体同意即可执行合同的个人信息分开。在这种情况下，处理个人信息不需要同意的举证责任应当由个人信息处理者承担。

（3）当打算获得资料主体的同意来处理个人信息，以便提高商品和服务或是招揽生意时，个人信息处理者应当通知资料主体、帮助资料主体明确地认知、并获得他们的同意。

（4）个人信息处理者不能以资料主体不同意符合第（2）款的选择性同意的事项，或是根据第（3）款和第 18 条第（2）款第 1 项的不同意为理由而拒绝向资料主体提供商品或服务。

（5）在根据本法案而被要求获得同意以处理不满14岁未成年的个人信息时，个人信息处理者应当从未成年人的法定代理人处获得同意。在这种情况下，获得法定代理人的同意所必需的最少量的个人信息可以被直接从该未成年处搜集，而无需其法定代理人的同意。

（6）其他未在第（1）至（5）款中提供的事项，如果对于确定从资料主体获得同意和第（5）款所说的最少量信息的详细的方法是必需的，应当由总统法令说明并考虑到个人信息的搜集媒介。

## 第二节　处理个人信息的限制

**第23条**　处理敏感资料的限制

个人信息处理者不得处理包括思想意识、信仰、工会或政党的加入/退出、政治理念、健康状况、性生活、及其他如总统法令中所说的可能对资料主体的隐私造成侵害的个人信息（以下称为“敏感资料”）；然而，如果有下述情形之一，则不适用：

1. 当个人信息处理者告知资料主体第15条第（2）款或第17条（2）款，并且获得资料主体处理其他个人信息以外的同意；或

2. 当法律法规要求或允许处理敏感资料时。

**第24条**　处理唯一标识符的限制

（1）除了下述情况外，总统法令要求个人信息处理者不得处理分配的标识符来根据法律法规识别个人（以下称为“唯一标识符”）：

1. 个人信息处理者告知资料主体第15条第（2）款或第17条第（2）款，并且获得资料主体处理其他个人信息以外的同意。

2. 法律法规有具体的条文要求或允许处理。

（2）满足总统法令指定标准的个人信息处理者，当资料主体打算通过个人信息处理者的互联网主页获得其会员资格时，应当提供一种不使用居民登记号来收录成员的替代方法。

（3）总统法令要求，当个人信息处理者根据第（1）款处理唯一标识符时，个人信息处理者应当采取必要的包括加密在内的措施来确

保安全，以免该唯一标识符丢失、被盗、泄露、被更改或被损害。

（4）公共管理和安全部长可以准备多种措施，如立法安排、政策制定、必要的设施和系统的建立，来支持第（2）款所说的提供的方法。

**第 25 条** 安装和操作可视化资料处理设备的限制

（1）除了下述情形外，任何人不得在公共地点安装和操作可视化资料处理设备：

1. 法律法规有具体的条文给出允许；
2. 预防和调查犯罪所需；
3. 为了设施安全和防火所需；
4. 为了监管交通所需；
5. 为了搜集、分析和提供交通信息所需。

（2）任何人不得安装和操作可视化资料处理设备来监控可能明显地威胁到个人隐私的地方，如向公众开放的浴室、厕所、汗蒸室和更衣室；然而，对于总统法令要求的按照法律法规用来拘留或保护人的设施，如监狱和心理健康中心，则不适用。

（3）总统法令要求的打算根据第（1）款来安装和操作可视化资料处理设备的公共机构的负责人，和打算根据第（2）款来安装和操作可视化资料处理设备的人，应当通过公开听证会、信息会议等形式来收集相关专家和利益相关者的意见。

（4）总统法令要求的打算根据第（1）款来安装和操作可视化资料处理设备的人（以下称为“可视化资料处理者”）应当采取必要的措施，包括在布告板张贴，以便资料主体可以轻易意识到它；然而，总统法令列举的设施不适用。

（5）可视化资料处理者不得为了最初目的之外的目的而任意地操作可视化资料处理设备，不得将该设备对准其他地点，也不得适用录音功能。

（6）可视化资料处理者应当根据第 29 条采取必要的措施来确保安全，以免该个人信息丢失、被盗、泄露、被更改或被损害。

（7）总统法令要求的可视化资料处理者应当设立合适的政策来操作和管理可视化资料处理设备。在这种情况下，它可能根据第 30 条的隐私政策被免职。

（8）可视化资料处理者可以外包可视化资料处理设备的安装和操作；然而，考虑外包的公共机构应当遵守总统法令给出的程序和要求。

**第 26 条　委托工作后处理个人信息的限制**

（1）在将个人信息处理工作委托给第三方时，个人信息处理者应当细查下述纸质形式：

1. 防止为了超出委任目标的目的而处理个人信息；

2. 个人信息的技术上和管理上的保护；以及

3. 其他总统法令要求的个人信息安全管理的事项。

（2）根据第（1）款将个人信息处理工作委任给第三方的个人信息处理者（以下称为“委托人”）应当披露委任的内容和执行委任的个人信息处理的人（以下称为“受托人”），使资料主体可以在任何时候按照总统法令要求的方式轻易认识到这一点。

（3）在委任与公共相关的商品和服务或招揽生意时，委托人应当按照总统法令要求的方式，通知资料主体其委任的工作和委托人。上述同样适用于委任工作或受托人发生变更的情形。

（4）委托人应当教育受托人以免资料主体的个人信息因委托工作而丢失、被盗、泄露、被更改或被损害，并按照总统法令的要求，通过视察委任的处理工作等手段，来监督受托人是如何用安全的方式来处理该个人信息的。

（5）受托人不能超出个人信息处理者委任的工作范围而使用个人信息，或将个人信息提供给第三方。

（6）涉及受托人对委任处理的个人信息的处理违反了本法案造成的损失的赔偿时，受托人应当被视为个人信息处理者的雇员。

（7）第 15 条至 25 条、第 27 条至 31 条、第 33 条至 38 条以及第 59 条应当比照适用于受托人。

**第 27 条** 业务转让等事宜后对个人信息转让的限制

(1) 在因业务全部或部分转让、合并等原因而需转让个人信息时，个人信息处理者应当按照总统法令要求的方式，事先向相关的资料主体通知下述细节：

1. 个人信息将被转让；

2. 个人信息接收者（以下称为“商业受让人”）的名字（如果是法人的话，指的是公司名字）、地址、电话号码和其他联系方式；并按照总统法令要求的方式通知资料主体；然而，在个人信息处理者已经按照第 (1) 款的要求通知了资料主体转让的相关事实时，则不适用。

3. 资料主体不希望他/她的个人信息被转让的情况下，撤销同意的方式和程序。

(2) 收到个人信息后，商业受让人应当按照前述第 (1) 款的要求毫不迟疑地向信息处理者通知信息主体已经转让的事实。

(3) 在因业务转让、合并等原因而收到个人信息时，商业受让人可以使用或将其提供给第三方，但仅限于为了转让前的最初目的。在这种情况下，商业受让人应当被视为个人信息处理者。

**第 28 条** 对个人信息处理人的监管

(1) 在处理个人信息时，个人信息处理者应当对在个人信息处理者的命令和监督下处理个人信息的人，如职员或雇员、派遣人员、兼职人员等（以下称为“个人信息处理人”），采取合适的控制和监管，以此来管理个人信息。

(2) 个人信息处理者应当定期向个人信息处理人提供必要的教育项目来确保个人信息得到恰当的处理。

## 第四章 个人信息的保护

**第 29 条** 保护责任

个人信息处理者应当采用总统法令要求的、对确保安全有必要的技术上、管理上和物理上的措施，如内部管理计划和保存登录纪录等，以免个人信息丢失、被盗、泄露、被更改或被损害。

**第30条** 隐私政策的设立和披露

（1）个人信息处理者应当设立包涵下述细节的个人信息处理政策（以下称为“隐私政策”）。在这种情况下，公共机构应当将该隐私政策应用于根据第32条将被注册的个人信息档案：

1. 个人信息处理的目的；
2. 处理和保留个人信息的期限；
3. 个人信息对第三方的提供（如果适用的话）；
4. 个人信息处理的委任（如果适用的话）；
5. 资料主体的权利和义务和如何行使权利；以及
6. 其他总统指令中要求的个人信息处理的相关事项。

（2）在设立或修改隐私政策时，个人信息处理者应当披露其内容，使资料主体可以按照总统法令要求的方式轻易认识到它。

（3）如果隐私政策与个人信息处理者和资料主体之间签订并执行的合同不一致，适用有利于资料主体的内容。

（4）公共管理和安全部长可以准备隐私政策指引并鼓励个人信息处理者遵守该指引。

**第31条** 隐私负责职员的委任

（1）个人信息处理者应当委任一位全权负责个人信息处理的隐私负责职员。

（2）隐私负责职员应当执行以下工作：

1. 设立和实施资料保护计划；
2. 对个人信息处理的实际状态和实践定期调查，并改善不足之处；
3. 处理个人信息处理者相关的抱怨和补救赔偿；
4. 设立内部控制系统以防止个人信息的泄露、滥用和误用；
5. 准备和实施资料保护教育项目；
6. 保护、控制和管理个人信息档案；以及
7. 其他总统法令要求的恰当处理个人信息所需的工作。

（3）在执行第（2）款的各项工作时，如果需要的话，隐私负责职员可以经常检查个人信息的状态和系统，并向相关人员要求报告。

（4）当他/她得知任何与资料保护相关的违反了本法案或其他法律法规的行为时，隐私负责职员应当立即采取纠正措施，如果需要的话，还应当向该机构或相关组织的负责人报告所采取的纠正措施。

（5）个人信息处理者不得在没有合理根据的情况下，要求隐私负责职员在执行第（2）款的各项工作时犯错。

（6）对被委任的隐私负责职员、资料保护工作、资格和其他必要事项的要求，由总统法令说明。

**第 32 条** 个人信息档案的注册和披露

（1）操作个人信息档案的公共机构的负责人应当向公共管理和安全部长注册下述信息。当注册的事项被更改时同样适用：

1. 个人信息档案的名称；

2. 操作个人信息档案的理由和目的；

3. 记录在个人信息档案中的个人信息的细节；

4. 处理个人信息的方法；

5. 保留个人信息的期限；

6. 被惯例地或重复地提供个人信息的接收者；以及

7. 其他总统法令要求的事项。

（2）对下述任何的个人信息档案，第（1）款不适用：

1. 记录了国家安全、外交秘密和其他涉及重大国家利益的事项的个人信息档案；

2. 记录了犯罪调查、控告、起诉、刑罚、照顾和监护的强制执行、纠正令、保护令、安全观察令和移民入境的个人信息档案；

3. 记录了根据惩罚税收犯罪法和海关法案认定的违法活动的个人信息档案；

4. 只能被用来评价公共机构的内部工作表现的个人信息档案；

5. 根据其他法律法规被分类为秘密的个人信息档案。

（3）如果必要的话，公共管理和安全部长可以检阅第（1）款所说的个人信息档案的注册及其内容，并建议相关公共机构的负责人对档案进行改进。

（4）公共管理和安全部长应当公开第（1）款所说的注册的个人信息档案的当前状态，使任何人都可以轻易查取它们。

（5）关于第（1）款所说的注册的必要事项，第（4）款所说的公开披露的方式、范围和程序，应由总统法令说明。

（6）由国民议会、法院、宪法法院和国家选举委员会（包括其附属机构）保留的个人信息档案的注册和公开披露，应当根据国民议会、法院、宪法法院和国家选举委员会的相关条例。

**第33条** 隐私影响评估

（1）在可能因根据总统法令制定的标准对个人信息档案的操作而侵害资料主体的个人信息的情况下，公共机构的负责人应当进行评估以分析和改善风险因素（以下称为“隐私影响评估”），并将结果提交给公共管理和安全部长。在这种情况下，公共机构的负责人应当向公共管理和安全部长委任的机构（以下称为“隐私影响评估机构”）要求隐私影响评估。

（2）隐私影响评估应当包括以下事项：

1. 被处理的个人信息的编号；

2. 个人信息是否被提供给了第三方；

3. 侵害资料主体的权利的可能性和风险程度；以及

4. 其他总统法令说明的事项。

（3）公共管理和安全部长可以在收到第（1）款所说的隐私影响评估结果后，根据委员会的审查和决议来提供意见。

（4）公共机构的负责人应当根据第32条第（1）款注册按照第（1）款进行了隐私影响评估、并附上了隐私影响评估结果的个人信息档案。

（5）公共管理和安全部长应当设定必要的措施，如培养相关专家、发展和传播隐私影响评估的标准，来鼓励隐私影响评估。

（6）隐私影响评估相关的必要事项，如根据第（1）款来指定和撤销指定隐私影响评估机构的标准、评估的标准、方法、过程等，由总统法令说明。

（7）国民议会、法院、宪法法院和国家选举委员会（包括其附属机构）做的隐私影响评估应当遵循它们提供的相关规则。

（8）如果在操作个人信息档案时对资料主体的个人信息造成侵害的可能性高，非公共机构的个人信息处理者应当努力积极地进行隐私影响评估。

**第34条**　数据泄露的通知等

（1）在知道个人信息泄露后，个人信息处理者应当立即通知受害的资料主体下列内容：

1. 泄露了何种个人信息；

2. 个人信息何时、如何泄露的；

3. 资料主体可以做的任何减少因个人信息泄露造成的可能损失的信息；

4. 个人信息处理者的对策和补救程序；以及

5. 个人信息处理者的援助站和资料主体向其报告损失的联系方式。

（2）个人信息处理者应当准备对策并采取必要措施来减少个人信息泄露造成的损失。

（3）当发生高于总统指令设定标准的大量资料泄露时，个人信息处理者应当立即向公共管理和安全部长和总统指令中说明的专门机构报告第（1）款所说的通知和第（2）款所说的措施的结果。在这种情况下，公共管理和安全部长和总统指令中说明的专门机构可以提供技术协助来预防和补偿进一步的损失等。

（4）关于第（1）款的资料泄露通知的时间、方式和程序的必要事项，应当由总统指令说明。

## 第五章　资料主体的权利保障

**第35条**　个人信息的查取

（1）资料主体可以向相关的个人信息处理者要求查取他/她自己的、由该个人信息处理者处理的个人信息。

（2）第（1）款之外，当资料主体想向公共机构要求查取他/她自己的个人信息时，可以直接向该机构要求，或者根据总统指令通过公共管理和安全部长间接要求。

（3）在根据第（1）款和第（2）款被要求查取时，个人信息处理者应当允许资料主体在总统指令指明的期限内查取相关的个人信息。在这种情况下，如果有任何合理的原因而不能允许在该期限内查取，个人信息处理者可以在通知相关的资料主体该原因后推迟其查取。如果该原因消失，推迟应当立即解除。

（4）当有下述任何情况时，个人信息处理者可以在通知资料主体原因后，限制或推迟查取：

1. 法律禁止或限制查取；

2. 查取可能对他人的生命或身体造成损害，或不当地侵害他人的财产和其他利益；或

3. 公共机构进行下列事务时有严重困难。

a. 课税、收税、或退税；

b. 根据中小学教育法案和高等教育法案设立的学校、根据终身教育法设立的终身教育设施、根据其他法律设立的高等教育机构的学术成果评估或录取事务；

c. 关于学术能力、技术能力和雇佣的测试和资格考试；

d. 关于赔偿或资助评估的正在进行中的评价或决策；

e. 根据其他法律正在进行中的审计或检查。

（5）与根据第（1）款至第（4）款要求查取的方式和程序、查取的限制、通知等相关的必要事项应当由总统法令说明。

**第36条**　个人信息的纠正或删除

（1）根据第35条可以查取他/她自己的个人信息的资料主体可以向个人信息处理者要求纠正或删除该个人信息；然而，当其他法律法规要求搜集上述个人信息时，不允许删除。

（2）在收到资料主体根据第（1）款提出的要求时，个人信息处理者应当立即调查讨论中的个人信息，并采取必要措施来按照资料主体的要求纠正或删除，除非其他法律法规对纠正或删除有特别要求。个人信息处理者应当将处理结果通知相关资料主体。

（3）在按照第（2）款删除个人信息的情形，个人信息处理者应当采取措施防止恢复。

（4）当第（1）款的但书适用于资料主体的要求时，个人信息处理者应当立即将但书内容通知相关资料主体。

（5）当根据第（2）款调查个人信息时，个人信息处理者可以在必要时要求相关资料主体提供确认纠正和删除个人信息所需的证据。

（6）根据第（1）、（2）、（4）款要求纠正和删除、通知的方式和程序等相关事项，应当由总统法令说明。

**第 37 条** 个人信息处理的停止

（1）资料主体可以要求个人信息处理者停止对他/她自己的个人信息的处理。在这种情况下，如果个人信息处理者是公共机构，只有包含在根据第 32 条注册的个人信息档案内的个人信息可以被要求停止处理。

（2）在收到根据段（1）提出的要求时，个人信息处理者应当立即按照资料主体的要求，全部或部分停止处理该个人信息；然而，当有下述情形时，个人信息处理者可以拒绝该资料主体的要求：

1. 法律有特别规定，或是遵守法律法规的义务而不可避免的；

2. 可能对他人的生命或身体造成损害或不当地侵害他人的财产和其他利益；

3. 如果不处理该个人信息，公共机构将无法执行其他法律要求的工作；

4. 尽管难以在不处理讨论中的个人信息时执行该资料主体签订的合同，如服务条款，但资料主体未能明确表示终止合同。

（3）根据第（2）款的但书拒绝要求时，个人信息处理者应当立即将原因通知资料主体。

（4）在应资料主体的要求停止个人信息处理时，个人信息处理者应当立即采取必要措施，包括消灭相关的个人信息。

（5）根据第（1）至（3）款的要求的方式和程序，拒绝停止处理、通知等相关事项应当由总统指令提供。

**第 38 条** 行使权利的方式和程序

（1）资料主体可以以书面形式或其他总统法令中说明的方式和程序，委托他/她的律师根据第 35 条的查取、根据第 36 条的纠正和删除、根据第 37 条的要求停止处理（以下称为“查取要求”）。

（2）不满 14 岁的未成年人的法定代理人可以代替未成年人向个人信息处理者提出查取要求。

（3）根据总统指令，个人信息处理者可以向提出查取要求的人收取费用和邮资（仅限于要求邮寄复印件的情况）。

（4）个人信息处理者应当准备详细的方式和程序以使资料主体可以提出查取要求，并将其公开。

（5）个人信息处理者应当准备并指引必要的程序，使资料主体可以对其拒绝查取要求提出反对。

**第 39 条** 损害赔偿责任

（1）任何由于个人信息处理者违反本法案而遭受损失的资料主体可以向个人信息处理者提出损害赔偿。在这种情况下，如果个人信息处理者无法证明它没有不法意图或疏忽，其损害赔偿责任不得被免除。

（2）只有在证明遵守了本法案，并在合理注意和监管上不存在过失时，造成个人信息的丢失、被盗、泄露、更改或损害的个人信息处理者的损害赔偿责任才可能被减少。

## 第六章 个人信息争议调解委员会

**第 40 条** 委员会的设立和构成

（1）个人信息争议调解委员会（以下称为“争议调解委员会”）成立的目的应当是调解任何关于个人信息的争议。

（2）争议调解委员会应当由不超过20位成员组成，包括一位主席，一位常务委员。

（3）委员会成员应当由公共管理和安全部长从下列人中委任：

1. 负责资料保护的中央行政部门或机构的高级政府官员学院内的政府官员，或正在或曾经在公共部门和相关组织的同等职位工作的人，以及有资料保护的工作经验；

2. 正在或曾经在大学或其他公众认可的研究机构内作为助理教授或更高职务服务过；

3. 正在或曾经做过法官、公诉人或律师；

4. 资料保护相关的民间组织或消费者群体推荐的人；

5. 正在或曾经在由个人信息处理者组成的行业协会内做过高级管理人员。

（4）主席应当由公共管理和安全部长从非政府官员的委员中任命。

（5）主席和委员的任期应当为两年，最多只能连任一次；然而，根据第（3）款第1项任命的，同时为政府官员的委员应当在他/她有公职期间保留委员身份。

（6）为了有效地解决争议，在处理总统法令所说的调解案件时，争议调解委员会可以在必要的时候为案件的各部分设立由不多于五名的委员组成的小组。在这种情况下，争议调解委员会的小组决议应当按照争议调解委员会做出的来解释。

（7）争议调解委员会或设立的小组应当在有一半以上成员出席时召开，决议应当有出席成员的过半数赞成票。

（8）根据总统法令，公共管理和安全部长可以委任一个特定机构运作秘书处来支持争议调解委员会的工作。

（9）运行争议调解委员会所必需的事项，如果未在本法案中提到，则由总统法案说明。

**第41条** 会员资格的保证

委员会成员不得被开除或违背意愿地解除委任，除非他/她被判处停止资格或更重的刑罚，或是因精神或身体原因无法完成他/她的职责。

**第42条** 成员的排除、质疑和回避

（1）如果有以下情形，委员会成员不得参加请求争议调解的案件（以下在本条内称为“案件”）的审查和决议：

1. 委员会成员、他/她的配偶、他/她的前任配偶是案件的一方当事人、共同权利人或共同责任人；

2. 委员会成员与案件的当事人有或曾有亲属关系；

3. 委员会成员做了关于案件的证词、专家意见或法律建议；

4. 委员会成员作为当事人的代理人或代表参与了或曾参与了案件。

（2）如果当事人认为他/她难以期待从委员会成员处获得公正的审查和决议，可以向主席提交质疑申请。在这种情况下，主席应在争议调解委员会没有作出决议的情况下，决定质疑申请的结果。

（3）当委员会成员符合第（1）或（2）款的情形时，可以回避案件的审查和决议。

**第43条** 争议调解的申请等

（1）任何想要调解关于个人信息的争议的人，可以向争议调解委员会申请调解。

（2）在收到案件当事人的争议调解申请时，争议调解委员会应当告知另一方当事人该调解申请。

（3）当公共机构被告知了根据第（2）款的争议调解通知时，除在特定情况下被免除义务外，应当对其回复。

**第44条** 调解过程的时间限制

（1）争议调解委员会应当在收到根据第43条第（1）款的申请的60天内调查案件并起草调停；然而，在无可避免的情况下，争议调解委员会可以决定延长该期限。

（2）当由于第（1）款但书的原因延长期限时，争议调解委员会应当将延长期限的原因和其他与延长期限相关的事项告知申请者。

**第45条　要求材料等**

（1）在收到根据第43条第（1）款的争议调解申请时，争议调解委员会可以要求涉及争议的当事人提供调解争议所需的材料。在这种情况下，除有正当原因外，相关当事人应当遵从要求。

（2）争议调解委员会可以在必要时让涉及争议的当事人或有关证人面见委员会，以听取他们的意见。

**第46条　调解前的和解建议**

在收到根据第43条第（1）款的争议调解申请后，争议调解委员会可以呈上和解草案并推荐在调解前进行和解。

**第47条　争议调解**

（1）争议调解委员会可以在准备的调解草案中包括下列内容：

1. 将被调查的侵害活动的停止；
2. 恢复性赔偿，损害性赔偿和其他必要的赔偿；或
3. 任何防止再次发生同样或相似侵害的必要措施。

（2）在根据第（1）款准备调解草案后，争议调解委员会应当立即将该调解草案呈给各方当事人。

（3）收到根据第（1）款的调解草案的当事人应当在收到该调解草案的15天内，通知争议调解委员会他/她接受或拒绝调解草案，否则该调解草案视为被拒绝。

（4）如果当事人接受了调解草案，争议调解委员会应当及时准备调解书，并且主席和当事人应当在上签名和盖章。

（5）根据第（4）款同意的调解应当与在法庭的和解具有同样效力。

**第48条　拒绝和停止调解**

（1）在认为争议的性质不适合调解或争议调解的申请是出于不公平的目的时，争议调解委员会可以拒绝调解。在这种情况下，应当通知申请人拒绝调解的原因。

（2）如果一方当事人在调查调解案件的期间提起诉讼，争议调解委员会应当停止争议调解并通知当事人。

**第49条** 集体争议调解

（1）在大量的资料主体遭受损失或权利被侵害的事件发生，或是发生了总统法令中说明的相似模式的侵害事件时，国家和地方政府、资料保护组织和机构、资料主体和个人信息处理者可以向争议调解委员会要求或申请综合的争议调解（以下称为“集体争议调解”）。

（2）在收到根据第（1）款的集体争议调解的要求或申请时，争议调解委员会可以根据第（3）至（7）款的程序来开始决议。在这种情况下，争议调解委员会应当按照总统法令要求的期限，发出开始程序的告示。

（3）争议调解委员会可以接受集体争议调解当事人之外的资料主体或个人信息处理者加入成为争议调解当事人的申请。

（4）争议调解委员会可以通过决议选出根据第（1）至（3）款最适合代表集体争议调解当事人的共同利益的一人或多人作为当事人代表。

（5）当个人信息处理者接受争议调解委员会做出的集体争议调解的裁决时，争议调解委员会可以建议个人信息处理者准备和提交对遭受了同样事件的非当事人的资料主体的赔偿计划。

（6）尽管有第48条第（2）款，如果集体争议调解的大量资料主体当事人中的一部分资料主体向法庭提起诉讼，争议调解委员会不得停止程序，但应将相关的提起诉讼的资料主体从程序中排除。

（7）集体争议调解的期限应当在自第（2）款的通知到期的第二天的60天内；然而，在无可避免的情况下，争议调解委员会可以决定延长该期限。

（8）其他必要事项，如集体争议调解程序等，应由总统法令说明。

**第50条** 调解程序等

（1）除了第43条至第49条的条款外，关于调解争议的方式、程序、该争议的交涉等的必要事项应由总统法令说明。

（2）民事调解法案应当比照适用于与争议调解委员会的运作和争

议调解程序相关的但本法案中没有提及的事项。

## 第七章　资料保护集体诉讼

**第 51 条**　集体诉讼的主体等

如果个人信息处理者拒绝或不接受根据第 49 条的集体争议调解，适用下列事项的任何组织可以向法庭提起诉讼要求预防或停止侵害（以下称为“集体诉讼”）：

1. 根据消费者体系法第 29 条在韩国公平交易委员会登记过、并完全符合下列事项的组织：

a. 章程中说设立目的是不断加强资料主体的权利和利益的组织；

b. 满员人数不得超过一千；以及

c. 根据消费者体系法第 29 条的注册已经过了三年。

2. 根据非盈利私人组织支持法案第 2 条、并完全符合下列事项的非营利组织：

a. 超过一百名经历了法律上或事实上同样的损害的资料主体提出了提起集体诉讼的要求；

b. 章程中说设立目的是资料保护，并在过去三年里进行了这类活动的组织；

c. 正式会员超过五千人；以及

d. 组织已在中央行政部门或机构注册。

**第 52 条**　专有司法管辖权

（1）集体诉讼应当限于在营业或主要办事处地点的适格的区域法院（法官小组），或是在被告没有商业地点时企业负责人的地址的专有司法管辖权。

（2）当第（1）款对外国企业实体适用时，同样应该由营业地点、主要办事处、或位于韩国的企业负责人的地址来决定。

**第 53 条**　律师的保留

集体诉讼的原告应当保留一名律师作为诉讼律师。

**第 54 条**　诉讼许可的申请

（1）打算提起集体诉讼的组织应当提交诉讼许可的申请，其中包括下述内容和请愿书：

1. 原告和其诉讼律师；

2. 被告；以及

3. 资格主体的权利受到的具体侵害。

（2）下述材料应该被附在第（1）款的诉讼许可的申请中：

1. 证明提起诉讼的组织符合第51条的资格的证据性材料；以及

2. 证明个人信息处理者拒绝争议调解或不接受调解结果的证据性文件。

**第55条** 诉讼许可的要求等

（1）只有当下述所有要求都满足时，法庭应当用决定书许可集体诉讼：

1. 个人信息处理者拒绝争议调解委员会的争议调解或不接受调解结果；以及

2. 根据第54条的诉讼许可申请中的描述不存在问题。

（2）法庭许可或不许可刑事诉讼的决定可能被立即的上诉推翻。

**第56条** 最终判决的效力

当驳回原告起诉的决定是最终的时，其他第51条所说的组织不能对同一案件提起集体诉讼；然而，在有下列情形时不适用：

1. 在决定为最终的时，国家、当地政府、或国家或当地政府投资的机构发现了该案件的新证据；或

2. 驳回起诉的决定被证明是原告故意造成的。

**第57条** 民事程序法案的适用等

（1）在本法案没有给出关于集体诉讼的具体条款时，适用民事程序法案。

（2）在作出第55条的许可集体诉讼的决定时，可以根据民事强行执行法案第四部分作出保全令。

（3）程序需要的事项由最高法院的规则说明。

## 第八章　补充条款

**第 58 条**　申请的部分排除

（1）第三至七章对下述的个人信息不适用：

1. 公共机构处理的个人信息中根据统计法案搜集的个人信息；

2. 搜集或被要求提供以分析国家安全相关信息的个人信息；

3. 为了公共安全、福利、公共健康等的紧迫需要而被暂时处理的个人信息；或

4. 为了报刊报道的目的、宗教组织的传教活动、政党候选人的提名而分别搜集和使用的个人信息。

（2）第 15，22，27（1）、（2），34，37 条不适用于由根据第 25 条第（1）款在公共地点安装和操作的可视化资料处理设备处理的个人信息。

（3）第 15、30、31 条不适用于个人信息处理者处理的用以运作友谊团体或协会如校友组织和爱好俱乐部的个人信息。

（4）在根据第（1）款处理个人信息时，要求个人信息处理者在最短的期限内，处理尽量少的必要的个人信息来达到预期的目的。同时，个人信息处理者应当采取必要的安排，如对个人申诉的处理，在技术上、管理上和物理上的保护，和其他的对个人信息的安全维持和恰当处理必要的措施。

**第 59 条**　禁止的活动

处理或曾处理个人信息的人不得做下列事情：

1. 以欺骗的、不恰当的或不公平的方法获得个人信息或获取处理个人信息的许可。

2. 泄露在业务过程中获得的个人信息，或未经允许将其提供给他人；或

3. 无法律允许或超出正当权限而损害、摧毁、更改、伪造或泄露他人的个人信息。

**第 60 条**　保密等

参加或曾参加下列工作的人不得对任何人泄露在履行他/她的职责时获取的秘密，或将该秘密用于初始目的之外的目的；然而，在其他法案中有特别条款时，前款不适用：

1. 第 8 条的个人信息保护委员会的工作；
2. 第 33 条隐私影响评估的工作；以及
3. 第 40 条的争议调解委员会的争议调解工作。

**第 61 条** 改进的建议和意见

（1）涉及包含可能影响数据保护的条款的法律法规时，公共管理和安全部长可以在认为必要时向受委员会的审查和决议约束的机构提供意见。

（2）公共管理和安全部长可以在认为对资料保护有必要时，建议个人信息处理者改进个人信息处理的实际状态。在这种情况下，个人信息处理者应当在收到建议后采取真诚的努力来履行建议，并将结果告知公共管理和安全部长。

（3）相关的中央行政部门或机构的负责人可以在认为对资料保护有必要时，根据其司法管辖权内的法律，建议个人信息处理者改进个人信息处理的实际状态。在这种情况下，个人信息处理者应当在收到建议后采取真诚的努力来履行建议，并将结果告知相关的中央行政部门或机构的负责人。

（4）中央行政部门或机构的负责人、当地政府、国民议会、法院、宪法法院和国家选举委员会可以向其下属机构或司法管辖权内的公共机构提供涉及资料保护的建议、指引或检查。

**第 62 条** 违法的报告等

（1）在个人信息处理者进行的个人信息处理过程中遭受了个人信息的权利或利益的侵害的人可以向公共管理和安全部长报告该侵害。

（2）根据总统指令，公共管理和安全部长可以委任某个特定机构来有效率地进行接受和处理第（1）款的索赔报告的工作。在这种情况下，该特定机构应当设立和运行一个个人信息损害呼叫中心（以下称为“DP 呼叫中心”）。

（3）DP 呼叫中心应当履行下列职责：

1. 接受个人信息处理相关的索赔报告和建议；

2. 调查和确认事件并听取利益相关当事人的意见；以及

3. 第 1 项和第 2 项附带的工作。

（4）公共管理和安全部长可以在必要时，根据国家公务员法案第 32－4 条向第（1）款的特定机构派遣其公职人员，以便有效率地履行调查和确认根据第（3）款第 2 项的事件的职责。

**第 63 条　材料的要求和检查**

（1）当下列情形适用时，公共管理和安全部长可以要求个人信息处理者提供相关材料，如商品、文件等：

1. 发现或怀疑有违反本法案的行为；

2. 收到本法案被违反的报告或民事投诉；

3. 总统指令中说有必要对资料主体的资料保护。

（2）个人信息处理者未能提供第（1）款的资料，或被认定违反了本法案时，公共管理和安全部长可以让其公职人员进入该个人信息处理者的办公室或营业场所视察目前的业务操作并检查账本和账目或其他文件等。在这种情况下，进行视察或检查的公职人员应当携带证明他们授权的证明，并将其显示给相关人员。

（3）相关的中央行政部门或机构的负责人可以要求个人信息处理者提供第（1）款的材料，或根据其司法管辖权下的法律进行第（2）款的视察或检查。

（4）除非本法案有其他要求，公共管理和安全部长和相关的中央行政部门或机构的负责人不得向第三方提供由个人信息处理者提供或从其处搜集的文件、材料等，也不能将它们公开。

（5）公共管理和安全部长和相关的中央行政部门或机构的负责人收到通过信息和交流网络提交的或数据化的材料时，他们应当采用系统的和技术的安全措施以免个人信息、商业秘密等被泄露。

**第 64 条　纠正措施等**

（1）在有可靠证据认定个人信息被损害、不去干涉可能造成不可弥补的伤害时，公共管理和安全部长可以命令本法案的违反者（不包括中央行政部门或机构、当地政府、国民议会、法院、宪法法院和国家选举委员会）采取下列相关措施中可适用的：

1. 停止对个人信息的侵害；

2. 暂时停止处理个人信息；或

3. 其他保护或防止侵害个人信息的必要措施。

（2）在有可靠证据认定个人信息被损害、不去干涉可能造成不可弥补的伤害时，相关的中央行政部门或机构的负责人可以根据其司法管辖权内的法律，命令个人信息处理者采取第（1）款的可适用的相关措施。

（3）当地政府、国民议会、法院、宪法法院和国家选举委员会可以命令被发现违反了本法案的下属机构和司法管辖权内的公共机构采取第（1）款的可适用的相关措施。

（4）中央行政部门或机构、当地政府、国民议会、法院、宪法法院或国家选举委员会违反了本法案时，委员会可以建议相关机构的负责人采取第（1）款的可适用的相关措施。在这种情况下，收到建议的相关机构应当尊重它。

**第65条** 纪律处分的指控和推荐

（1）当对个人信息处理者违反了本法案或其他资料保护相关的法律法规而犯罪的怀疑被认定证据可靠时，公共管理和安全部长可以向可胜任的调查机构指控该事实。

（2）在有违反了本法案或其他资料保护相关的法律法规的可靠证据时，公共管理和安全部长可以建议相关机构或组织的负责人对责任人采取纪律处分。在这种情况下，收到建议的相关机构或组织的负责人应当尊重它，并将结果通知公共管理和安全部长。

（3）相关中央行政部门或机构的负责人可以根据其司法管辖权内的法律，根据第（1）款指控个人信息处理者或根据第（2）款对相关机构或组织的负责人采取纪律处分。在这种情况下，收到根据第（2）款的相关机构或组织的负责人应当尊重它并将结果通知中央行政部门或机构的负责人。

**第 66 条　结果的披露**

（1）公共管理和安全部长可以在符合委员会的审查和决议下分别披露根据第 61 条的改进建议、根据第 64 条的纠正令、根据第 65 条的指控或纪律处分建议和根据第 75 条的疏忽责任罚款及其结果。

（2）相关的中央行政部门或机构的负责人可以根据其司法管辖权内的法律披露第（1）款的事项。

（3）第（1）款和第（2）款披露的方式、标准和程序由总统法令说明。

**第 67 条　年度报告**

（1）委员会应当每年基于相关机构提供的必要材料准备与资料保护的政策措施和改进相关的报告，并在全体会议开会前提交（包括通过信息和交流网络传送）给国民议会。

（2）第（1）款的年度报告应当包括以下内容：

1. 对资料主体权利的损害和补救的目前状态；
2. 与个人信息处理的实际状况相关调查的结果；
3. 资料保护政策措施和成就的目前状态；
4. 与个人信息相关的海外立法和政策的发展；以及
5. 其他与资料保护政策措施相关的应被披露或报告的事项。

**第 68 条　权力的委托和授权**

（1）按照总统法令，公共管理和安全部长或相关的中央行政部门或机构的负责人可以根据本法案将部分权力委托或授权给特定城市或首都的市长、省长或特别自治省的省长、或总统法令所说的特定机构。

（2）公共管理和安全部长或相关的中央行政部门或机构的负责人根据第（1）款将权力委托或授权的机构应当将被委托或授权的工作的结果通知公共管理和安全部长或相关的中央行政部门或机构的负责人。

（3）公共管理和安全部长可以在根据第（1）款将部分权力委托或授权给特定机构时，拨必要款项供相关特定机构履行职责。

**第 69 条　适用刑罚条款中职员的法律拟制**

在适用刑法第129条至第132条时，执行公共管理和安全部长或相关中央行政部门或机构的负责人委托的工作的相关机构的职员和雇员应当被视为公务员。

## 第九章　刑罚条款

**第70条**　刑罚条款

以干扰该机构的个人信息处理为目的，更改或删除该机构处理的个人信息造成公共机构的工作停止、瘫痪或其他严重阻碍的人应当被判处不超过10年的需要劳改的刑期，或不超过1亿韩元的罚款。

**第71条**　刑罚条款

适用下列情形的人应当被判处不超过5年的需要劳改的刑期，或不超过5千万韩元的罚款：

1. 即便第17条（1）2款不适用时，违反了第17条（1）1款，未经资料主体的同意向第三方提供个人信息或明知而接受这种个人信息的人；

2. 违反了第18条（1）和（2）款、第19条、第26条（5）款或第27条（3）款，使用、向第三方提供或明知而接受这种个人信息用来盈利或达到不公正的目的的人；

3. 违反了第23条处理敏感信息的人；

4. 违反了第24条第（1）款处理唯一标识符的人；

5. 违反了第59条第2项，泄露、未经许可向其他人提供、或明知而接受在业务过程中获得的个人信息来盈利或达到不公正的目的的人；

6. 违反了第59条第3项，侵害、消灭、更改、伪造或泄露个人信息的人。

**第72条**　刑罚条款

适用下列情形的人应当被判处不超过3年的需要劳改的刑期，或不超过3千万韩元的罚款：

1. 违反第25条第（5）款，为了初始目的之外的目的在不同的地点任意操作可视化资料处理设备或使用录音功能的人；

2. 违反了第 59 条第 1 项，以欺骗的、不恰当的或不公平的方法获得个人信息或获取处理个人信息的许可，或明知而接受这种个人信息用来盈利或达到不公正的目的的人。

3. 违反第 60 条，对他人泄露在履行职责时获得的秘密，或将该秘密用于初始目的之外的目的的人。

**第 73 条** 刑罚条款

适用下列情形的人应当被判处不超过 2 年的需要劳改的刑期，或不超过 1 千万韩元的罚款：

1. 违反了第 24 条第（3）款、第 25 条第（6）款或第 29 条，未能采取必要措施确保安全并造成个人信息丢失、被盗、泄露、更改或损害的人；

2. 违反了第 36 条第（2）款，未能采取必要措施纠正或删除个人信息并持续地使用或将其提供给第三方的人；或

3. 违反了第 37 条第（2）款，未能停止处理个人信息并持续地使用或将其提供给第三方的人。

**第 74 条** 共同刑罚条款

（1）如果公司代表、公司或个人的代理人、经理或其他员工在其业务中违反了第 70 条，行为人以及公司或个人应当被判处不超过 7 千万韩元的罚款；然而，如果该公司或个人在应有的注意和监督行为人不违反的职责上没有疏忽大意，则不适用。

（2）如果公司代表、公司或个人的代理人、经理或其他员工在其业务中违反了第 71 至 73 条，行为人以及公司或个人应当被判处相关条款中规定的罚款；然而，如果该公司或个人在应有的注意和监督行为人不违反的职责上没有疏忽大意，则不适用。

**第 75 条** 疏忽责任罚款

（1）适用下列情形的人应当被判处不超过 5 千万韩元的疏忽责任罚款：

1. 违反第 15 条第（1）款，搜集个人信息的人；

2. 违反第 22 条第（5）款，未能获得法定代理人同意的人；

3. 违反第 25 条第（2）款，安装和操作可视化资料处理设备的人。

（2）适用下列情形的人应当被判处不超过 3 千万韩元的疏忽责任罚款：

1. 违反第 15 条第（2）款、第 17 条第（2）款、第 18 条第（3）款、或第 26 条第（3）款，未能通知资料主体必要信息的人；

2. 违反第 16 条第（2）款或第 22 条第（4）款，拒绝向资料主体提供商品或服务的人；

3. 违反第 20 条第（1）款，未能通知资料主体该段中要求的事实的人；

4. 违反第 21 条第（1）款，未能消灭个人信息的人；

5. 违反第 24 条第（2）款，未能向资料主体提供使用居民登记号之外的方式的人；

6. 违反第 24 条第（3）款、第 25 条第（6）款或第 29 条，未能采取必要措施确保安全的人；

7. 违反第 25 条第（1）款，安装和操作可视化资料处理设备的人；

8. 违反第 34 条第（1）款，未能通知资料主体该段中要求的事实的人；

9. 违反第 34 条第（3）款，未能报告通知结果的人；

10. 违反第 35 条第（3）款，限制或拒绝个人信息查取的人；

11. 违反第 36 条第（2）款，未能采取必要措施纠正或删除的人；

12. 违反第 37 条第（4）款，未能采取包括消灭被停止处理的个人信息的必要措施的人；或

13. 违反第 64 条第（1）款，未能遵守纠正措施的人。

（3）适用下列情形的人应当被判处不超过 1 千万韩元的疏忽责任罚款：

1. 违反第21条第（3）款，未能分别储存和操作个人信息的人；

2. 违反第22条第（1）至（3）款而获得同意的人；

3. 违反第25条第（4）款，未能采取包括布告板张贴的必要措施的人；

4. 违反第26条第（1）款，未能在工作委托时细查该段所说的纸质形式的人；

5. 违反第26条第（2）款，未能披露被委托的工作和受托人的人；

6. 违反第27条第（1）和（2）款，未能通知资料主体个人信息传送的人；

7. 违反第30条第（1）或（2）款，未能设立或披露个人信息处理政策的人；

8. 违反第31条第（1）款，未能委任隐私负责职员的人；

9. 违反第35条第（3）和（4）款、第36条第（2）和（4）款、或第37条第（3）款，未能向资料主体提供必要信息的人；

10. 未能根据第63条第（1）款提供商品、文件等材料，或以欺骗的方式提交的人；或

11. 根据第63条第（2）款拒绝、阻挠或避免进入、视察和检查的人。

（4）总统法令要求，根据第（1）款至第（3）款的疏忽责任罚款应当由公共管理和安全部长和相关中央行政部门或机构的负责人征集和收取。在这种情况下，相关中央行政部门或机构的负责人应当在其司法管辖区内征集和收取疏忽责任罚款。

## 附　　录

**第1条**　实施日期

本法案应当在公布六个月后实施；然而，第24条第（2）款和75条第（2）款应当在公布一年后实施。

**第2条**　其他法案的废止

公共机构维持个人信息安全保护法案应当被废止。

**第 3 条** 关于个人信息争议调解委员会的临时措施

实施之日起，根据现有法案如促进信息交流网络利用和资料保护法案等遵守或违反个人信息争议调解委员会的行为应当被认定由本法案来适用。

**第 4 条** 关于处理中的个人信息的临时措施

根据其他在本法案实施前的法律法规合法处理的个人信息应当被视为根据本法案处理。

**第 5 条** 关于刑罚条款适用的临时措施

（1）在本法案实施前，违反先前的公共机构维持个人信息安全保护法案的行为的刑罚条款适用应当由先前的公共机构维持个人信息安全保护法案管理。

（2）在本法案实施前，违反现有的促进信息交流网络利用和资料保护等法案等行为的刑罚条款适用应当由现有的促进信息交流网络利用和资料保护法案等管理。

**第 6 条** 对其他法案的修订

（1）韩战中牺牲士兵的尸体挖掘法案中部分修订如下：

在第 14 条（1）2 款中，公共机构维持个人信息安全保护法案的第 2 条 ii 款应当为个人信息保护法案的第 2 条 i 款。

（2）公务员道德法案中部分修订如下：

在第6条第（6）款和第（9）款中，公共机构维持个人信息安全保护法案的第 10 条分别应当为个人信息保护法案的第 18 条。

（3）国家公务员法案中部分修订如下：

在第 19－3 条第（3）款中，公共机构维持个人信息安全保护法案的第 2 条第 i 款应当为个人信息保护法案的第 2 条第 vi 款，同一条中第（4）款的公共机构维持个人信息安全保护法案应当为个人信息保护法案。

（4）发明促进法案中部分修订如下：

在第 10－2 条第（1）款中，公共机构维持个人信息安全保护法案应当为个人信息保护法案。

（5）使用和保护信用信息法案中部分修订如下：

第 23 条（2）ii 款应当为个人信息保护法案。

（6）儿童福利法案中部分修订如下：

在第 9 –2 条第（3）款中，公共机构维持个人信息安全保护法案应当为个人信息保护法案。

（7）国家公务员法案中部分修订如下：

在第 14 条第（1）款的第二部分中，公共机构维持个人信息安全保护法案的第 3 条第（2）款应当为个人信息保护法案的第 58 条第（1）款；以及

在第 49 条的第二部分中，公共机构维持个人信息安全保护法案的第 10 条第（3）款应当为个人信息保护法案的第 18 条第（2）款。

（8）预防对残疾人的歧视及补救等法案中部分修订如下：

在第 3 条 viiic 款中的第二部分中，公共机构维持个人信息安全保护法案的第 2 条第 ii 款应当为个人信息保护法案的第 2 条第 i 款；以及

在第 22 条第（2）款中，公共机构维持个人信息安全保护法案应当为个人信息保护法案。

（9）电子签名法案中部分修订如下：

第 24 条第（2）款删除。

（10）电子政府法案中部分修订如下：

在第 21 条第（2）款中，公共机构维持个人信息安全保护法案的第 2 条第 ii 款应当为个人信息保护法案的第 2 条第 i 款；

在第 39 条第（4）款中，公共机构维持个人信息安全保护法案的第 5 条应当为个人信息保护法案的第 32 条，服从公共机构维持个人信息安全保护法案第 20 条第（1）款中公共机构资料保护审查委员会的审查应当为服从个人信息保护法案中第 7 条中个人信息保护委员会的审查和决议；以及

在第 42 条第（1）款中，公共机构维持个人信息安全保护法案的第 2 条第 viii 款应当为个人信息保护法案的第 2 条第 iii 款，公共机构

维持个人信息安全保护法案的第10条第（3）i和第（5）款和应当为个人信息保护法案的第18条第（2）i款和第19条第i款。

（11）促进信息交流网络利用和资料等保护法案中部分修订如下：

第四章第四节（第33、33－2、34至40条）、第66条分段1、和第67条应分别被废止；

在第4条（1）和（3）款、第64－2条（3）款第二部分、第65条（1）款和第69条中，公共管理和安全部长、知识和经济部长、和广播和通信委员会应当分别为知识和经济部长和广播和通信委员会；以及

在除了第64条第（1）款、第64条第（3）款、第64条第（4）款第一部分、第64条第（5）款第一部分、第64条第（6）款、第64条第（9）款、第64条第（10）款、第64－2条第（1）款、第64－2条第（2）款的条款中，以及除了第64－2条第（3）款、第65条第（3）款、第76条第（1）xii款、第76条第（4）至（6）款的条款的第一部分中，公共管理和安全部长和广播和通信委员会应当分别为广播和通信委员会。

（12）索赔的正当收取法案中部分修订如下：

在第2条v款中，公共机构维持个人信息安全保护法案的第2条ii款应当为个人信息保护法案的第2条i款。

（13）移民控制法案中部分修订如下：

在第12－2条第（6）款和第38条第（3）款中，公共机构维持个人信息安全保护法案应当分别为个人信息保护法案。

（14）韩国奖学金基金会等的设立法案中部分修订如下：

在第50条第（3）款中，公共机构维持个人信息安全保护法案应当为个人信息保护法案。

**第7条** 与其他法案和法规的关系

本法案实施之日前，在其他法案和法规引用先前的公共机构维持个人信息安全保护法案或其条款的情况下，如果本法案的任何条款可以适用的话，本法案或本法案的相应条款应当取代先前的条款而适用。

# 韩国电子贸易简化法[①]

本法于2005年12月23日由第7751号法令全面修订
2007年4月11日由第8356号法令修订
2007年4月11日由第8381号法令修订
2008年2月29日由第8852号法令修订
2008年12月26日由第9247号法令修订
2009年1月30日由第9377号法令修订
2009年5月22日由第9705号法令修订
2011年4月14日由第10591号法令修订

## 第一章　总　　则

**第1条**　目的

本法旨在构建电子贸易发展平台，促进电子贸易广泛应用，以达到简化贸易程序，加快贸易信息流转，降低电子商务耗时及成本的目的，从而加强国内产业的国际竞争力，促进国民经济增长。

（本条于2011年4月14号由第10591号法令全面修订）

**第2条**　定义

本法用语的定义如下：

---

① Electronic Trade Facilitation Act。

1. “电子贸易”，指以电子文件形式处理《对外贸易法》第2条第1款规定的贸易之全部或部分的交易。

2. “贸易业者”，指符合《对外贸易法》第2条第3款之规定的，并依照规制对外贸易的法律法规、规制外汇交易的法律法规、总统令及双方运输、保险等合同规定的其他法律法规（下称“贸易相关法律等”）之规定向贸易相关机构提交了申请、报告等（下称“申请等”）的贸易业者。

3. “贸易相关机构”，指向贸易业者提供《贸易关联法》及其附属法规等规定之服务、授权、许可或认证，并接收报告等（下称“授权等”）的机构。

4. “电子贸易文件”，指运用于电子贸易中的，《电子交易框架法》第2条第1款规定的电子文件。

5. “电子贸易基础设施”指通过信息与通讯网络对贸易业者和贸易有关机构形成系统性的关联，以此来传递、保存及认证电子贸易文件的信息系统。

（本条于2011年4月14号由第10591号法令全面修订）

**第3条** 适用范围

除其他法律另有规定外，本法适用于所有电子贸易。

（本条于2011年4月14号由第10591号法令全面修订）

## 第二章 电子贸易简化系统

**第4条** 制定与实施简化电子贸易措施

（1）为了促进电子贸易发展，知识经济部部长应该制定和实施下列简化电子贸易措施（以下简称“简化措施”）：

1.（电子贸易）基本发展方向方面的简化措施；

2. 电子贸易基础设施的建设和运营；

3. 创建友好的电子贸易环境；

4. 促进电子贸易国际合作；

5. 收集、分析和利用电子贸易统计数据；

6. 电子贸易争端解决机制，如调解、仲裁等；

7. 简化发展电子贸易安全和资金分配机制；

8. 其他简化电子贸易的必要措施。

（2）为了制定简化措施，知识经济部部长应该在国家信息化战略委员会根据该法第 9 条第（1）款审议后，确定《国家信息化框架法》第 3 条第 3 款规定的关于国家信息化的事项。该规定也适用于改变任何其他简化措施。

（3）为了实施简化措施，知识经济部部长应该向从事电子贸易的机构或组织提供必要的支持，此为总统令规定。

（本条于 2011 年 4 月 14 日由第 10591 号法令全面修订）

**第 5 条** 国家电子贸易委员会的建立

（1）国家电子贸易委员会（以下简称“委员会”），由知识经济部部长管辖，其建立的目的在于审议和协调关于简化电子贸易的相关事宜：

1. 简化措施相关事宜；

2. 中央行政机构之间关于电子贸易发展的合作事宜；

3. 关于电子贸易法律、法规和其他制度的修改和完善事宜；

4. 其他关于促进电子贸易发展的主要事宜。

（2）委员会应该由不超过 20 名成员组成，包括一名主席、依职权委员和受委托委员。

（3）知识经济部部长应该为委员会主席，副部长级别或者由总统法令规定的有关中央机构更高级别的政府官员和相关机构负责人应当作为依职权委员，受委托委员应当由委员会主席委托有丰富电子贸易知识和经验的人担任。

（4）为了使委员会有效运行，还应当建立工作委员会。

（5）委员会和工作委员会的组织及运行的必要事项由主席令规定。

（本条于 2011 年 4 月 14 日由第 10591 号法令全面修订）

## 第三章　电子贸易基础设施经营者

**第6条**　电子贸易基础设施经营者的选派等

（1）知识经济部部长应该依照《电信业务法》第2条第8项的规定选派电信业务经营者，根据此规定，所选派的电信业务经营者应当满足总统令涉及资金、人力和技术的要求，只有达到这些要求，才有可能承担电子贸易基础设施业务。

（2）根据第（1）款规定选派的人（以下简称“电子贸易基础设施经营者”）要履行以下任务或商务：

1. 电子贸易基础设施的操作任务；

2. 电子贸易基础设施与外国电子贸易网络的连线任务；

3. 根据第12条通过电子贸易基础设施联系、保存和认证与贸易相关的商业事务；

4. 调解电子贸易文件；

5. 使用第2项规定链接；

6. 使用电子贸易基础设施时，相关的电子贸易服务业务；

7. 研究电子贸易文件的标准化任务；

8. 制造和传播与贸易相关的数据的集合，如电子贸易单据和贸易货物的分布信息（以下简称“贸易信息”），这些信息经过系统处理和保存用来搜索，等等，（以下被称为“数据库”），以及利用这些数据库的业务；

9. 贸易商和与贸易相关的贸易机构的电子贸易文档的关于媒介等的传播技术，和传播技术的后期管理；

10. 其他由总统令规定的促进电子贸易发展的事项，如教育和宣传。

（3）除了电子贸易基础设施经营者，其他人无须履行第（2）款的第1到3项任务。

（本条于2011年4月14日由第10591号法令全面修订）

**第7条**　电子贸易基础设施经营者被取消资格的理由

（1）下列人员不应当被选为电子贸易基础设施经营者。该规定也适用于当一个公司期待被选派为电子贸易基础设施经营者时，其有一个管理者出现下列条款规定情形：

1. 无行为能力或准禁治产人；

2. 破产且尚未恢复资产的人；

3. 被判监禁或更重处罚完全执行后不满一年的人（包括视为已经被执行），或者被免除因违反本法而受处罚不满一年的人；

4. 因违反本法，被处监禁或更重处罚，尚在缓刑期间的人；

5. 根据第 11 条第（1）款被撤销选派资格不满两年的人。

（2）当电子贸易基础设施经营者出现第（1）款规定的任何情形时，从他被发现出现上述条款规定情形时，对他的选派令便失去效用。但是，此规定不适用于当公司的执行人员出现上述情形，但该执行人员在三个月内由他人接替的情况。

（本条于 2011 年 4 月 14 日由第 10591 号法令全面修订）

**第 8 条**　服务费用的报告

当电子贸易基础设施经营者打算修改按照第 6 条第（2）款第 3 项提供的业务收费时，或者为电子贸易基础设施运行筹集资金而改变这些收费时，经营者应该向知识经济部部长上报相关材料，这些文件包括账户的数量和这些账户的详细信息由知识经济部部长确定和公开通报。

（本条于 2011 年 4 月 14 日由 10591 号法令全面修订）

**第 9 条**　已删除。（2009 年 1 月 30 日由第 9377 号法令删除）

**第 10 条**　改正命令

当一个电子贸易基础设施经营者出现下列任何情形时，知识经济部部长应该责令其在不超过六个月的指定时间内做出一定的改正：

1. 经营者不再符合根据第 6 条第（1）款规定的选派电子贸易基础设施经营者的要求；

2. 联系、保持和认证电子贸易的文件的安全性和准确性不能得到保障；

3. 经营者未按照第8条提交报告。

（本条于2011年4月14日由第10591号法令全面修订）

**第11条** 选派的撤销等

（1）当电子贸易基础设施经营者出现行为时，知识经济部部长应该撤销其选派或责令其暂停其根据第6条第（2）款的全部或者部分业务，按照《知识经济部部长条例》指定暂停期间不超过1年，但是，在出现下列第1到2项情况时，应当撤销对其的选派：

1. 经营者采用虚假或者其他非法手段获得第6条第（1）款规定的选派；

2. 经营者在业务暂停期间继续营业的；

3. 经营者未在第10条指定时间内，按照改正命令纠正自己行为的；

4. 经营者制定的电子贸易文件和公开的贸易信息，违反了第21条第（1）款规定的主要内容；

5. 经营者拒绝、妨碍或者规避相关公务员按照第26条第（1）款进行的检查或访问。

（2）当电子贸易基础设施经营者出现第（1）款第3到5项情形，因此受到业务暂定处罚，但暂停业务可能导致使用电子贸易基础设施经营者提供服务的人的严重不便，或者损害公共利益的，知识经济部部长可以处以其不超过5亿韩元的罚款来代替暂停业务的处罚。

（3）罚款的数量应当根据经营者行为的种类、内容和违反本条第（2）款的严重性和由总统令规定的其他必要事项来确定。

（4）当经营者根据第（2）款有义务缴纳罚款而未在规定期间内缴纳的，知识经济部部长可以参照收缴拖欠国家税收予以收缴。

（本条于2011年4月14日由第10591号法令全面修订）

## 第四章 电子贸易基础设施的使用等

**第12条** 电子贸易基础设施的使用等

（1）经营者或者相关贸易机构通过电子贸易文件开展贸易事务

时，可以使用电子贸易基础设施，但是，他们通过电子文件实行下列行为时，必须通过电子贸易基础设施实行：

1. 通过信用证机构办理外汇事务；

2. 通过担保机构办理外汇事务；

3. 开放当地的信用证机构办理外汇事务；

4. 根据《对外贸易法》第 12 条第（2）项有关综合出版物进出口机构发出书面要求确认书的事务，但是，根据《海关法》第 226 条由主管海关确认的除外；

5. 根据《对外贸易法》第 18 条发出书面采购确认书；

6. 根据《对外贸易法》第 37 条签发原产地证书，但是，根据《对外贸易法》第 37 条和第 52 条第（1）款规定由主管海关签发原产地证书的应当排除在外；

7. 根据《商法》第 695 条第 2 项规定的海洋货物运输保险政策事宜；

8. 根据《海洋运输法》第 24 条第（2）款发出书面提货指令给外港货物运输经营者的事宜，且包括根据《海洋运输法》第 26 条收货人都作了一个在韩国境内开分公司报告的情形。

（2）当经营者和贸易相关机构打算用电子贸易基础设施开展电子贸易时，他们应该根据第 13 条采用标准化的电子贸易文件。

（3）韩国海关应当将其工作和电子贸易基础设施经营者联系起来，按照《海关法》第 248 条第（1）款规定通过传输完成报告证书的方式，根据《对外贸易法》第 37 条和第 52 条第（1）款通过主管海关出具原产地证书，以及根据第（1）款第 4 项但书规定电子贸易基础设施电子文档的文件确认。

（4）电子贸易基础设施经营者可以提供给任何人电子贸易基础设施使用权，如果其被经营者委托后打算发送或接收电子贸易文件。

（本条于 2011 年 4 月 14 日由第 10591 号法令全面修订）

**第 13 条** 电子贸易文件的标准化

（1）为了简化电子贸易，知识经济部部长应该统一电子贸易文件的标准，并在咨询其他相关中央行政机关的头脑后公布这些标准，此为总统令规定。此规定同样适用于任何改变公布事宜的情况。

（2）关于电子贸易文件标准化的细节、主题和程序，按照第（1）款应当由总统令规定。

（本条于2011年4月14日由第10591号法令全面修订）

**第14条** 申请或批准等的有效性

当经营者或贸易相关机构采用电子贸易文件方式，通过电子贸易基础设施处理申请或批准等，这样的申请或者批准等应该被认为已经经过贸易相关法律或者其他从属法律规定的程序。

（本条于2011年4月14日由第10591号法令全面修订）

**第15条** 电子贸易文件的有效性

电子贸易文件申请或批准等由经营者或贸易相关机构通过电子贸易基础设施进行，应被视为按照贸易相关法规和从属法规等设定的程序经过了文件处理。

（本条于2011年4月14日由第10591号法令全面修改）

## 第五章 保管及认证电子贸易文件

**第16条** 电子贸易基础设施交易经营者保管的电子贸易文件的有效性

（1）在电子贸易基础设施交易经营者保管电子贸易文件时，这些电子贸易文件应当被视为是在电子贸易法第5条第1款框架下被保管的。

（2）在电子贸易基础设施交易经营者为了保存电子贸易文件而试图用他/她的签名时，他/她应当使用他/她符合电子签名法第2条第3款的经过认证的电子签名。

（本条2011年4月14日由第10591号法案全面修订）

**第17条** 电子贸易文件认证

（1）在任何电子贸易基础设施交易操作者出具了一份证明电子贸易文件被有关方面发送和接受的日期和时间的证明书时，证明书中显示的规格应当被认为是真实可信的。

（2）如果依据由总统法令规定的本条第 1 款出具了一份证明书，电子贸易基础设施交易操作者必须遵守标准的格式、方法、程序等等。

（3）当任何电子贸易基础设施交易经营者为证明电子贸易文件而使用他/她的电子签名时，他/她应当使用符合电子签名法第 2 条第 3 款规定的经过认证的电子签名；当他/她试图证实电子贸易文件被发送或收到的时间时，他/她应当在确认书上署上符合电子签名法第 20 条规定的电子签名。

（本条 2011 年 4 月 14 日由第 10591 号法案全面修订）

## 第六章　电子贸易文件的简便使用

**第 18 条**　电子贸易文件的简便使用

为促进电子贸易文件的使用，政府应当完善各类法律、法规，发展和实施必要的政策措施。

**第 19 条**　有关于应用文档所需附属文件的特殊情况

（1）根据贸易类相关法律、法规规定，当递交申请时出现需要贸易基础设施中保存的附属文件等情况时，知识经济部部长有权免除相关责任人提交附属文件的责任；当贸易基础设施没有保存附属文件时，知识经济部部长可以要求通过以下方式提交附属文件：

1. 在附属文件保存在符合第 13 条规定的标准化的电子贸易文件中时，这些文件应当先署上依据电子签名法第 2 条第 3 款规定的被认证了的电子签名后，再行提交。

2. 当附属文件保存在格式文本中时，这些文件应当在相关附属文件的电子副本（根据总统令规定，参照电子商务文件中的副本）中，先署上依据电子签名法第 2 条第 3 款规定的被认证了的电子签名后，再行提交。

（2）当知识经济部部长依照第 1 段试图允许免于提交附属文件时，他/她应当在咨询了相关中央行政机构后，公开地告知它的范围

（包括公布于网络）。

（本条于 2011 年 4 月 14 日由第 10591 号法案全面修订，）

## 第七章　电子交易文件的安全与管理

**第 20 款**　电子交易文件与交易信息的安全

（1）任何人不得伪造或修改记录在电子交易基础设施经营者（该服务经营者根据第 22 条专门从事电子交易，为一个交易者或与交易相关的机构）计算机文档的任何电子交易文件或经营者数据库的内任何交易信息，也不得使用伪造或修改过的电子交易文件或信息。

（2）任何人不得在输入虚假信息或非法命令进入电子交易基础设施服务经营者的计算机或任何其他信息处理设备后，根据第 17 条第 1 款制作由信息处理方式生成的证书。

（3）任何人不得损坏记录在电子交易基础设施经营者（该服务经营者根据第 22 条专门从事电子交易，为一个交易者或与交易相关的机构）计算机文件的任何电子贸易文件或进入经营者数据库的任何交易信息，也不得侵犯其商业秘密。

（4）任何现任或先前的电子交易基础设施服务经营者的执行者或雇员不得泄漏或滥用他/她在其职务过程中得知的关于电子交易文件或交易信息的任何机密信息。

（5）每一个电子贸易基础设施经营者应当保存电子贸易文件和数据库满三年。

（此条于 2011 年 4 月 14 日由第 10591 号法令全面修订）

**第 21 款**　电子交易文件和交易信息的公开

（1）任何电子交易基础设施服务经营者不得公开任何记录在他/她电脑文档中的任何电子交易文件和他/她数据库中的任何交易信息，但总统令规定，公开这些文件和信息既不会危害国家安全也不会侵犯任何公司的商业秘密的情况下，他/她可以公开这些文件和信息的除外。

（2）当电子交易基础设施服务经营者根据第（1）款之但书打算

公开任何电子交易文件和交易信息时，他/她需要征求相关利益者的意见。

（此条于 2011 年 4 月 14 日由第 10591 号法令全面修订）

## 第八章　专门从事电子交易的服务经营者

**第 22 款**　对专门从事电子交易的服务经营者的支持，等

（1）为了有效地支持交易者从事电子贸易，并促进电子交易，知识经济部长可以提供必要支持给那些已经向知识经济部长注册过的专门从事电子交易的服务经营者，经营者应当满足总统令所规定的资本、人力等方面的要求，并经营能归入以下几项的业务（下文称为“专门从事电子交易服务的经营者”）：

1. 通过信息与网络交流执行和代理执行商业交易的业务；
2. 通过信息与网络交流协助海外市场交易者的业务；
3. 对电子交易文件起中介作用的业务；
4. 由第 6 条第（2）款第 2 项所规定的联合所经营的业务；
5. 通过使用电子交易基础设施提供电子交易服务的业务；
6. 交易、分配和使用电了交易文件和交易信息数据库的业务；
7. 依照总统令规定的其他促进电子交易的业务。

（2）根据第（1）款规定的注册一个专门从事电子交易的服务经营者的程序和其他必要事项应由总统令规定。

（此条于 2011 年 4 月 14 日由第 10591 号法令全面修订）

**第 23 款**　专门从事电子交易的服务经营者注册的撤销

当专门从事电子交易的服务经营者被列为第一项时，知识经济部长应撤销他/她的注册；当他/她被列为第二项时，知识经济部长可以撤销他/她的注册：

1. 当他/她的根据第 22 款的注册是由虚假或其他非法手段获得的；
2. 当他/她不再满足第 22 款第（1）款规定的注册条件。

（此条于 2011 年 4 月 14 日由第 10591 号法令全面修订）

## 第九章 电子交易技术的发展的促进

**第24款** 促进电子交易技术的发展

政府应通过以下内容促进简化电子交易和提升科技水平：

1. 电子交易技术的发展和进步技术的广泛使用的调查、研究和发展的相关事项；

2. 电子交易的技术合作、技术指导和技术转移的相关事项；

3. 电子交易相关技术信息的高效分配和企业圈、学术界和研究机构之间的合作的相关事项；

4. 其他对发展电子交易技术必要的相关事项。

（此条于2011年4月14日由第10591号法令全面修订）

**第25款** 电子交易专业人员的培养

（1）政府应努力培养电子交易所必需的电子交易的专业人员。

（2）为了培养根据第（1）项专门从事电子交易的专业人员，政府可以依照《政府资助的研究机构的设立、运行与培养之法令》全部或部分地补贴由政府资助的研究机构的经费，这些研究机构包含：依照《政府资助的科学和技术研究机构的设立、运行与培养之法令》由政府资助的从事科学和技术领域的研究机构、依照《高等教育法令》的学校、依照《终身教育法令》的以网络大学为形式的终身教育机构、非政府教育机构和其他相关机构。

（3）关于根据第（2）款的经费资助的必要事项应依照总统令规定。

（此条于2011年4月14日由第10591号法令全面修订）

## 第十章 附 则

**第26条** 访问、检查等

（1）如有必要，为确保电子贸易基础设施的和高速运行，知识经济部部长可以任命相关公职人员到任何电子贸易基础设施经营者的主要营业地、办事处以及其他有必要的地方检查设施、设备、文件，以及其他与电子贸易文件的中介、保管、认证有关的物品，也可以咨询相关人员。

（2）如果公职人员想按照第（1）款中内容进入办事处进行调查，他们应当通知相关电子贸易基础设施经营者相关的检查通知，通知包括时间、地点以及具体细节，通知至迟应在检查14天之前发出。提前通知不适用于下列两种情况：一是紧急情况；二是检查目的因为证据被销毁而无法实现。

（3）根据第（1）款对办事处等地进行检查的公职人员，应当携带检查授权书并向相关人员出示，同时应当向相关人员发放一份文件，文件要标明检查人员姓名、检查时间和检查目的。

（本条于2011年4月14日由第10591号法令全面修订）

**第27条** 听证会

凡知识经济部长拟根据第11条第（1）款撤销任何一个电子贸易基础设施经营者的认定，他/她应当举行听证会。

（本条于2011年4月14日由第10591号法令全面修订）

**第28条** 授权

知识经济部长依照总统令可以根据本法案，向他的附属机构的负责人、特别城市市长、大城市市长、州长、特别自治省省长授权行使部分权力。

（本条于2011年4月14日由第10591号法令全面修订）

**第29条** 公职人员罚则中的法律拟制

任何电子贸易基础设施经营者的行政人员或雇员，从事第6条第（2）款第1至3项规定的业务，应被当做公职人员适用刑法第129条到132条的规定。

（本条于2011年4月14日由第10591号法令全面修订）

## 第十一章 罚 则

**第30条** 罚则

（1）任何触犯下列各款者须判处一年以上到十年以下监禁或罚款

不超过亿韩元的刑罚：

1. 违反第20条第（1）款的规定，伪造或者修改电子交易基础设施经营者、专门从事电子贸易服务者、交易商或相关贸易机构在计算机文件中的任何电子贸易文件或者他们数据库内的任何交易信息，或者使用伪造、修改的电子交易单据或交易的信息；

2. 违反第20条第（2）款的规定，在计算机或电子贸易基础设施经营者的任何其他信息处理设备输入虚假信息或非法命令，根据第17条第（1）款由信息处理的方式出具证明。

（2）试图犯第（1）款规定的罪的，依法予以处罚。

（本条于2011年4月14日由第10591号法令全面修订）

**第31条** 罚则

任何触犯下列各款者判处有期徒刑五年以下监禁或不超过五千万韩元的罚金：

1. 违反第6条第（3）款的规定，未经指定为电子贸易基础设施经营者而实施第6条第（2）款第1到3项规定的商业事务的行为；

2. 违反第20条第（3）款的规定，破坏电子交易基础设施经营者、专门从事电子贸易服务者、交易商或相关贸易机构在计算机文件中的任何电子贸易文件或者进入他们数据库的任何交易信息，或者侵犯其商业秘密的行为；

3. 违反第20条第（4）款的规定，在开展业务的过程中，泄露或者滥用行为人所意识到的有关电子贸易单据或商业信息的任何机密信息；

4. 违反第20条第（5）款的规定，电子贸易基础设施经营者未能保留电子文件、电子数据库三年时间。

（本条于2011年4月14日由第10591号法令全面修订）

**第32条** 罚则

违反第12条第（1）款的规定，不使用电子交易基础设施，通过电子文档的方式来从事第12条第（1）款规定的商业活动的，判处不超过两千万韩元的罚金。

（本条于2011年4月14日由第10591号法令全面修订）

**第33条** 联合罚则

当公司代表、公司代理人、雇员或个人，违反第30条到第32条的规定，该行为人及公司都会按照相关条款规定判处罚金，但公司或者个人履行了合理注意，并对相关贸易进行了监督，以避免违反相关法条的除外。

（本条于2008年12月26日由第9247号法令全面修订）

**附录**

**第1条** 生效日期

本法自公布之日起六个月后生效，但第12条第（1）款的第2、7、8项部分的修订条文自本法公布之日起一年后生效。

**第2条** 与指定经营者相关的过渡性措施

在根据《办公自动化贸易促进法》第5条的规定，被指定为从事自动化贸易经营的商业经营者，在本法案生效之后，按照本法案第6条第（1）款指定电子行业基础设施经营者之前，仍适用以前的规定。

**第3条** 罚则的过渡性措施

本法案生效之前的犯罪行为，仍适用之前规定的罚则。

**第4条** 省略

**第5条** 与其他法案的关系

在本法案生效时，《办公自动化贸易促进法》的相关规定如果被其他法案引用的话，本法或本法的相应条款如有规定，将被视为援引，不再适用以前的规定。

**附录（8356号法案2007年4月11日）**

第1条（生效日期）本法案自公布之日起生效。

第2至7条省略。

**附录（8381号法案2007年4月11日）**

第1条（生效日期）本法案自公布之日起生效。

第2至18条省略。

**附录（8852 号法案 2008 年 2 月 29 日）**

第 1 条（生效日期）本法案自公布之日起生效。

第 2 至 7 条省略。

**附录（9247 号法案 2008 年 12 月 26 日）**

本法案自公布之日起生效。

**附录（9377 号法案 2009 年 1 月 30 日）**

本法案自公布之日起 6 个月后生效。

**附录（9705 号法案 2009 年 5 月 22 日）**

第 1 条（生效日期）本法案自公布之日起 3 个月后生效。

第 2 至 7 条省略。

**附录（10591 号法案 2011 年 4 月 14 日）**

本法案自公布之日起生效。

# 韩国电子商务交易中的消费者保护法[①]

## 第一章 总 则

**第1条** 目的

本法的目的是通过调控商品的公平交易事宜和电子商务交易、邮购等服务来保护消费者的权利和利益，并通过提升市场信心来促进国民经济的健康发展。

**第2条** 定义

为了实现本法的目的，术语的定义如下：

1. 术语“电子商务交易”是指通过电子商务的方式进行商业活动（电子商务的定义参照电子商务框架法第2条第5款；下同）；

2. 术语“邮购”是指通过邮件、电讯或总理条例规定的其他手段来提供关于所售商品或服务（包括使用特定设施或获得服务的权利；下同）的信息，以及根据消费者的订购来销售商品或服务（下文简称“商品等”），但是应当排除门到门销售法第2条第3款规定的电话营销；

3. 术语“邮购分销商”是指以邮购销售为业务的人，或依据与前者的合同从事邮购业务的人；

4. 术语“邮购经纪”是指通过允许使用网络商场（指为了交易

① Act on Consumer Protection in Electronic Commerce。

货物等通过使用电脑等和信息通信设备等方式建立的虚拟购物商场，下同）或总理条例规定的其他方法在交易双方之中的中介邮购。

5. 术语“消费者”是指以下项的任何一种人：

a. 为日常消费而消耗（包括使用；下同）由商业经营者供应的商品等的人；

b. 根据总统令的规定，不同于（a）项中受到供应的人，而是与（a）项中的供应者具有相同地位和条件的实施交易行为的人；

6. 术语“商业经营者”是指制造（包括加工或包装；下同）、进口或销售商品或提供服务的人。

**第3条** 排除适用

（1）本法的规定不适用于商业经营者（排除门到门销售法第2条第6款中的多级销售员；下同）以商业活动为目的而进行购买的交易，但是，即使是商业经营者，当其以消费者的能力在与其他消费者相同的交易条款之下实际交易时，本规定不予适用。

（2）涉及第13条第2款的合同内容的发运文件（包括电子文件；下同）的义务的规定不适用于下列各项的交易，但是在第1项规定的情况下，关于合同内容的文件的内容或交付方法可以与总统条例规定的不同：

1. 消费者在任何时候都能够按照已经熟悉的条款和条件或总理条例规定的标准交易方法予以进行的交易；以及

2. 其他法律（不包括民法和门到门销售法）规定的合同文件交付的义务等由通过与本法规定不同的方法予以实现的交易。

（3）第13条至第19条的规定不适用于在个人之间而非邮购分销商之间从事邮购经纪的邮购分销商。

（4）第12条至第20条的规定不适用于投资商和投资经纪人根据金融投资服务及资本市场法所进行的证券交易、总统令规定的由金融机构进行的金融工具交易以及在附近销售日常用品、食物、饮料等的交易。

**第4条** 与其他法律的关系

在本法与其他法律之间关于电子商务交易或邮购的消费者保护的规定存在冲突的情况下，本法优先适用，但是在适用其他法律有利于消费者时，适用于其他法律。

## 第二章　电子商务和邮购

**第 5 条**　电子消息的利用

（1）尽管有电子商务框架法第 6 条第（2）款第 2 项的规定，但是，在商业经营者同意与消费者事先通过电子信息的方式进行交易，但未能发送电子消息（参照电子商务框架法第 2 条第 1 款所指的电子消息；下同）到指定的地址（参照电子商务框架法第 2 条第 2 款所指的数据处理系统）的情况下，他无法从该电子消息中维护自己的权利，但是，这并不适用于总统令的规定，比如情况十分紧急，消费者已经预计交易同样会由电子消息做出，或消费者已经输出了电子消息等。

（2）如果商业经营者意图与数字签名（数字签名的定义参照数字签名法第 2 条第 2 款的规定；下同）一同使用电子消息，那么根据总统令的规定，他应当通知消费者对于相关电子消息的接收等必要的有效的程序和方法。

（3）使用电子消息时，经营使用者不得强迫消费者使用数字签名的特定方法，也不得无理地限制消费者选择的数字签名的一定方法的使用。

**第 6 条**　对交易记录的保存等

（1）商业经营者应当在相当一段时间内保存交易记录，比如商标、电子商务交易和邮购中的广告、合同的内容以及履行情况。在这种情况下，应当为消费者的阅览和维护提供一种简单的方法。

（2）尽管有信息通信网络的促进利用与信息保护法第 30 条第（3）款的规定等，但商业经营者可以保存根据第（1）款的规定他有义务保存的交易记录，以及与上述相关的个人信息（仅限于识别交易对象的信息，比如姓名、地址和身份证号码），即使消费者撤回对个人信息使用的许可。

(3) 关于商业经营者根据第 (1) 款的规定所保存的交易记录的对象、范围、期间的必要事项，以及提供给消费者的审阅和维护的方法，应当由总统令来规定。

**第7条** 对操作错误的预防

为了防止由于消费者在电子商务交易中操作的错误而导致的表明意向时因偏差而发生的损失，商业经营者应当在征收交易金额之时，或者在购买者发出订单之前，为了确认与纠正内容而准备必要的程序。

**第8条** 电子支付中的安全信用

(1) 如果商业经营者在支付交易金额（下称“电子支付”）中使用了一种总统令规定的电子方法，那么总统令所规定的与电子支付相关的人员，比如商业经营者、电子结算方法发行者和电子结算服务提供者（下文称“电子结算业务运营者等”），应当采取必要的措施来维护相关信息的安全性。

(2) 当进行电子支付时，商业经营者和电子结算业务运营者等应当注意确认消费者所输入的信息是否是消费者真实意愿的表达。

(3) 如果已经电子支付完毕，那么商业经营者和电子结算业务运营者等应当将事实情况通过总理条例所规定的方法（如传送电子消息）通知消费者，并让消费者能够随时审阅电子支付的数据。

(4) 总统令规定的和被用于大量网络商场的结算方法的发行者，应当标明或声明关于确认这些支付方法的信用的事项、限制使用的事项或其他总理条例规定要求注意的事项。

(5) 当商业经营者与消费者之间在电子结算方面发生争议，那么电子结算业务运营者应当合作以解决争议，比如允许查阅关于总统令规定的支付的信息。

**第9条** 快递业务运营者等的合作

当争议产生于运送过程中出现的意外、阻碍等时，基于电子商务交易或邮购而实施运送［包括根据信息通信网络的促进利用与信息保护法第2条第（1）款第1项等规定的通过信息通信网络（下文称“信息通信网络”）的电子传输］的商业经营者应当按照总统令的规定予以合作以解决争议。

**第10条** 网络商场的运营

（1）进行电子商务交易的网络商场的经营者应当根据总统条例的规定标明下列事项，以使得消费者能够轻易地识别商业经营者的身份等：

1. 商业名称和代表人的姓名；
2. 商业地址（包括消费者投诉可以得到解决的地址）；
3. 电话号码和电子邮件地址；
4. 商业登记号码；
5. 网络商场的合同条款和服务条件；以及
6. 总统令规定的其他对于消费者保护必要的事项。

（2）当相关的网络商场中有实施违反本法规定的行为，根据第（1）款中的网络商场的经营者应当在必要的措施中进行合作，以使得他应当采取措施的部分得以纠正。

**第11条** 消费者信息的利用等

（1）如果商业经营者为了电子商务交易或邮购而意图收集或使用（包括提供给第三人的情况；下同）消费者的信息，他应当根据相关规定（如信息通信网络的促进利用与信息保护法等）公平地收集或使用这些信息。

（2）当暗中利用交易商品等中的消费者的信息而造成消费者出现了财产损失或存在此类隐患时，商业经营者应当采取总统令所规定的必要措施，比如本人确认或者恢复损失。

**第12条** 邮购分销商的报告等

（1）邮购分销商应当按照总统令的规定将下列事项报告至公平交易委员会、特别市市长、广域市市长或实际管理者（下文称“市长或实际管理者”），但是，这并不适用于总统令规定的小规模的邮购分销商的情况：

1. 商业名称（若为公司，则还需代表人的姓名和身份证号码），地址和电话号码；

2. 电子邮件地址，互联网域名和主服务器所在位置；以及

3. 总统令规定的其他对于消费者保护必要的事项。

（2）如果邮购分销商意图修改第（1）款规定中的报告的事项，他应当按照总统令的规定进行报告。

（3）已经根据第（1）款的规定报告过的邮购分销商，若其停止或关闭其经营，或在停止后重新开始其经营，应当按照总统令的规定进行报告。

（4）根据总统令的规定，公平交易委员会可以公开关于已经根据第（1）款的规定进行报告的邮购分销商的信息。

**第13条** 提供交易中关于身份和条款的信息

（1）如果邮购分销商以接受商品等的交易订单为目的而标明或宣传，那么他应当包含下列事项：

1. 商业名称和代表人的姓名；

2. 地址、电话号码和电子邮件地址；以及

3. 根据第12条的规定向公平交易委员会或市长或实际管理者的递送的报告的号码，做此报告的代理人和其他确认该报告事实所必要的事项。

（2）邮购分销商应当通过合适的方式来标明、宣传或通知下列事项，以使得消费者在签署合同能够准确理解交易商品等的条款，而且该交易不会出现任何失误或偏差，如果合同被订立了，应当在提供商品等之前递交声明关于此合同内容的以下事项的文件至合同的另一方：

1. 关于商品等的供应商和销售商的事项；

2. 商品等的名称、种类和内容；

3. 商品等的价格（如果价格没有确定，则具体写出价格决定的方法）、支付的方法和数据；

4. 商品等的供应方法和数据；

5. 关于撤回订单和取消合同（下文称“取消合同等”）的时限、行使方法和效果的事项（包括对于撤回订单权利的行使必要的形式等）；

6. 对商品等的换货、退货和保修，以及其退还的条款和程序；

7. 与能够通过电子媒体方式提供的商品等的电子传送、安装等相关的所要求的技术事项；

8. 关于对消费者损害的赔偿、解决针对商品等的投诉以及解决消费者与商业经营者之间的争议的事项；

9. 关于交易的条款和条件（包括确认这些条款和条件的细节的方式）；

10. 消费者可以选择将来结算商品等的价款存放在总统令规定的第三方处，直到商品等被提供（下文称“托管系统”）或者为了保障购买的安全而要求邮购分销商订立第 24 条第（1）款的损害赔偿保险合同等［仅限于第 15 条第（1）款规定的预先付款的邮购，排除第 24 条第（3）款中的交易情形］的事实；以及

11. 可能影响消费者购买决定的交易条款，或其他总统令规定的对于救济消费者损害必要的事项。

（3）当邮购分销商意图与未成年人订立交易商品等的合同时，他应当告知该未成年人，如果他的法定代理人不同意该合同，未成年人本人或其法定代理人可以取消该合同。

（4）公平交易委员会可以制定和公布关于根据第（1）款和第（2）款规定的邮购分销商的商业名称等的事项和交易条款的标明、宣传和公布方法。在这种情况下，鉴于交易的方法或商品等的特性，标明、宣传和公布的方法可以被区别制定。

（5）邮购分销商应当根据第（2）款的规定忠实地执行向消费者标明、宣传或公布的交易条款。

**第 14 条** 对订单的确认等

（1）邮购分销商应当及时通知消费者关于对意向声明的收据进行确认的信息，以及在商品等交易中从消费者处获取订单的情况下销售

的可能性。

（2）邮购分销商应当由适当的程序，以使得消费者在签署合同之前能够确认、修正或取消订单的内容。

**第 15 条** 供应商品等

（1）邮购分销商应当自消费者下订单之日起的 7 日之内为提供商品等采取必要的措施，如果消费者在被供应之前支付了全部或部分商品等的价款（下文称“预先付款的邮购”），那么邮购分销商还应当自消费者支付全部或部分价款之日起的 3 个工作日之内为提供商品等采取必要的措施；但是，当消费者与邮购分销商之间存在关于供货时间的附加协议时，本规定并不适用。

（2）如果邮购分销商发现供应被订购的商品等存在困难时，应当毫不延迟地将原因通知有关消费者，在预先付款的邮购的情况下，退还价款或采取必要措施自消费者支付全部或部分价款之日起的三个工作日之内退还价款。

（3）邮购分销商应当采取适当的措施，以使得消费者可以确认商品等的供应程序和流程状态。在这种情况下，公平交易委员会可以指定和公布关于此措施必要的事项。

（4）第 18 条第（1）款至第（5）款的规定应当准许适用为了第（2）款中的预先付款的邮购中的退还或为退还而采取必要的措施

**第 16 条** （被删除）

**第 17 条** 对订单的取消等

（1）与邮购分销商就购买商品等签署合同的消费者可以在下列各项规定的期限内（当交易的各方都同意时，指超过下列各项所规定的期限）取消与相关合同有关的订单：

1. 自递交第 13 条第（2）款规定的关于合同内容的文件之日起的 7 日之内，但是，如果供应商品等已经晚于对文件的递交，那么自商品等被供应之日或者供应商品等已经开始的 7 日之内；以及

2. 如果第 13 条第（2）款规定的关于合同内容的文件还没有被递交，收到的文件没有列明邮购分销商的地址等，或者由于邮购分销

商地址的改变而无法在第 1 项规定的期限内取消订单，那么自他知道或应当知道地址的七日之内。

（2）在下列各项的情况下，消费者不能违背邮购分销商的意愿行使第（1）款中规定的取消订单等的权利；但是，当邮购分销商未能采取第（6）款规定的措施，那么消费者可以在第 2 项至第 4 项的情况下取消订单：

1. 由于可归责于消费者的原因而造成商品等被损毁或损坏，但是，为了确认商品等的内容而损坏包装时，该规定并不适用；

2. 由于可归责于消费者的原因而造成商品等的价值显著下降；

3. 由于时间流逝商品等的价值下降而造成转卖困难；

4. 可重复使用的商品等的包装已经被损毁了；以及

5. 总统令规定的关于交易安全的其他情况。

（3）尽管有第（1）款和第（2）款中的规定，但是在商品等的内容与标明或宣传的内容不同或与合同内容相违背时，消费者可以自商品等被供应之日起的 3 个月之内或自他知道或应当知道该事实起的 30 天之内取消订单等。

（4）当对第（1）款或第（3）款中的规定的订单的取消等以书面形式被作出，意愿的声明自发送承载该意愿的文件之日起生效。

（5）若在适用第（1）款至第（3）款的规定时出现了关于消费者是否对商品等的损害负有责任、是否以及何时签署了购买商品等的合同、是否以及何时商品等被供应的争议，那么邮购分销商应当予以证明。

（6）当涉及第（2）款第 2 项至第 4 项规定的无法取消订单的商品等，邮购分销商应当采用方法，如在包装上或其他消费者容易识别的地方明确写好商品等的事实情况，或提供试用品，或其他方法，并采取必要的措施防止对取消订单权利的行使的阻碍。

**第 18 条** 对订单的取消等的效果

（1）若消费者根据第 17 条第（1）款或第（3）款取消了订单，他/她应当将被供应的商品等予以退回。

（2）邮购分销商［包括已经被支付了商品等价款的人，或与消费者签订邮购的合同的人；在下文的第（2）款至第（10）款中同样适用］应当自收到被退回的商品等之日起的3个工作日内将已经支付了的商品等的价款予以退还。如果邮购分销商延迟退还商品等的价款给消费者，邮购分销商应当支付的因延迟而造成的利息，该利息的计算是延迟的期间乘以总统令规定的每年不超过40%的利率（下文成为“延迟赔偿”），同时要考虑适用银行法的银行的逾期利率和经济状况。

（3）如果消费者支付商品等的价款是通过信贷金融业法第2条第3款规定的信用卡或总统令规定的其他结算方式，在退还第（1）款和第（2）款的商品等的价款时，邮购分销商应当立即要求提供相关结算方法的商业经营者暂停或者取消对商品等的价款的要求；但是，如果邮购分销商已经从结算业务运营者处收到了商品等的价款，他/她应当立即将其退还给结算业务运营者，并通知消费者这一事实。

（4）结算业务运营者收到第（3）款的但书规定的被退还的商品等的价款后，应当立即将其退还给相关的消费者或采取必要措施以进行退还。

（5）第（3）款情况下的邮购分销商和邮购分销商，或者由于延迟退还而让消费者支付价款的邮购分销商和邮购分销商，应当由于延迟期限的延迟而向消费者进行赔偿。

（6）尽管有第（3）款的但书的规定，当邮购分销商没有正当理由而未退还价款给结算业务运营者时，消费者可以要求结算业务运营者将属于相关邮购分销商的其他债务抵消应当被退还的数额。在此情况下，结算业务运营者可以根据总统令的规定，抵消掉他/她欠相关邮购分销商的债务。

（7）如果结算业务运营者没有正当理由而延迟进行第（6）款中的抵消，那么消费者可以拒绝向结算业务运营者结算价款。在此情况下，邮购分销商和结算业务运营商不能实施任何对消费者不利的行为，比如将相关消费者作为因拒绝该结算而在协议期限内没有履行义务的人进行处理。

（8）在第（1）款的情况下，若商品等已经被部分使用或消费，那么邮购分销商可以要求消费者在总统令规定的数额范围内支付价款，该价款应与消费者使用或消费该商品等的部分而获得的收益或与供应该商品等所需的费用相当。

（9）在第17条第（1）款的情况下对订单进行取消等，由退还被供应的商品等所产生的费用应当由消费者承担，邮购分销商不能向消费者要求违约金或损害赔偿。

（10）在第17条第（3）款的情况下对订单进行取消等，由退还被供应的商品等所产生的费用应当由邮购分销商承担。

（11）如果邮购分销商、被支付商品等价款的人或与消费者就邮购订立合同的人并非同一人，那么其中任何一个人都应当承担连带责任，以履行由于根据第17条第（1）款和第（3）款取消订单后根据第（1）款至第（7）款退还商品等的价款的义务。

**第19条** 对损害赔偿数额的限制等

（1）当由于可归责于消费者的原因而导致销售商品等的合同被取消时，邮购分销商向消费者索取的损害赔偿不能够超过根据未支付下列各项所规定的价款数额而增加延迟损害赔偿所获得的数额：

1. 如果被供应的商品等已经被退还，那么取以下项目中较大的数额：

a. 被退还的商品等的通常的租用费，或者相当于使用它们通常可获收益的数额；以及

b. 商品等被销售时的价格减去商品等被退还时的价格所得的数额。

2. 如果被供应的商品等还没有被退还，那么是相当于商品等被销售时的价格数额。

（2）为了顺利解决索取损害赔偿金之后邮购分销商和消费者之间的争议，如果必要的话，公平交易委员会可以制定和公布第（1）款规定的损害赔偿数额的计算标准。

**第20条** 邮购经纪人的责任

（1）如果邮购经纪人没有同意或提前公告他对商品等的销售不负责任，并实施了邮购的经纪行为，那么对于由要求邮购经纪的人施加的对相关邮购的消费者的财产的故意或过失的损害，邮购经纪人和要求经纪的人应当承担连带责任。

（2）尽管有第（1）款规定的公告，作为邮购分销商的邮购经纪人不能够排除第12条至第18条的邮购分销商的责任；但是，根据邮购分销商的请求实施邮购经纪行为，该请求应当对对消费者认同或公告的部分承担责任，请求者应当对邮购经纪承担责任。

（3）对于由于经纪人的行为施加于消费者财产的故意或过失的损害，向邮购经纪人请求邮购经纪的商业经营者不能排除责任；但是，如果已经进行了相当的关注以防止消费者的损害发生，该规定并不适用。

（4）邮购经纪人应当向消费者提供细读请求邮购经纪的商业经营者的身份信息的方法，如果请求邮购经纪的并非商业经营者，那么他应当以详阅的方式向作为邮购经纪对象的交易的相关各方提供关于交易其他方的信息，涉及总统令规定的事项，比如地址和电话号码。

**第21条** 违禁行为

（1）进行电子商务交易的商业经营者或者邮购分销商不应当实施下列任何行为：

1. 告知虚假或夸大的事实，诱导消费者或者使用欺骗的方法进行交易，或者对订单的取消等和终止合同进行干扰；

2. 为了干扰对订单的取消等而改变或关闭地址、电话号码、网络域名等；

3. 缺乏解决争议或投诉所需的人手，或缺乏设施，并持续了相当长的一段时间，因而对消费者造成了损害；

4. 未经消费者的订购而片面供应商品等并要求支付价款，或仅仅只是要求支付商品等的价款；

5. 即使消费者清楚地标明自己没有购买商品或接受服务的意图，还要通过电话、传真、个人电脑通信等强迫消费者购买商品或接受服

务；以及

6. 使用消费者的信息而未经该人的同意或超出了同意的范围，但是，下列项目中的情况应被排除：

（a）总统令规定的对于执行与消费者的合同不可避免的情况，比如运送商品等；

（b）对于结算商品等的交易的价款必要的情况；

（c）总统令规定的对于自己确认以防止暗中使用必要的情况；以及

（d）任何法律的规定的情况，或根据任何法律不可避免的原因。

（2）为了阻却出现违反本法的行为并防止对消费者的损害，公平交易委员会可以指定和公布从事电子商务交易的商业经营者或邮购分销商应当遵守的标准。

**第 22 条** 在业务关闭等期间对订单取消业务的执行等

（1）即使在关闭或暂停业务期间，邮购分销商也应当继续办理第 17 条第（1）款和第（2）款的订单取消业务，继续办理关于第 18 条第（1）款至第（5）款的订单取消后退还价款的业务。

（2）如果邮购分销商被认为无法实际继续办理业务，比如被宣告破产等，即使停业尚未被报告，那么根据第 12 条第（1）款的规定被报告的公平交易委员会或市长或实际管理者当然可以删除被报告的事项。

## 第三章 保护消费者的权利和利益

**第 23 条** 电子商务交易中消费者保护指引的制定

（1）公平交易委员会可以听取交易各方、相关领域的代表和组织的意见，制定出指引（下文称为“消费者保护指引”）来诱导商业经营者为了交易秩序和消费者保护而在执行电子商务交易或邮购中自觉遵守。

（2）如果商业经营者采用的合同的规定与消费者保护指引的内容相比不利于保护消费者，商业经营者应当表明或公告合同的规定与消费者保护指引有所不同，并能够使消费者轻易得知。

**第24条** 消费者损害赔偿保险合同等

（1）为了在电子商务交易或邮购中保护消费者，公平交易委员会可以鼓励相关商业经营者签订任何一个下列合同（下文成为“消费者损害赔偿保险合同等”），但是，第8条第（4）款所指的结算发行者应当签订消费者损害赔偿保险合同等：

1. 保险业务法所指的保险合同；

2. 为保障消费者损害得以赔付，与金融监管组织建立法第38条规定的机构签订的担保债务赔付的合同；或者

3. 与根据第（10）款建立的互助协会签订的互助合同。

（2）尽管有第（1）款的规定，对于预先付款的邮购，消费者选择了第13条第（2）款第10项的托管系统或者要求邮购分销商签订消费者损害赔偿保险合同等，那么邮购分销商应当允许消费者使用该系统或签订第（1）款的消费者损害赔偿保险合同等。

（3）当消费者执行下列各项中任何一项交易时，第（2）款中的规定不予适用：

1. 购买商品等的交易，其价款不超过总统令规定的数额，并在10万韩元的范围之内；

2. 通过使用信贷金融业法第2条第3款所指的信用卡来支付商品等价款的交易；

3. 通过信息与通信网络发送的购买商品等的交易，或没有被第13条第（2）款第10项规定的第三方所确认发送的交易；

4. 在一定期间内分期付款的购买商品等的交易；以及

5. 其他由公平交易委员会决定和公布的不要求托管系统或签订消费者损害赔偿保险合同的交易，或由于购买安全被其他法律所牢固保障或存在其他与第1项至第4项类似的原因而在使用该托管系统或签订该合同存在困难的交易。

（4）关于第（2）款所指的使用托管系统或签订消费者损害赔偿合同等的必要事项应当由总统令规定。

（5）为了对违反本法行为所造成的消费者损害进行赔偿，或为了保障第8条第（4）款规定的结算发行者的信用，消费者损害赔偿合同等应当达到充分的水平。

（6）根据消费者损害赔偿保险合同承担消费者损害赔偿的责任的人，应当在赔付情况出现后毫无延迟地进行赔付，如果他有所延迟，他还应当对延迟造成的损害进行赔付。

（7）意图签订消费者损害赔偿保险合同的商业经营者，不能在签订消费者损害赔偿保险合同时提交关于销售数额等的错误数据。

（8）签订了第（1）款所指的消费者损害赔偿保险合同等的商业经营者可以使用标记来注明这一事实，但是没有签订该合同等的商业经营者不允许使用前句所规定的标记或者制作或使用其他类似的标记。

（9）第（8）款的规定应当比照适用于第（2）款所指的对托管系统的使用。

（10）从事电子商务交易的商业经营者或邮购分销商可以根据第（1）款建立互助协会来保护消费者。在这种情况下，门到门销售法第35条的规定应当比照适用于建立和运营互助协会，条件是，“根据第5条作报告的或任一业务登记于第13条之下的商业经营者或邮购分销商”应当被视为“从事电子商务交易的商业经营者或邮购分销商”，“第34条第（1）款第3项”、“电子商务交易等中的消费者保护法的第24条第（1）款第3项”以及在门到门销售法第35条第（9）款和第（10）款中“本法”应当被视为“电子商务交易等中的消费者保护法”。

**第24-2条** 拒绝接受不请自来的商业广告的意图登记系统

（1）为了保护消费者免受邮购分销商通过电话、传真或电子邮件等（下文称为“垃圾消息”）招揽购买商品或提供服务，公平交易委员会可以建立系统来登记消费者拒绝接收此类垃圾消息的意愿（下文称为“消费者拒绝接收垃圾消息的意图登记系统”），在此他们能够明确地注明与登记他们拒绝此类垃圾消息的意图。

（2）希望发送垃圾消息给消费者的邮购分销商应当确认相关消费者是否已经将其拒绝接收该垃圾消息的意图登记在总统令规定的消费者拒绝接收垃圾消息的意图登记系统之中，而且不能向那些已经将拒绝此类垃圾消息的意图进行登记的人发送垃圾消息；但是，当邮购分销商已经在总统令规定的条件下单独获取了单个消费者的同意时，这一规定不予适用。

（3）公平交易委员会可以将消费者拒绝接收垃圾消息的意图登记系统的运营委托给下列各项中的任何一个机构或组织，并向该机构或组织提供运营费者拒绝接收垃圾消息的意图登记系统所必需的全部或部分的必要费用以便利该系统的运营：

1. 根据消费者保护法建立的机构或登记的消费者组织；

2. 根据第 37 条或其他法律建立的机构或登记的其他商业经营组织。

（4）第（3）款中有资格被委托运营消费者拒绝接收垃圾消息的意图登记系统的机构或组织的选择程序和标准应当由总统令进行规定。

**第 25 条** 在电子商务交易上对消费者组织的协助

公平交易委员会可以在预算的范围内协助机构或组织执行业务，以在电子商务交易和邮购中建立公平的交易秩序和保护消费者权利和利益。

## 第四章 检查与监督

**第 26 条** 对违法行为的检查等

（1）公平交易委员会或市长或实际管理者在得知存在违反本法规定的情况后可以行使必要的检查职权。

（2）当市长或实际管理者意图根据第（1）款的规定进行检查，他应当事先通知公平交易委员会，当检查出现竞合时，公平交易委员会可以要求市长或实际管理者停止检查。在这种情况下，被要求停止的市长或实际管理者应当停止他们的检查，除非存在充足的理由。

（3）如果公平交易委员会或者市长或实际管理者已经根据第（1）款或第（2）款的规定进行了检查，它或他应当以书面形式将结果（包括处分的内容，如果处分被作为检查的结果而被作出，比如命令纠正措施的处分）通知相关的各方。

（4）任何人只要发现存在违反本法规定的事实，可以将该事实报告至公平交易委员会或市长或实际管理者。

（5）如果自完成违反本法规定的行为时起已经过了5年，那么对于相关的违法行为，公平交易委员会既不能根据第32条的规定命令纠正措施，也不能施加第34条规定的罚款；但是，如果相关各方接受但未能执行第33条第（1）款的消费者损害的争议仲裁组织的建议或仲裁，那么本规定并不适用。

**第27条** 对开放信息的搜索等

（1）为保障电子商务交易或邮购中的公平交易秩序和防止对消费者的损害，公平交易委员会可以通过使用电子手段搜索和收集商业经营者或涉及电子商务交易和邮购中的消费者保护的组织在信息通信网络上公开的开放信息。

（2）商业经营者或相关组织不能没有正当理由而拒绝或阻扰公平交易委员会根据第（1）款的规定搜索和收集信息。

（3）公平交易委员会可以根据总统令的规定要求涉及从事电子商务交易或邮购中消费者保护业务的机构或组织提交或分享有关数据。

（4）被公平交易委员会按照第（3）款的规定要求数据的机构或组织不能拒绝提交或分享数据，除非存在任何正当的理由。

**第28条** 对违规行为信息的披露等

根据总统令，公平交易委员会可以披露商业经营者实施的违反本法的行为，还可以披露防止对消费者的损害的其他必要相关信息，这些信息属于根据第27条第（1）款的规定搜索和收集的，旨在保障电子商务交易或邮购中的公平交易秩序和防止对消费者的损害。

**第29条** 评估和认证业务的公平性

（1）不管称号是什么，从事与电子商务交易和邮购中公平与消费者保护相关的评估和认证业务的人（下文称为“评估和认证业务运营者”）应当根据总统令的规定公布评估和认证的标准、方法等，并据此公正地进行评估和认证。

（2）第（1）款中的评估和认证的标准与方法应当足以传递关于商业经营者为了交易公平和消费者保护而作出的努力和成果的信息。

（3）公平交易委员会可以让评估和认证业务运营者提交运营状况等的数据。

**第 30 条** 监督报告

（1）若市长或实际管理者建议作出第 31 条规定的纠正或第 32 条规定的处分，那么他应当根据总统令的规定向公平交易委员会报告。

（2）当认为对于有效执行本法时必要的时，公平交易委员会可以检查、确认或要求提交数据，并在其管辖权范围内向市长或实际管理者要求对于纠正必要的其他措施。在这种情况下，相关的市长或实际管理者应当积极回应，除非存在特殊原因。

## 第五章 纠正措施与罚款

**第 31 条** 对违法行为的纠正建议

（1）如果商业经营者实施了违反本法规定的行为，或者没有履行本法规定的义务，那么公平交易委员会或者市长或实际管理者可以在采取第 32 条的纠正措施之前制定纠正计划以停止相关的行为或者履行本法规定的义务，或根据第 32 条的规定制定必要的措施进行纠正，并建议商业经营者予以遵守。在这种情况下，应当将第（3）款规定的接受相关建议的意图转化为已被命令纠正措施予以一同通知。

（2）收到第（1）款规定的纠正建议的商业经营者，应当自他收到通知的 10 日之内通知进行执行的行政机构他是否接受。

（3）如果收到第（1）款规定的纠正建议的商业经营者接受相关的建议，那么视为第 32 条规定的纠正措施已被命令。

**第 32 条** 纠正措施等

（1）如果商业经营者实施了下列各款规定的行为，或没有履行本法规定的义务，那么公平交易委员会可以命令相关商业经营者采取措施予以纠正：

1. 违反第5条第（2）款和第（3）款、第6条第（1）款、第7条、第8条第（1）款和第（3）款至第（5）款、第9条、第10条、第11条、第12条第（1）款至第（3）款和第（5）款、第14条、第15条、第17条第（1）款至第（3）款和第（5）款、第18条、第19条第（1）款、第20条、第22条第（1）款、第23条第（2）款、第24条第（1）款、第（2）款和第（5）款至第（9）款、第24-2条第（2）款、第27条第（2）款和第（4）款以及第29条第（1）款和第（2）款的行为；

2. 第21条第（1）款中的行为。

（2）第（1）款中的纠正措施指的是下列措施：

1. 停止相关的违法的行为；

2. 履行本法规定的义务；

3. 对已收到纠正措施的事实予以声明；以及

4. 对于纠正必要的其他措施。

（3）关于第3条第（2）款规定的已收到纠正措施的声明的必要事项，应当由总统令予以规定。

（4）如果即使存在第（1）款规定的纠正措施，但违法行为又被重复实施，或者对纠正措施的执行还没有得以实施，那么公平交易委员会可以根据总统令的规定定下不超过1年的期间并命令暂停其全部或部分业务。

**第33条** 对消费者损害纠纷的仲裁请求

（1）如果消费者就电子商务交易或邮购中违反本法的行为提出了救济的要求，那么公平交易委员会或市长或实际管理者可以在作出第31条的纠正建议或第32条的纠正措施之前委托总统令规定的消费者损害的争议仲裁组织（比如从事关于电子商务交易或邮购中消费者保护业务的机构或组织）来仲裁这一要求。

（2）如果相关各方已经接受并执行了建议或第（1）款所指的受

委托的仲裁，那么公平交易委员会或市长或实际管理者应当通知相关各方他不再采取第32条规定的纠正措施的意图。

（3）如果相关各方已经接受并执行了建议或第（1）款所指的消费者损害的争议仲裁组织的仲裁，那么根据总统令不应当再采取第32条规定的纠正措施。

（4）如果公平交易委员会要求第（1）款规定的争议仲裁，它可以在预算范围内提供相关争议仲裁所需的资助。

**第34条** 罚款

（1）如果尽管有第32条第（2）款规定的纠正措施，但违反本法的行为仍被重复实施，或者如果仅使用纠正措施被认定难以防止对消费者的损害，那么公平交易委员会可以根据总统令的规定对商业经营者在不超过违法行为所涉销售数额的范围内处以罚款，以替代第32条第（4）款规定的暂停全部或部分的业务。如果不存在相关的销售数额，或不可能进行计算等，那么可以处以5000万韩元以下的罚款。

（2）在处以第（1）款规定的罚款时，公平交易委员会应当考量下列各事项：

1. 由于违法行为而对消费者造成的损害程度；
2. 对消费者损害进行赔偿的努力程度；
3. 由于违法行为而获取的利润的规模；以及
4. 违法行为的内容、时长、频率等。

（3）如果作为违反本法规定的商业经营者的公司被合并，那么公平交易委员会可以推定违法行为被合并之后继续存在的公司或合并建立的公司实施，处以并征收罚款。

（4）垄断规制和公平交易法第55-4条至第55-6条的规定应当比照适用于第（1）款中罚款的缴费期限的延期、分期付款、征收处分、默认与退还。

## 第六章 附 则

**第35条** 禁止不利于消费者的合同

违反第 17 条至第 19 条规定且不利于消费者的合同无效。

**第 36 条**　专属管辖权

与邮购分销商进行交易相关的法律诉讼的管辖权应当按照提起诉讼时消费者的地址确定，但是当该地址不存在时，对其住所有管辖权的地区法院应当享有专属管辖权；但是，当消费者在提起诉讼时其地址或住所不清楚时，该规定不适用。

**第 37 条**　商业经营者组织的登记

（1）为了电子商务交易和邮购的健康发展，提升消费者信心和促进相互利益而被建立的商业经营者组织，可以根据总统令的规定在公平交易委员会进行登记。

（2）第（1）款中对于登记的要求、方法、程序等应当由总统令规定。

**第 38 条**　授权的代表与委员会

（1）本法规定的公平交易委员会的部分职权可以根据总统令的规定被授予给附属于它的机构的领导人或市长或实际管理者，或者被委托给其他管理机构的领导人。

（2）本法规定的市长或实际管理者的部分职权可以根据总统令的规定被授予给市或郡或区的领导人（指自治区的领导人；下同）。

（3）为了更有效地执行本法，公平交易委员会可以将其部分业务委托给按照第 37 条第（1）款进行登记的商业经营者组织。

（4）如果公平交易委员会按照第（3）款的规定将其部分业务委托给商业经营者组织，它可以在预算的范围内提供全部或部分对于执行业务必要的费用。

（5）第（3）款中被委托从事业务的商业经营者组织的官员和雇员应当被视为适用刑法第 129 条至第 132 条的刑罚规定的政府官员。

**第 39 条**　比照适用垄断规制和公平交易法

（1）垄断规制和公平交易法第 42 条至第 45 条和第 52 条的规定应当比照适用于本法所指的公平交易委员会的评议和决定。

（2）垄断规制和公平交易法第 50 条第（1）款至第（4）款应当

比照适用于本法所指的公平交易委员会或市长或实际管理者对于违反本法行为的检查等。

（3）垄断规制和公平交易法第53条、第53－2条、第54条、第55条和第55－2条应当比照适用于对公平交易委员会根据本法作出的处分提出异议，对根据第38条被授权的市长或实际管理者作出的处分提出异议，暂停对纠正措施的命令的执行以及提出诉讼和不服诉讼的专属管辖。

（4）垄断规制和公平交易法第62条的规定应当比照适用于公平交易委员会的委员或根据本法从事或已经从事职务的政府官员。

## 第七章　刑罚规定

**第40条**　刑罚规定

违反第32条第（1）款的规定未对纠正措施命令作出回应的人，应被处以3年以下的监禁或1亿韩元以下的罚金。

**第41条**　刑罚规定

违反第32条第（4）款规定的业务暂停而进行业务的人，应被处以2年以下的监禁或5000万韩元以下的罚金。

**第42条**　刑罚规定

处于下列各款情况中的人应当被处以3000万韩元以下的罚金：

1. 违反第12条第（1）款的规定而没有报告或错误报告的人；或者

2. 违反第24条第（8）款和第（9）款的规定而使用标记以注明签订了消费者损害赔偿保险合同或允许使用托管系统的合同的事实的人或者制作或使用其他类似标记的人。

**第43条**　刑罚规定

处于下列各款情况中的人应当被处以1000万韩元以下的罚金：

1. 提供错误的第13条第（1）款所指的商业名称等信息的人；或者

2. 提供错误的第13条第（2）款所指的交易事项方面的信息的人。

**第44条** 共同处罚规定

如果公司的代表人或代理人、雇员或者公司或个人的工作人员实施了与公司或个人业务相关的第40条至第43条的违法行为，在惩罚违法者之外，还应当对公司或个人按照相关条款处以罚金，但是，如果公司或个人在给予应有的重视和监管相关义务来阻止该违法行为中没有过失，该规定不予适用。

**第45条** 对过失的罚金

（1）处于下列各项情况中的人应当被处以1000万韩元以下的过失罚金：

1. 作为第8条第（4）款中结算方法的发行者的人违反第24条第（1）款等的但书规定而没有签订消费者损害赔偿保险合同等；

2. 实施第21条第（1）款第1项至第5项的规定的行为；

3. 作为进行预先付款的邮购的邮购分销商的人，违反第24条第（2）款的规定；

4. 作为第8条第（4）款所指的结算方法发行者的人，违反第24条第（7）款的规定提交了错误的数据且签订了消费者损害赔偿保险合同；

5. 作为进行第15条第（1）款规定的预先付款的邮购的邮购分销商的人，违反第24条第（7）款的规定提交了错误的数据且签订了消费者损害赔偿保险合同等；

6. 违反第24－2条第（2）款的规定向消费者发送垃圾消息的人。

（2）处于下列各项情况中的人应当被处以500万韩元以下的过失罚金：

1. 违反第6条的规定没有保存交易记录或没有向消费者提供记录保存和审阅方法的人；

2. 没有根据第10条第（1）款或第13条第（1）款的规定注明关于商业经营者身份的信息的人；

3. 没有根据第12条第（2）款和第（3）款作出报告的人；

4. 违反第13条第（2）款的规定不标明宣传或通知所规定的事项或不提交与合同内容相关的文件的人；

5. 已删除；

6. 违反第13条第（3）款的规定没有告知商品等的交易合同可以被取消这一事实的人。

（3）第（1）款和第（2）款规定的过失罚金应当由公平交易委员会或市长或实际管理者按照总统令的规定予以施加和征收。

（4）第（1）款和第（2）款规定的过失罚金的征收标准应当由总统令规定。

（5）不满意第（1）款和第（2）款规定施加的过失罚金的人，可以自收到该处分的30日之内想公平交易委员会或市长或实际管理者提出异议。

（6）如果根据第（1）款和第（2）款被处以过失罚金的人提起了第（5）款规定的异议，那么公平交易委员会或市长或实际管理者应当毫不延迟地通知有管辖权的法院该事实，相关法院收到通知后应当按照非争议案件诉讼程序法对过失罚金进行判决。

（7）如果过失罚金没有被支付也没有在第（5）款规定的期间内被提出任何异议，那么它应当以与拖欠国家税款相同的方式由公平交易委员会征收，或以与拖欠地方税款相同的方式由市长或实际管理者征收。

# 马来西亚电子商务法[①]

658 号法案

电子商务法 2006

御准于 2006 年 8 月 30 日

颁布于 2006 年 8 月 31 日

本法案的目的旨在提供商业交易中的电子信息法律确认，使用电子信息满足法律要件，许可并促进通过电子手段及相关方式达成的商业交易。

以下条款均由马来西亚议会制定并通过。

## 第一章　前　　言

**第一条　简称及生效日期**

（1）本法案应被援引为电子商务法案 2006。

（2）本法案生效于部长在政府公报上指定之日。

**第二条　适用**

（1）根据第三节，本法案可适用于通过电子方式完成的任何商业交易，包括联邦和州政府参与的商业交易。

（2）本法案不适用于附件中指明的交易或文件。

---

① Electronic Commerce Act。

（3）部长根据法令可以修正、改变、删减或增加附件的内容。

**第三条　非强制性使用**

（1）非经本人同意的情况下，本法案不强制任何人在商业交易中使用、提供或接受电子信息。

（2）在商业交易中对使用、提供或接受电子信息的同意可由行为中推断得出。

**第四条　涉及其他成文法律时的处理**

本法案须以补充性适用且须与其他规制商业交易的法案同等的使用。

**第五条　解释**

在本法案中，除文本其他规定外：

“电子”包括使用电力、光学、磁性、电磁、生物测定、光子或其他相似技术的方式；

“部长”指负责国内交易及消费事务的部长；

“电子信息”指由电子手段生成、发送、接受或存储的信息；

“发送人”指生成或发送电子信息的人或代表其生成或发送电子信息的人；

“接收人”指发送人意欲将其电子信息送至的人；

“信息处理系统”指即可以生成、发送、接收、存储、显示或处理电子信息的电子系统；

“电子签名”指经本人接受作为签名使用的任何由字母、字符、数字、声音或其他符号或上述元素的组合构成的电子形式；

“商业交易”指商业范畴内的，包含提供或交换货物与服务、机构、投资、融资、银行业务、保险业务相关内容的单方或多方沟通交流，且无论其是否以合同形式完成。

## 第二章　电子信息的法律认定

**第六条　电子信息的法律认定**

（1）任何信息不得因为其全部或部分为电子形式而被否认其法律

效力、有效性或可执行性。

（2）任何信息不得否认其法律效力、有效性或可执行性，即使没有被包含在引起该法律效果的电子信息当中。但是该信息仅仅与上述的电子信息相关联，且仅可被用于上述电子信息所关联的人。

**第七条　合同的形成及效力**

（1）在合同的形成中，关于要约、承诺、要约承诺的取消及任何其他的相关信息均须以电子信息的形式表达。

（2）合同不得因其电子信息使用的格式而被否认其法律效力、有效性或可执行性。

## 第三章　以电子方式达成的法律要件

**第八条　书面形式**

当法律要求信息必须以书面形式出现时，若该信息包含在电子信息中，且该电子信息在日后可被理解且清楚地使用，则法律要件得到满足。

**第九条　签名**

（1）当法律要求在文件上签名时，若文件是电子形式，则当满足以下条件时可以使用电子签名：

（a）作为电子信息的附件出现或是在逻辑上与该电子信息相联系；

（b）足以指明签名人或者足以推断该签名相关人员对于信息的接受；

（c）该电子签名的可信度与适当性满足签名所被赋予的目的以及签名时所处的环境要求。

（2）为了阐明上述条款中（c）项的要求，在以下情况中可视为签名可信且恰当：

（a）产生该电子签名的方式仅与本人相联系且仅在本人的控制之下；

（b）任何对该电子签名的改动都是可被检查到的；

（c）任何对该文件的改动都是可被检查到的。

（3）1997年颁行的数字签名法案（562号法案）依旧适用于在任何商业交往中将数字签名作为电子签名使用的情况。

**第十条　印章**

（1）当法律要求一份文件必须盖上印章的时候，若该文件是电子形式，则符合1997年数字签名法的数字签名即可满足该要求。

（2）尽管有上述（1）款的规定，部长仍然可以政府公报的形式发布命令，规定其他的电子签名可以满足电子信息必须加盖印章的要求。

**第十一条　见证人**

当法律要求文件上要有见证人的签名的时候，若该文件是电子形式，则当见证人的签名满足第九条规定时，法律规定得以满足。

**第十二条　原物**

（1）当法律要求文件必须是其原始形态时，若该文件是电子形式，那么在以下情况下该要求可以被满足：

（a）关于包含在电子信息中的信息在其首次以最终形态生成之时起的完整性存在一个可靠的保证；

（b）为了后续引用，该电子信息可被理解且清楚的。

（2）为了阐明上述条款中第（a）项的要求：

（a）完整性评估的标准是信息是否保持完整和未被改变，除了增加任何背书和任何发生在正常通讯、储存与显示过程中的变化；

（b）确定可靠性的标准要根据文件产生的目的和其他的相关情况一起考虑。

**第十三条　文件的保留**

当法律要求文件保留时，若该文件是电子形式，那么在以下情况该条件可被满足：

（a）该信息被保留为其产生、发送或接受时的原始状态，或是没有实质性改变该信息在电子状态在产生、发送或接收时的状态；

（b）为了后续引用，该电子信息是可被理解且清楚的；

（c）该信息可以指明电子信息的发出地与到达地以及其被发送或接受的日期时间。

**第十四条　复制**

当法律要求文件须被保存、提供、发送或传送超过一份副本时，若该文件是电子形式，那么仅有一份副本即可满足该要求。

**第十五条　指定格式**

当法律要求文件须以指定格式出现时，若该文件是电子形式，那么在以下情况该条件可被满足：

（a）其格式与指定格式相同或实质上相同；

（b）为了后续引用，该电子信息是可被理解且清楚的；

（c）可被其他人存储。

**第十六条　服务和交付**

（1）当法律要求文件须被提供、发送或传送时，若一个信息处理系统满足以下条件时，该要求可被满足：

（a）该信息可以指明电子信息的发出地与到达地以及其被发送或接受的日期时间；

（b）为了确认该文件的接收。

（2）本条不适用于：

（a）违约通知、征收通知、陈述理由令、收回通知及其他任何相似的需要在相应的法律程序前发出的通知，以及；

（b）任何原诉法律程序、辩护、宣誓或其他依据法律程序而产生的文件。

## 第四章　电子信息通讯

**第十七条　电子信息的归属**

（1）若信息是由发送人本人发出的则其可被视为归发送人所有。

（2）在发送人和接收人间，若满足以下情况，一份电子信息可被视为归发送人所有：

（a）被授予代表发送人行使电子信息发送权利的人；或

（b）通过一个信息系统程序或代表发送人自动操作。

（3）在发送人和接收人之间，如果符合以下情况，接收人有权视该电子记录是发送人的，并依此假定做出行动：

（a）接收人合理适用双方都接受的证明方法来确认电子信息是否归发送人所有；

（b）当事人与发送人或者与任何发送人雇佣的代理人以获得的经发送人识别的电子记录授权访问的方式等有关系的行动导致电子记录被接收人接收。

（4）第（3）项不适用于以下情况：

（a）接收人已经收到来自发送人的通知告知其该信息不属发送人所有且有适当的时间合理行为；

（b）接收人知道或应当知道该电子信息并非由发送者发出，并且发送者已经尽到了注意义务或以发送人与接收人双方约定的证明方法证明了上述信息不归发送人所有。

**第十八条　电子信息的内容**

当接收人收到一份电子信息时，接收人有权利认定该电子信息是发送人想要发送的信息并且按照该推断行为，除非接收人知道或应该知道、尽到了相应的注意义务或是使用了任何双方认可的程序，转移的错误结果也一并被认可。

**第十九条　电子信息的独立性**

当接收人收到电子信息时，接收人有权利认定每一份电子信息都是独立的并按照该推断行为，除非接收人知道或应该知道、尽到了相应的注意义务或是使用了任何双方认可的程序，电子信息被认定为原件的副本。

**第二十条　发出时间**

除发送人和接收人另有约定外，当一份电子信息进入一个信息处理系统并脱离发送者控制之时，即为该电子信息的发出时间。

**第二十一条　接收时间**

除发送人和接收人另有约定外，一份电子信息的接收时间被视为：

（a）当接收人为接收电子信息指定了一个信息处理系统时，则为电子信息进入指定的信息处理系统之时；

（b）当接收人并未给接收电子信息指定信息处理系统时，则为电子信息为接收人所知晓之时。

**第二十二条 发出地点**

除发送人和接收人另有约定外，电子信息的发送地视为发送者的营业地，同时：

（a）当发送者有一个以上的营业地时，则为与交易联系最为紧密的营业地为电子信息的发送地，若无与交易联系最为紧密的营业地，则为其主要营业地；

（b）若发送者无主要营业地，则为其经常居住地。

**第二十三条 接收地点**

除发送人和接收人另有约定外，电子信息的发送地视为接受者的营业地，同时：

（a）当接受者有一个以上的营业地时，则为与交易联系最为紧密的营业地为电子信息的发送地，若无与交易联系最为紧密的营业地，则为其主要营业地；

（b）若接收者无主要营业地，则为其经常居住地。

**第二十四条 接收的确认**

（1）本节适用于发送电子信息之时及之前，或在电子信息中发送者要求或与接收者一致同意电子信息的接收需要确认。

（2）在电子信息中发送者要求或与接收者一致同意电子信息的接收需要确认情况下，发送者收到确认前视为该确认未被发出。

（3）当发送者和接收者并未对确认书的特定形式或特定方法达成一致时，确认书可以由以下方式作出：

（a）由接收者作出的任何交流，包括自动形式的或其他形式的；

（b）由接收者作出的任何足以使发送者认为其已经接收到电子信息的行为。

(4) 当发送人未在指定的或合意的期限内收到确认书，或者若未指定或约定期限时，在合理的时间内未收到确认书，则发送者可以：

(a) 向接收者发出通知表示其未收到确认书并指定接收确认书的合理期限；

(b) 若在上述指定期限内并未收到确认书，发送者可向接收者发送通知将之前发送的电子信息视为从未发送并令其不得主张其可能享有的任何权利。

(5) 当发送者收到接收者的确认书时，即可认定接收者已经收到相关的电子信息。

(6) 当收到的承认书表明相关的电子信息满足技术要求，无论基于合意或适用标准，均可认定为满足相关的要求。

## 第五章 杂 项

**第二十五条 规章**

部长可以依据必要性或临时措施在附件中制定此类规章，且此类规章对于本法案有全部效力。

## 附 件

(第二节)

本法案不适用于以下文件和办理事项：

1. 委任状
2. 遗嘱及其附录
3. 信托
4. 可转让票据

# 菲律宾电子商务法[①]

菲律宾共和国菲律宾国会首都马尼拉第十一次议会第二次常规会议于2000年六月十四日星期一在首都马尼拉启动并举办。

## 共和国第8792号法案

这部法案服务于电子商业交易以及非商业交易和文件的识别与使用，并且对违法利用或者出于其他目的的非法利用进行处罚。

这部法案由菲律宾共和国国会中参议院制定。

## 第一部分　绪　　言

1. 简称：本法案被称为《2000年电子商务法》。

2. 公共政策宣言：政府意识到了信息和通讯技术在国家建设中的重要作用；意识到创建信息友好化环境来支持和保障有效、多元、低廉的信息和通讯技术产品及服务的迫切需求；意识到私人投资者在促进通讯和信息技术投资方面的主要责任；意识到通过恰当的培训体系和体制政策的改进来发展信息技术人员储备、扩展能熟练运用信息和通讯技术的劳动力并且扩大可以操作和利用电子设备和电脑的人口数量的需求；意识到为了国家利益，政府在转化和促进接收技术以及保障网络安全方面的责任；意识到租金、组织和深化国家信息基础设施

① Electronic Commerce Act Of 2000。

建设的需求。

# 第二部分

## 第一编　电子商务概况

3. 目标：这部法案目的在于促进国内和国际的买卖、交易、安排、协议、合同以及通过电子、光纤或者类似的途径、模式、设备和技术来交换和储存信息，以此来识别与上述活动有关的电子合同的权威性和可信性，并且促进政府和公众全球电子交易的使用。

4. 适用范围：本法案适用于国内和国际的买卖、交易、安排、协议、合同以及交换和储存信息过程中商业或者非商业活动中任何数据信息和电子文件之中。

5. 术语定义：为了更好适用这部法案，以下术语被定义：

“收件人”，是指该人，出于原创人的意志来接受电子数据或者电子文件；但不是指与该数据消息有关的任何中介人。

“电子设备”指任何一种设备或者工具，通过电子、光纤或类似途径，来接受、记录、转移、存储、处理或者产生信息、数据、数字、案例或者其他根据数学逻辑而形成的书面表达；

“数据信息”指通过电子、光纤或类似途径，来产生、发送、接收、存储的信息；

“信息和通讯系统”指“信息系统”指产生、发送、接收、存储或处理数据信息的系统，还包括可以存储电子信息或者电子记录的电脑系统或者其他类似系统；

“电子签章”指与电子记录相关联或有逻辑联系的，且经验证或批准电子记录后才执行或采用的字母、字符、数字或其他符号；

“电子记录”指一个通过电子、磁场、光纤或其他在信息系统内或在信息系统间传输的方式，来生成、传输、接收或存储的记录；

“密钥”，指在一个非对称式密码系统中，指一个私人密钥和与其有数学关联的公开密钥，并且公开密钥可以验证由私人密钥生成的数字签章；

“中介人”，是指该人代表另一个人发送、接收或存储该数据消息，或提供与该数据消息有关的其他服务。

“原创人”，是指数据消息在发生任何存储之前，是出于该人的意志而被发送或生成；但不是指与该数据消息有关的任何中介人。

“服务提供者”指提供以下服务的人：

（1）网上服务或者网络许可，或者是设备运作着，包括提供传送、发送业务或者提供网络设备衔接业务的服务者；

（2）数据消息原创者所必要的技术途径可能为了有标注或者未标注的第三方而存储或者制作；

（3）这类服务提供者除非被明确授予权利，否则其没有权限代表接收人、原创者或者第三方来改动电子信息或者电子记录的内容。在有权限的情况下，他们要保障电子记录的内容同特殊的需求相一致。

## 第二编　数据信息和电子记录的法律认可

6. 数据信息的法律认可

不能因为仅有电子信息支持法律效力或者信息仅存在于电子形式下而否认信息的法律效力、有效性或可执行性。

7. 电子记录的法律认可

电子记录应该同其他形式的文件或者法律文本有相同的法律效力：

（1）法律规定要求保留的特定文件、记录或信息，若满足以下条件，则可用电子记录的形式进行保留：

（a）除去经授权的改动或者在交换、存储等过程中的正常变动，电子记录被完整、未受损害地保存；

（b）电子信息的信息的生成目的以及相关的环境是可以信赖的；

（2）第（1）款中所指的保留的文件、记录或信息，不包括仅仅为了使一记录得以发送或接收而必要或自动生成的信息。

（3）如果法律要求记录应当以原始形式保存，那么这种要求在以下情形下得到满足：

（a）存在可靠的证据证明电子信息在最终生成的那一刻起保持了其完整性；

（b）如果法律要求信息采用书面形式，或规定了未采用书面形式的一定后果，则若一项电子记录所含信息可以调取以备日后查用，即满足了该项要求。

本条款的之规定不得应用到已明确规定要通过电子记录来保留文件、记录或资料的法律法规；排除对电子记录保留具有管辖权的部门、国家机构或法定法人对电子记录保留的额外要求。

8. 电子签章的法律认可

电子文件中的签章应当同书面文件中的签章是等量的。

（1）法律有规定要求签章或提供一定后果的，若资料文件未签署，则须提交一个符合该规定的电子签章。

（2）电子签章可用任何方式证明，包括示明一个确实存在的程序，一方当事人为了继续进行交易而通过该程序执行的符号或安全程序，以验证该电子记录属于该当事人。

9. 电子签章的要求

如果任何过程有涉及电子签章的，其必须满足以下要求：

（1）该电子签章须为特定相关人的签名；

（2）该电子签章的使用须以签字或认可电子文档为目的，除非依赖该电子签章过的电子文档的特定人了解或已经注意到该电子签章本身或对该电子签章的依赖具有的瑕疵或不可靠性在此种情况下是不合理的。

10. 原始性信息

（1）在法律要求信息以原始形式呈示或保持的场合，一条数据消息应当被视为符合该要求，只要：

（a）能够可信地保证，该信息自从它被生成为最后的形式以来，无论其是否一条数据消息，其完整性一直保持着；

（b）在所有要求呈示该信息的场合，该信息都可以被显示给它应当被呈示的个人。

（2）无论是有关法律要求表现为强制义务形式，或有关法律仅仅指出如果该信息未能以原始形式呈示或保持时会发生何种后果，上述第（1）款均为适用。

（3）为贯彻第（1）款第（a）项：

（a）判断信息完整性的标准应当是该信息是否完全地和无改动地保持着，但不涉及信息在通常传播、存储和显示过程中所附加的任何标注和变动；

（b）判断保证的可信程度，应当参照生成该信息的意图和参照一切相关环境。

11. 电子信息和电子数据的权威性

电子薪资、电子数据以及电子签章的效力可以通过公式或其他方法来授权，也包括其他方法。

（1）电子签章可用任何方式证明，包括示明一个确实存在的程序，一方当事人为了继续进行交易而通过该程序执行的符号或安全程序，以验证该电子记录属于该当事人。

（2）电子数据和电子信息可以通过证明生成程序的合法性来确保其权威性。

在法律程序中制作电子数据和电子信息的人承担了证明其权威性的义务，通过证据以确保电子数据和电子信息与其声称的一样。

在缺乏合同证据的情况下，已经存储的电子数据和电子信息所的在信息和数据系统的独立性在可能在以下任意法律程序中得到确认。

（1）有证据证明数据系统或者其他设施并没有在损害电子数据/电子信息独立性的情况下运行；并且没有其他可以怀疑信息和数据系统独立性的可靠证据。

（2）通过证明电子数据和电子信息是由与一方当事人利益相冲突的另一方当事人完成的。

（3）通过证明电子数据和电子信息的存储是在与程序无关的第三人或者不在案件当事人一方控制下的第三人通过正常的程序完成的。

12. 数据消息的可接受性和证据分量

在任何法律程序中，在应用有关证据的任何规则时，不应否认一条数据消息作为证据的可接受性，仅仅因为：

（1）它是一条数据消息；或

（2）当它是提供者在合理情况下所能提供的最好证据时，仅仅因为它不是其原初的形式。

以一条数据消息形式存在的信息，应当获得其应有的证据分量。在评价一条数据消息的证据分量时，要考虑到生成、存储或传播该数据信息时所用方法的可靠程度，考虑到保持该信息完整性时所用方法的可靠程度，考虑到判明其原创者时所用方法的可靠程度，以及其他的相关因素。

13. 数据消息的保持

（1）当法律要求保存特定文件、记录或信息的场合，保存数据消息应被视为符合该要求，只要下述条件得到满足：

（a）该数据消息中所包含的信息可以被读取而能够在随后引用；

（b）保存该数据消息的格式与其生成、发送或接收时的格式相同，或该格式的显示能够精确地表达所生成、发送或接收到的信息；并且

（c）如果有相应的能够判明一条数据消息之发源、目的地以及发送和接收的日期与时间的信息，这些信息能得到保存。

（2）一个人可以通过利用任何他人的服务来满足上述第（1）款的要求，只要符合第（1）款（a）、（b）和（c）项所提出的条件。

14. 宣誓

15. 交叉检验

## 第三编　电子数据和电子记录交换

16. 电子合同的成立与效力

（1）为免于产生疑问，特此声明，订立合同时，除非当事人同意，要约和承诺才可通过电子记录的形式进行表达。

（2）若订立合同时要使用电子记录，当电子记录确实用于订立合同的目的时，该合同的效力或执行力即不能被否认。

17. 当事人之间的效力

电子记录的发件人和收件人之间，若意思表示或其他声明为且仅为电子记录形式，其法律效果、效力或执行力即不能被否认。

18. 数据消息的归属

（1）若电子记录是由发件人本人发送的，则其属于发件人。

（2）在发件人和收件人之间，当电子记录是由以下人员发送的，则其被看做属于发件人：

（a）有权代表发件人处理电子记录的人；或

（b）发件人编程的或能代表发件人自动运作的信息系统。

（3）在发件人和收件人之间，若满足以下任一条件，收件人有权认为一电子记录属于发件人，并根据此假设行动：

（a）为了确定电子记录是否属于发件人，收件人正确采用了此前已获得发件人同意的流程；或

（b）收件人接收的数据信息来源于与发件人或发件人的代理人有关系的人员，该人员得以采用发件人的方法识别电子记录。

（4）第三款可以应用于：

（a）收件人收到发件人的通知表明电子记录并不属于发件人，且收件人有合理时间采取相应行动之时起；

（b）第（3）款第（b）项所述情形中，当收件人知道或应当知道此情况，并已行使合理的保护或使用已获得同意的程序，但电子记录并不属于发件人；或

（c）在所有情形下，让收件人认定电子记录属于发件人或根据此推定采取行动都是不合理的。

（5）若电子记录属于发件人或被看做属于发件人，或者收件人有权根据推定采取行动，则在发件人和收件人之间，收件人有权认为所收到的电子记录是发件人有意发送的，并根据此推定采取行动。

（6）当收件人知道或应当知道所收到的电子记录的传播过程出现

错误，则收件人无权行使合理的保护或使用已获得同意的程序。收件人有权认为收到的每条电子记录均为独立的电子记录并根据此推定采取行动，行使合理的保护或使用已获得同意的程序，除非收件人复制出另外的电子记录且知道或应当知道该电子记录是复制品。

19. 电子数据和电子信息中的错误

收件方有权利认为其收到的电子数据和电子信息同原始信息相同，并且在该合理推测基础上做出法律行为，除非收件人知道或者应当知道。这样，即视为收件人做出了合理的关注并遵循了恰当的程序：

（1）当电子数据或者电子信息被录入可记录的系统时，交易所导致的错误存在于电子文件中。

（2）电子数据和电子信息被发送进了由接收人故意设成无法被记录的信息系统。

20. 对接收的认可

下列规则应当适用于两种情形，一种是在发出电子数据信息或者电子文件时或者在发出电子数据信息或者电子文件之前，发出者或者接收者已经达成协议，对电子文件或者电子数据信息的接收予以确认；另一种是在电子文件或者电子数据信息中，发出者已经要求，对电子文件或者电子数据信息的接收予以确认：

（1）当发出者没有和接收者达成约定，接收回执应当被以特定的形式或者特定方法给出，一种回执可以通过接收者的信息往来中提供，或者是接收者的任何足以提示发出者电子数据信息和电子文件已经被接收的信息。

（2）当发出者已经声明，电子数据信息或者电子文件的只有回执存在才有效，那么电子数据信息或者电子文件在确认接收之前不能被视为发出。

（3）当发出者没有声明电子数据信息或者电子文件的仅限于回执存在才有效的情况下，并且在特定的或者约定的时间里，或者在没有特定或约定时间时，经合理的时间，确认没有被发出者接收，发出者可以给接收者以提示声明没有确认被收到，并且提示确认应被收到的特定时限。而且如果确认没有在第 c 项规定的时间里被收到，发出者可以在提醒完接收者后，认为电子文件或者电子数据信息从未出现过或者行使其他权利。

21. 发送电子数据信息和电子文件的时间

除非在发出者和接收者之间另有协议，电子数据信息或电子文件发出时间应当为其进入非发出者及发出者代表所控制的信息系统。

22. 接收电子数据信息或电子文件的时间

除非在发出者和接收者之间有协议，电子数据信息或电子文件的接收时间如下：

（1）如果接收人已经指定了为接收电子数据信息或电子文件的信息系统，接收时间应为电子数据信息或电子文件进入该指定系统的时间；但是，如果发出者和接收者均为同一指定系统，接收发生在电子数据信息或者电子文件接收者接收时；

（2）如果电子数据信息或电子文件是被发出给非指定的信息系统，接收时间应为电子数据信息或电子文件被接收者接收时；

（3）如果接收者没有指定信息系统，接收时间应为电子数据信息或电子文件进入接收者系统的时间。

这些规则同样适用于接收系统与应接收系统不一致的情况。

23. 发出和接收电子数据信息或电子文件的地点

除非另有约定，电子数据信息或电子文件的发出地应为发出者营业地，接收地应为接收者营业地。这个规则同样适用于发出者使用笔记本电脑或者其他便携设备发送或者接收电子数据信息或电子文件的情况。这个规则同样使用于决定交易收税地点。

（1）如果发出者或者接收者有不止一个营业地，营业地应为离基础交易最近的地点，当没有基础交易时，应为主营业地；

（2）如果发出者或者接收者没有营业地，应为惯常居住地；

（3）公司组织的“惯常居住地”是指该组织合并成立地点或者法定组建地点。

24. 安全方法的选择

依照由商业产业部或者其他政府机构发布的正在适用的法律，规章或者规则，任何电子交易的当事方应当有权自由决定电子数据信息或电子文件安全种类和等级，挑选并使用合适的符合他们的需要的技术方法。

## 第三部分 特殊领域的电子交易

### 第一编 货物运输

25. 关于货物运输合同的行为

在不违背本法第二部分的条款的情况下，这部分适用于与货物运输合同有关的下列行为，包括但不限于：

（1）

（a）带有货物标记、数字、数量、或重量；

（b）发出货物的收条；

（c）标明货物质量或者价值；

（d）确认货物已经装载。

（2）

（a）通知人的合同条款和条件；

（b）给承运人指示。

（3）

（a）要求交货；

（b）授权商品发出；

（c）告知货物的损失或者损坏。

（4）做出任何与合同的履行有关的通知或声明。

（5）交付货物给指定的人或者被授权要求交付的人。

（6）授权、要求、放弃、让与、转移或者协商与货物有关的权利。

（7）要求或者转移合同项下的权利或者义务。

26. 运输单据

（1）当法律要求与运输货物合同有关的行为必须用书写或者用纸

质文件，在该行为通过一次或者多次电子数据信息或者的实施后，该法律要求视为被满足。

(2) 第一段适用于存在义务的情况或者法律只对没有使用纸质文件或者手写方式规定后果的情况。

(3) 如果某个人且没有其他人被授予一个权利或者被要求一个义务，并且如果发了要求，为了实现这个权利或者义务，该权利或者义务必须通过转让人或者使用纸质文件转移给那个人，如果权利或者义务必须通过一个或者多个电子数据信息或者单独的电子文件转移，则该法律要求视为被满足。

(4) 出于第三段的目的，信任标准的评估应当考虑到权利或者义务转移的目的和所有相关情况，包括相关协议。

(5) 当一种或者多种数据信息被用来实施25条 (6) 和 (7) 款规定的行为，除非电子数据信息或者电子文件的使用已经被中介并且被纸质文件代替，否则被用来影响相关行为纸质文件是无效的。在这种情形下发出的纸质文件应当包括终止的声明。电子数据信息或者电子文件的替换不应当影响到有关当事方的权利或者义务。

(6) 如果一个法律规则是强制性的适用于纸质的或者可以被纸质证明的货物运输的合同，如果存在有证据证明电子数据信息或者电子文件已经替换纸质文件的事实，该规则也同样适用于货物货物可以被一个或者多个电子数据信息或者电子文件所证明的运输合同。

## 第四编　政府电子通讯

27. 政府对于电子数据信息、电子文件、电子签名的使用

尽管没有法律，在该法开始实施的2年以内，所有的政府部门、办公室、分支机构，并且哪些政府所有的或者控制的公司，根据法律接收文件，要求那些被创设的文件，被保留的文件，被提交的文件，事项许可、执照、登记、批准、付款方式方法以及费用结算或者其他的政府要求义务，应当：

(1) 以电子数据信息或者电子文件的形式接收创设、整理、保留

的文件；

（2）用电子数据信息或者电子文件的形式发出许可、执照、批准；

（3）通过使用电子数据信息或者电子文件的方式要求或者接收付款，发出收款回执；

（4）使用电子数据信息或者电子文件执行公务交易或者履行政府职能，为了目的，被授权去适用或者宣传，在合适的公共听证，或者有一定影响到报纸，这个合适规则，规定或者指引，特别规定了：

（a）电子数据信息或电子文件的创设、保留、发出方式和格式；

（b）电子数据信息或电子文件应当被签署的时间地点，电子签名的使用，需要的电子签名的种类；

（c）电子数据信息或者电子文件和电子签名的方式应当附着于电子数据信息或电子文件；

（d）合适的，足以保证足够的电子数据信息或电子文件或记录、支付的完整性、安全性、秘密性控制程序和步骤；

（e）其他电子数据或电子文件以及支付所要求的属性；

（f）符合政府要求的文件的全面或者部分的使用，如果，这部法律本身强制要求某政府部门、地方政府机构或者政府企业单位接收或者发出文件通过发布、公告法规、规章、规范均以电子数据信息或者电子文件的形式。

28. 为促进电子数据信息或者电子文件在政府公务中的适用，在该法实施后两年内，应当有符合政府 332 号令和国会 890 号议案的，或者被称为 RPWEB 的电子线上网络系统，来实施这部法律的第六部分，以建设开放、高速、高效的电子系统线上传输系统，尽量便利电子数据信息或者电子文件的在所有政府部门、办公室、下属机构的办公室和地方政府办公室。政府所属企业、地方政府单位、其他公共机构、大学、大专其他学校和广泛的公共事务的使用。

RPWEB 网络应作为政府信息基础设施的新平台，便利线上传输政府事务，利用技术改进和提高电子网上宽领域的网络的应用，但是它的作用不限于光纤、卫星、无线以及其他宽带远程通讯媒体或者模式。为便利 GII 的快速发展，交通和通讯部门，国家远程通讯委员会和国家电脑中心是直接被指定积极地促进和实施一个政策环境和法定或非法定的框架，可以减少开支，减少开支的方式包括但不限于租用线路、土地、卫星、拨号电话线路。便宜的宽带和无线接口，所有政府部门、办公室、下属机构的办公室和地方政府办公室，政府所属企业，地方政府单位，其他公共机构、大学、大专其他学校和广泛的公共事务，包括了政府网站入口和国内因特网交换系统以便利政府接口和其他部门接口和公众建立更快捷的地方网络通道。

有线电视和广播包括节目和内容以及管理的实体有线或者无线系统设施，应当考虑在远程通讯活动中为了电子商务的目的和最大化在 GII 的装置中的 ICT 传输。

29. 商业和产业部的权利和参与机构

DTI 应当与有关部门引导和监督国家电子商务的发展，没有歧视地适用国家 7653 号法案和 337 号公共法案。在其他的方面，DTI 有权宣传法规和规章，同样提供有质量标准和证书，事实下列可能对于实施在电子商务领域对该法案有必要的功能，线上公共信息设备，质量，价格调整货物和服务的监控系统，利用法案的优点保护公众消费利益。

## 第五编　最终条款

30. 服务提供者的服务范围，除非在本章节另有规定，个人或单位不应当承担关于个人或者单位仅仅是在第五章部分的服务提供者的电子数据和民事和刑事义务，如果该义务是建立在：

（1）这个当事方有关电子数据信息或者电子文件义务或者责任。

（2）可能的侵权，用这些材料或者在这些材料的辅助下或者跟这些材料有关，制作、公告、发送、或者分派相关材料或者声明，如果：

（a）服务提供者实际只是，没有意识到明显的事实和条件，制作、公告、发送、或者分派这些材料是违法或者损害他人权利；

（b）服务提供者不知道接收的资金是来源于违法或者侵权行为；

（c）服务提供者不直接实施侵权或者违法行为，没有引起其他人或者单位去实施侵权或者违法行为，没有在从违法行为或者侵权行为中得到利益：如果，这部分不应影响到。

a. 合同中确立的义务；

b. 服务提供者的义务在许可或者其他建立在成文法的管制领域；

c. 成文法规定的义务；

d. 足以形成的有法院发出的命令解除的基础，要求服务提供者采取或者制止必要的行动，去移除，屏蔽或者否认对材料的途径，去保留侵权的证据的民事责任、义务。

31. 合法途径

电子文件的途径，电子签名只有在为了拥有法定财产权利的个人或者单位或者只是为了某个法定目的，才能被强制使用。没有拥有合法财产或者电子密码的单位或者个人的同意，法定的财产或者在认定和完整性的电子密码不应当对任何人和单位开放。

32. 保密义务

除非在下列法律中授权的目的，任何获得的电子密码、电子数据信息或者电子文件、书、登录名、信件、信息或者本法规定的其他材料，个人不得与其他人分享。

33. 刑罚

下列法律将被判处罚金或者监禁：

（1）通过非法手段进入或者干扰电脑系统、服务或信息以及联络系统，任何途径用电脑后者相似信息与通讯装置，包括使用电脑病毒或者类似方法，或者其他试图实现贪污、更改、盗窃毁坏黑客攻击或者攻击瘫痪的方法，导致腐败、破坏、更改、盗窃或者电子信息和电子文件的损失，应当被判处最少 P10000000 的罚金和最多与损失相当的罚金以及 6 个月到 3 年的强制监禁。

（2）盗版，非法复制、翻录、发送、分发、进口、适用、移除、更换、代替、修改、储存、上传、下载、交流，使其对公众开放，或者广播被保护的信息、电子签名以及有版权的作品（包括合法保护的录音制品、通过远程网络的使用）。例如但不限于互联网，侵犯知识产权的行为应当被处以最少 P10000000 的罚金和最多与损失相应的罚金以及 6 个月到 3 年的监禁。

（3）违反了 7394 公共法案或者其他相关的法律，使用电子数据信息或电子文件进行交易，应当被处以法律规定相同罚金。

（4）其他违法该法的行为应当被处以最多 P100000000 罚金或者 6 年监禁。

34. 法律的实施

DTI，预算和管理部门以及可以被授权实施本法相应条款以及发布必要的法规规章，与运输和交通部门、国家远程通讯委员会、国家电脑中心、国家信息技术委员会、其他相关机构和和司法部门，在本法通过后 60 天实施。没有发出规章规则不应影响到该法的有效实施。

35. 监督委员会

由商业产业部，商业，科学，技术，金融以及国会拨款组成的监督委员会至少在最初两年的每个季度以及第三年的每半年会面来监督本法法的实施情况。

DTI、DBM 和其他国会委员会规定的政府机构应当提供他们最初三年实施该法的执行报告。

36. 拨款

在该法有效实施第一年，用来实施该法第 27 条和 28 条的费用应当被计算入 2000 公共预算法案。这些用来继续实施的资金应当被包括在每年的公共预算法案中。

37. 法定解释

除非另有规定，本法解释应考虑到国际渊源和促进在其使用的统一性以及国际贸易关系中的诚信原则。这些在国际法中和公约中被广泛接受的原则也应被考虑进去。

38. 协议变动

在当事方之间制作、发送、接收、储存或者其他处理电子数据或者电子文件，该法的一些条款可能因他们之间的协议中有变动。

39. 互惠

所有建立在该法基础上的利益、特权、优势或者法定规则，包括那些涉及专业领域的实践，只能对那些给予菲律宾同样利益、特权、优势或者法定规则的国家的当事人适用。

40. 独立条款

本法案中的条款独立于任何阐明相关事项的非宪法性条款，单独产生效力，不受其他影响。

41. 撤销条款

所有其他法律、法令、规定、规则等如果与本法相冲突应当被相应的废除，修订或者修改。

42. 实施

该法在其政府公报上公布或者在至少两个公共国家报纸公布后应当立即实施。

# 文莱电子交易法[①]

S93/00

2008 修正案文莱法

2007 修正案

第 197 章

电子交易

电子交易法案

一部为电子交易之安全与使用，以及为连接的目的提供条款的法案

**生效时间（除第十编）：2001 年 5 月 1 日**

[*S* 40/01]

## 第一编　绪　　言

**第 1 条　引语**

（1）本法案被称为《电子交易法案》。

（2）经苏丹陛下及拿督的批准，部长可通过宪报告示，决定本法案不同条款的生效时间及同一条款的不同目的。

---

① Electronic Transactions Act

**第 2 条　解释方法**

在本法案中，除非文义另有所指术语的定义如下：

（1）“非对称式密码系统”指一个能生成一个安全密钥对的系统，包括一个能创设数字签章的私人密钥，及一个能核实数字签章的公开密钥；

（2）“认证机构”指发放认证的个人或机构；

（3）“认证操作准则”指认证机构发布的，用于规定认证机构在证书发放操作上的准则；

（4）“主管”指根据第 41（1）条任命的认证机构主管，并包括一位根据第 41（2）条任命的副主管助理；

（5）“相一致”指私人或公开密钥属于同一个密钥对；

（6）“数据信息”指通过电子、光纤或类似途径，包括但不限于，电子数据交换、电子邮件、电报、电传机及电传真，来产生、发送、接收、存储的信息；

（7）“数字签章”指包含一个运用一个非对称式密码系统和一个散列函数的电子记录的转换，签署人有原始的未转换的电子记录，且签名者的公开密钥能准确决定：

（a）转换是否运用与签名者公开密钥相一致的私人密钥生成的；

（b）原始的电子记录在转换之后是否被改动。

（8）“电子记录”指一个通过电子、磁场、光纤，或其他在信息系统内或在信息系统间传输的方式，来生成、传输、接收或存储的记录；

（9）“电子签章”指与电子记录相关联或有逻辑联系的，且经验证或批准电子记录后才执行或采用的字母、字符、数字或其他符号；

（10）“散列函数”指一个映射算法或将一串序列转化为另一个通常更小的集合（哈什结果）例如：

（a）输入相同的数据，运用算法都能产生相同的哈什结果；

（b）在由算法产生的哈什结果中导出或重组的记录是计算上不可能的；

（c）找到两个能用算法产生相同哈什结果的记录是计算上不可能

的；

（11）“信息”包括数据、文本、图像、声音、代码、计算机编程、软件和档案库；

（12）“信息系统”指产生、发送、接收、存储或处理数据信息的系统；

（13）“密钥对”指在一个非对称式密码系统中，一个私人密钥和与其有数学关联的公开密钥，并且公开密钥可以验证由私人密钥生成的数字签章；

（14）“获许可的认证机构”指主管根据第 42 条制定的相关规定进行许可的认证机构；

（15）“部长”指财政部长；

（16）“证书的运行期”从认证机构发放证书的日期或时间（或证书声明的之后任何日期或时间）起算，并于证书声明的期满日期和时间时，或于撤回或暂停时终止；

（17）“私人密钥”指密钥对中用于创设数字签章的密钥；

（18）“公开密钥”指密钥对中用于验证数字签章的密钥；

（19）“记录”指在有形媒介中撰写、存储或安装的，或在电子或其他媒介中存储的、能用可感方式取回的信息；

（20）“档案库”指用来存储或调取证书或其他与证书相关的信息的系统；

（21）“撤回证书”指自特定时间起永久性终止一个证书的运行阶段；

（22）“法律规定”包括成文法；

（23）“安全程序”指为了以下目的的程序：

（a）验证电子记录是否属于特定人员；

（b）自特定时间始检测一电子记录在交换、内容或存储方面的错误或变动。

该程序可能需要运用算法或编码，以识别词语或数字、加密术、应答码、确认程序或类似的安全设备；

（24）“签名”或“签章”包括具有鉴定一记录真实性意图的人所采用的任何符号，或任何方法或程序，包括电子或数字方法；

（25）“签署人”指被授予证书中指明的主体，且其持有与证书中列明的公开密钥相一致的私人密钥；

（26）“暂停证书”指自一特定时间起暂停证书的运行期；

（27）“交易”包括不具有商业性质的交易；

（28）“可信赖的系统”指电脑硬件、软件和程序能：

（a）有效避免侵入或误用；

（b）提供合理的可用度、可信任度和正确操作；

（c）适于实施其预期的功能；

（d）坚持普遍接受的安全程序。

（29）“有效证书”指由认证机构发放的，且被列明的签署人接受的证书；

（30）“验证数字签章”，在与数字签章、记录和公开密钥的关系中，指准确判定：

（a）数字签章是由与证书中列明的公开密钥相一致的私人密钥所创设的；和

（b）创设数字签章后，原记录未被改变。

**第3条　目的和结构**

3.（1）本法案应根据商业环境进行合理解释，并且保证以下目的的实现：

（a）通过可信赖的电子记录来促进电子沟通方式；

（b）促进电子商务，消除因撰写和签章的不确定性引起的电子商务障碍，以及推动对安全电子商务的落实必不可少的法律及商务基础设施的发展；

（c）提升政务机构及法定法人电子文件归档水平，并促使政府服务的效率通过使用可信赖的电子记录得到提高；

（d）使伪造电子记录、故意或无意改变记录、电子商务及其他电子交易中的诈骗行为的发生率最小化；

(e) 有助于构建一致的能保障电子记录的真实度和诚信度的规则、条例及标准；和

(f) 提高公众对电子记录和电子商务的诚信度及可信任度的信心，并通过电子签章的使用促进电子商务的发展，以提升所有电子媒介的真实度和诚信度。

(2) 本法案的解释，需要考虑其国际起源，以及提升其应用的一致性与遵守诚实信用原则的需要。

(3) 有关本法案所规定事项之问题，若法案中未有明文规定，则根据本法案所依据的一般原则来解决。

**第4条　应用**

(1) 第二编或第四编的规定在以下事项中的撰写和签章中不能被应用：

(a) 与伊斯兰法有关的所有法律文书或文件的创建；

(b) 根据与遗嘱有关的任何成文法而创建和执行的遗嘱；

(c) 流通票据；

(d) 除法定信托及回归信托外的契约、信托声明或授权书的创设、实施或强制执行；

(e) 有关不动产出售或其他处分行为，或其所生孳息的合同；

(f) 不动产的让与或不动产孳息的转让；

(g) 不动产物权凭证。

(2) 经苏丹陛下及拿督的批准，部长得于宪报公布命令，通过添加、删减或修改交易类别及其他规定事项的方式修正第（1）款条文。

**第5条　经由协议的改动**

经产生、发送、接收、存储或加工电子记录的双方当事人的一致同意，第二编或第四编条文中所规定的事项可有改动。

## 第二编　一般电子记录和电子签章

**第6条　电子记录的法律认可**

未免产生疑问，特此声明，仅在电子记录的形式之下，信息的法

律效力、有效性或可执行性才不能被否认。

**第 7 条　对书面的要求**

要满足法律规定的撰写书面信息、以书面形式提交或提供一定后果的要求，否则要提供一个符合该法规的电子记录，其中所含信息可以调取，以备日后查用。

**第 8 条　电子签章**

（1）法律有规定要求签章或提供一定后果的，若资料文件未签署，则须提交一个符合该规定的电子签章。

（2）电子签章可用任何方式证明，包括示明一个确实存在的程序，一方当事人为了继续进行交易而通过该程序执行的符号或安全程序，以验证该电子记录属于该当事人。

**第 9 条　电子记录的保留**

（1）法律规定要求保留的特定文件、记录或信息，若满足以下条件，则可用电子记录的形式进行保留：

（a）其中所含信息可以调取，以备日后查用；

（b）电子记录是用其最初被生成、发送或接收的形式，或其他能代表该信息最初被生成、发送或接收的形式保留的；

（c）若有信息能识别电子记录的起讫点及电子记录被发送或接收的日期与时间，该信息要保留；和

（d）获得在电子记录保留方面有监管权的政府、国家机构或法定法人的部门同意。

（2）第（1）款中所指的保留的文件、记录或信息，不包括仅仅为了使一记录得以发送或接收而必要或自动生成的信息。

（3）若符合第（1）款中（a）和（d）的条件，可通过使用他人的服务来满足第（1）款规定的要求。

（4）本条款之规定不得：

（a）应用到已明确规定要通过电子记录来保留文件、记录或资料的法律法规；

（b）排除对电子记录保留具有管辖权的部门、国家机构或法定法

人对电子记录保留的额外要求。

## 第三编 网络服务提供者的义务

### 第 10 条 网络服务提供者的义务

(1) 若网络服务提供者仅为提供电子记录形式的第三方材料的访问，当出现以下情况时，其不负任何民事或刑事责任：

(a) 所述材料或其任何报表的制作、发行、传播或分配；或

(b) 存在于所述材料或与材料有关联的权利受到侵犯。

(2) 本条款之规定不影响：

(a) 任何建立在合同之上的义务；

(b) 依法成立的许可及监管制度中规定的网络服务提供者的义务；

(c) 法律或法庭施加的转移、限制或禁止任何材料的义务。

(3) 为了本条款目的的实现：

“提供访问”，在与第三方材料的联系中，指提供获取第三方材料的必要技术手段，包括为了提供第三方材料访问而自动或暂时的材料存储。

“第三方”，在与网络服务提供者的联系中，指提供者无有效控制的个人。

## 第四编 电子合同

### 第 11 条 成立与效力

(1) 未免产生疑问，特此声明，订立合同时，除非当事人同意，要约和承诺才可通过电子记录的形式进行表达。

(2) 若订立合同时要使用电子记录，当电子记录确实用于订立合同的目的时，该合同的效力或执行力即不能被否认。

### 第 12 条 当事人之间的效力

电子记录的发件人和收件人之间，若意思表示或其他声明为且仅为电子记录形式，其法律效果、效力或执行力即不能被否认。

**第 13 条　归属**

（1）若电子记录是由发件人本人发送的，则其属于发件人。

（2）在发件人和收件人之间，当电子记录是由以下人员发送的，则其被看做属于发件人：

（a）有权代表发件人处理电子记录的人；或

（b）发件人编程的或能代表发件人自动运作的信息系统。

（3）在发件人和收件人之间，若满足以下任一条件，收件人有权认为一电子记录属于发件人，并根据此假设行动：

（a）为了确定电子记录是否属于发件人，收件人正确采用了此前已获得发件人同意的流程；或

（b）收件人接收的数据信息来源于与发件人或发件人的代理人有关系的人员，该人员得以采用发件人的方法识别电子记录。

（4）第三款可以应用于：

（a）收件人收到发件人的通知表明电子记录并不属于发件人，且收件人有合理时间采取相应行动之时起；

（b）第（3）（b）款所述情形中，当收件人知道或应当知道此情况，并已行使合理的保护或使用已获得同意的程序，但电子记录并不属于发件人；或

（c）在所有情形下，让收件人认定电子记录属于发件人或根据此推定采取行动都是不合理的。

（5）若电子记录属于发件人或被看做属于发件人，或者收件人有权根据推定采取行动，则在发件人和收件人之间，收件人有权认为所收到的电子记录是发件人有意发送的，并根据此推定采取行动。

（6）当收件人知道或应当知道所收到的电子记录的传播过程出现错误，则收件人无权行使合理的保护或使用已获得同意的程序。

（7）收件人有权认为收到的每条电子记录均为独立的电子记录并根据此推定采取行动，行使合理的保护或使用已获得同意的程序，除非收件人复制出另外的电子记录且知道或应当知道该电子记录是复制品。

（8）本条款之任何规定不影响机构的法规或有关成立合同的法规。

**第 14 条　对接收的认可**

（1）第（2）、（3）、（4）款之规定得适用于发送电子记录之时或之前，或发件人已通过该电子记录要求或同意收件人对电子记录的接收进行认可。

（2）若发件人与收件人未就认可的特定形式或方法取得一致同意，认可可以通过以下方式进行：

（a）收件人的任何表示，包括自动回复及其他；或

（b）收件人的任何足以向发件人表明电子记录已被接收的行为。

（3）若发件人已声明，在收到认可前电子记录是附条件生效的，则在发件人收到认可前，电子记录应被视为未发送。

（4）若发件人未声明在收到认可前电子记录是附条件生效的，且在规定或约定的时间内，当未有规定或约定则在一段合理时间内，发件人未收到认可，则发件人：

（a）得通知收件人，声明未收到认可，并给出一个收到认可的合理时间；且

（b）若发件人在（a）款规定的时间内仍未收到认可，其得在通知收件人后，将电子记录视为未发送，或行使其他权利。

（5）若发件人收到了收件人的接收认可，除非提出相反的证据，否则视为相关的电子记录已被收件人接收，但此推定并不意味着电子记录的内容与所接收的记录内容相当。

（6）若认可中表明相关电子记录满足技术要求，不论适用标准是商定还是阐明的，除非提出相反的证据，否则视为要求已被满足。

（7）除非与电子记录的发送或接收相关，本款规定不对电子记录或接收认可所产生的法律后果进行处理。

**第 15 条　分派与接收的时间及地点**

（1）除非发件人与收件人另有约定，电子记录的分派始于其进入发件人或代发件人发送电子记录的人无控制力的信息系统。

（2）除非发件人与收件人另有约定，电子记录的接收时间由以下

方式决定：

（a）若收件人已指定一信息系统以接收电子记录，接收始于：

（i）电子记录进入所指定的信息系统之时；或

（ii）若电子记录被发送到属于收件人、但非所指定的信息系统，则从电子记录重新被收件人得到之时；

（b）若收件人未指定信息系统，则接收始于电子记录进入收件人的信息系统之时。

（3）第（2）款规定在信息系统的地点与第（4）款中规定的电子记录被视为接收的地点不一致时仍得适用。

（4）除非发件人与收件人另有约定，电子记录在发件人有业务的地点被视为被分派，在收件人有业务的地点视为被接收。

（5）为实现本款的目的：

（a）若发件人或收件人在多于一个地方拥有业务，则业务地为与潜在交易有最密切联系之地，或者，若不存在潜在交易，则为主营业地；

（b）若发件人或收件人不拥有任何业务，则上述地点为经常居住地；且

（c）“经常居住地”对于法人而言，指其组成法人的地点或依法成立的地点。

（6）本条规定不得适用于部长已制定相关法规的情形。

## 第五编　安全电子记录与签章

### 第16条　安全电子记录

（1）若一个已获得当事人同意的指定安全程序或具有商业合理性的安全程序已正确应用于证实一电子记录自某一时刻起未被改变，则该记录在该时刻至验证的期间中被视为安全电子记录。

（2）为实现本条及第17条的目的，决定一安全程序是否具有商业合理性须考虑该程序之目的和运用该程序时的商业环境，包括：

（a）交易性质；

（b）当事人的成熟度；

（c）一方或双方当事人进行的类似交易的交易额；

（d）已提供但被任意一方否决的替代方案的可用性；

（e）替代程序的成本；和

（f）类似交易普遍采用的程序。

**第 17 条　安全电子签章**

若通过运用已获得当事人同意的指定安全程序或具有商业合理性的安全程序后，所有电子签章均被证实在被制造时：

（a）对使用者具有独特性；

（b）能用于识别该使用者；

（c）是用仅使用者能控制的方式或工具制造的；且

（d）与相关电子记录衔接，若记录被改变，电子签章将会丧失效力。

该签章应被视为安全电子签章。

**第 18 条　关于安全电子记录与签章的推定**

（1）在涉及安全电子记录的程序中，除非提出相反的证据，应推定该电子记录自其处于安全状态之下起未被改变。

（2）在涉及安全电子签章的程序中，除非提出相反的证据，应推定：

（a）该安全电子签章是签章所示人员的签章；且

（b）该安全电子签章是该人员为了签名或批准电子记录而签署的。

（3）若无安全电子记录或安全电子签章，本编规定不得对电子记录或电子签章的真实性和诚信度做出任何推定。

（4）为实现本条的目的：

“安全电子记录”指根据第 16 条或第 19 条规定被视为安全电子记录的电子记录；

“安全电子签章”指根据第 17 条或第 20 条规定被视为安全电子签章的电子签章。

## 第六编　电子签章的效力

### 第 19 条　附有数字签章的安全电子记录

若一数字签章根据第 20 条规定被视为安全数字签章，则电子记录中用该数字签章签署的部分应被视为安全电子记录。

### 第 20 条　安全数字签章

若满足以下条件，则电子记录中用数字签章签署的部分，数字签章应被视为关于此部分记录的安全电子签章：

（a）数字签章是在合法证书的运行期创造的，且经该证书所列明公开密钥的证实；且

（b）证书具有可信度，因为以下条件，其所列明的公开密钥精确绑定了签署人身份：

（i）按照据第 42 条规定制定的规则，证书是由受许可的认证机构颁发的；

（ii）按照据第 43 条规定制定的规则，证书是由文莱达鲁萨兰国之外的、获得主管承认的认证机构颁发的；

（iii）证书是由获得部长依法批准的、得担任认证机构的政府、国家机构或法定法人的部门颁发的；

（iv）当事人明确同意在彼此之间使用数字签章作为安全程序，且数字签章经过了发送人公开密钥的充分证实。

### 第 21 条　对证书的推定

若证书已被签署人接受，除非提出相反的证据，应当推定由受许可的认证机构颁发的证书中列明的内容是正确的，除了未被核实的签署人信息。

### 第 22 条　不可靠的数字签章

除非法规另有规定或合同另有约定，若出现特定情形含有以下因素，则对数字签章的信赖并不具有合理性，信赖数字签名电子记录的人员须承担数字签章无效或所签署电子记录的真实性之风险：

（a）信赖数字签名电子记录的人员知道或注意到事实，包括证书

列明或纳入参考的事实；

（b）数字签名记录的价值和重要性，如果知道的话；

（c）信赖数字签名电子记录的人员与签署人交往过程中，以及获得的除数字签章以外关于可靠性或不可靠性的标记；和

（d）商业惯例，尤其是通过可信赖的系统或其他电子途径实施的商业活动。

## 第七编 关于数字签章的一般责任

**第 23 条 可预见的对证书的信赖**

可以预知，信赖数字签章的人员同样信赖包含能证实该数字签章的公开密钥的有效证书。

**第 24 条 证书发布的先决条件**

若知道以下事项，则不得发布证书或将其提供给认识的人，以依仗该证书或能用证书列明的公开密钥证实的数字签章：

（a）证书列明的认证机构尚未颁布此证书；

（b）证书列明的签署人尚未接受证书；或

（c）证书被撤回或暂停，除非发布是为了证实在暂停或撤回前创设的数字签章。

**第 25 条 以欺诈的目的发布**

任何人以欺诈或非法的目的故意创设、发布或提供证书是违法的，单处或者并处不超过 20000 元的罚款和不超过两年的监禁。

**第 26 条 错误或未获授权的请求**

任何人为了请求证书、请求暂停或撤回证书而故意错报其身份或授权是违法的，单处或者并处不超过 10000 元的罚款和不超过六个月的监禁。

## 第八编 认证机构的责任

**第 27 条 可靠的系统**

认证机构在提供服务时必须采用可靠的系统。

**第 28 条　信息披露**

（1）认证机构应当披露：

（a）包含与认证机构用于数字签署其他证书的私人密钥相一致的公开密钥的证书（在本条中被称为认证机构证书）；

（b）任何相关的认证业务准则；

（c）认证机构证书被撤回或暂停的通知；和

（d）任何其他会严重及不利影响机构颁发证书的可靠性或机构提供服务的职能的事实。

（2）当出现任何会严重及不利影响认证机构的可靠系统或其认证机构证书的事件，认证机构应当：

（a）采用合理方式通知会被或预期会被该事件影响的人；或

（b）根据其认证业务准则中规定的处理该事件的程序来行动。

**第 29 条　发放证书**

（1）认证机构仅在经过下列情形之后方可向预期签署人发放证书：

（a）已从预期签署人处收到发放证书的请求；且

（b）已——

（i）若其有认证业务准则，应遵循所有已列明的惯例及程序，包括关于识别预期签署人的程序；或

（ii）若其没有认证业务准则，应遵循第（2）款的规定。

（2）若认证机构没有认证业务准则，则应亲自或通过获得授权的代理人确认：

（a）预期签署人是被发放证书上列明的人；

（b）若预期签署人通过一个或多个代理人行动，签署人应先授权代理人对签署人私人密钥的保管权及对列明相关私人密钥的证书的请求权；

（c）被发放证书中的信息是准确的；

（d）预期签署人正当持有与证书中列明的公开密钥相一致的私人密钥；

(e) 预期签署人持有能够创设数字签章的私人密钥；和

(f) 证书中列明的公开密钥能证实预期签署人所持私人密钥创设的数字签章。

**第30条　发放证书的表示**

(1) 认证机构发放证书，即向任何合理信赖该证书的人或合理信赖经证书列明的私人密钥证实的数字签章的人表示，认证机构发放证书已遵循证书纳入参考的或信赖人所知的所有认证业务准则之规定。

(2) 若没有认证业务准则，则认证机构表示其已确认：

(a) 认证机构发放证书已遵循所有适用法律之规定，且若认证机构公布了或提供了证书给信赖人，证书列明的签署人对此是已接受的；

(b) 证书确定的签署人持有与证书列明的公开密钥相一致的私人密钥；

(c) 签署人的公开密钥和私人密钥构成一个有效的密钥对；

(d) 证书中所有信息都是准确的，除非认证机构已在证书或纳入证书的参考中声明，特定信息的准确性未被确认；和

(e) 认证机构对任何证书纳入的、将不利影响 (a) 到 (d) 款中所述表示的可靠性的重要事实概不知情。

(3) 若存在已被证书纳入参考的或信赖人所知的可适用的认证业务准则，则所做的表示与认证业务准则不一致时，第 (2) 款可以适用。

**第31条　暂停证书**

除非认证机构和签署人另有约定，发放证书的认证机构在收到以下人员的请求时，应当立即暂停证书：

(a) 证书列明的签署人；

(b) 被正式授权代理签署人的人；或

(c) 代表不能行动的签署人行动的人。

**第32条　撤回证书**

认证机构应当撤回以下情形出现后才发放的证书：

(a) 收到证书列明的签署人撤回的请求，并且，确认请求撤回的人是签署人或有权请求撤回的签署人代理人；

(b) 收到经核证的签署人死亡证明副本，或根据其他证据证实签署人已经死亡；或

(c) 提交了签署人解散的单据，或根据其他证据证实签署人已经解散或不复存在。

**第 33 条　未获签署人同意的撤回**

(1) 若认证机构证实了以下事项，则无论是否得到证书列明的签署人的同意，认证机构应当撤回证书：

(a) 证书所述的重要事实是错误的；

(b) 发放证书的请求不满足要求；

(c) 认证机构的私人密钥或可靠系统受证书可靠性事件的严重影响；

(d) 签署人死亡；或

(e) 签署人已解散、结业或者不复存在。

(2) 启动撤回后，除了第 (1) (a) 或 (e) 款规定的情形，认证机构应当立即通知被撤回证书所指明的签署人。

**第 34 条　暂扣通知**

(1) 认证机构在暂停证书后，应当立即在证书指定的、用于公布暂停通知的信息库公布署名的暂停通知。

(2) 若指定了一个或多个信息库，认证机构应当在所有信息库公布署名的暂停通知。

**第 35 条　撤回通知**

(1) 认证机构在撤回证书后，应当立即在证书指定的、用于公布撤回通知的信息库公布署名的撤回通知。

(2) 若指定了一个或多个信息库，认证机构应当在所有信息库公布署名的撤回通知。

## 第九编　签署人的责任

**第 36 条　生成密钥对**

(1) 签署人生成密钥对应当使用可靠的系统，该密钥对的公开密

钥在认证机构发放的证书中被列明，且被签署人接受。

（2）本条规定不得适用于使用认证机构同意的系统生成密钥对的签署人。

**第 37 条　获取证书**

签署人为获取证书而向认证机构提供的所有重要信息，包括所有签署人知道的及证书要表现的信息，应当尽签署人所知及所信的准确和完整，无论该信息是否被认证机构证实。

**第 38 条　接受证书**

（1）签署人若有以下行为，应当被视为已经接受证书：

（a）公开或授权公开证书：

（i）给一人或多人；或

（ii）在信息库中；或

（b）在知道或注意到证书内容后表示了对证书的认可。

（2）通过接受由自己或认证机构发放的证书，证书列明的签署人即向所有合理信赖证书所含信息的人保证：

（a）签署人正当持有与证书列明的公开密钥相一致的私人密钥；

（b）签署人向认证机构提供的所有信息和证书列明的信息均为真实的；且

（c）证书所有信息在签署人所知范围内是真实的。

**第 39 条　个人密钥的操控**

（1）通过接受认证机构发放的证书，证书指明的签署人即承担起尽合理的注意义务保留控制与证书列明的公开密钥相一致的私人密钥的责任，防止泄露给无权创设签署人数字签章的人。

（2）该责任延续于证书运行期间及证书暂停期间。

**第 40 条　发起暂扣或撤回**

接受了证书的签署人应当在与证书列明的公开密钥相一致的私人密钥遭到破坏时尽快向认证机构提出暂停或撤回证书。

## 第十编　认证机构的规定[①]

### 第41条　主管及其他人员的任命

（1）为实现本法案之目的，部长可以成为认证机构的主管。

（2）若部长认为根据本法案或相关规定，有必要行使和履行主管全部或部分职责，其可任命认证机构的副主管助理及专员。

（3）主管以及根据第（2）款任命的副主管助理及专员，均应当行使、运用及履行本法案或相关规定赋予主管的权力、职责和功能，并服从于部长颁布的准则。

（4）主管应当维护好一个公开的、可获得的档案库，该档案库包含每一个受许可的认证机构的披露记录，记录应当包含本法案相关规定所要求的所有项目。

（5）本法案的条款适用于主管发放的证书及用该证书证实的数字签章时，主管应被视为受许可的认证机构。

### 第42条　对认证机构的规定

（1）经苏丹陛下及拿督的批准，部长可制定规章制度、许可认证机构、定义安全电子签章。

（2）在不影响第一款规定的前提下，部长可制定关于以下事项的规章制度：

（a）认证机构的许可证申请或许可证续期及其授权代表及附带事宜；

（b）认证机构的活动，包括招揽业务的方式、方法和地点，以及未受许可的认证机构的人员的招揽行为和对此种招揽的禁止；

（c）认证机构要遵循的标准；

（d）规定关于许可证申请人或其雇员的资质、经验和训练的适当标准；

（e）规定认证机构开展业务的条件；

① 第十编尚未生效（S 40/01）。

(f) 手写、印刷或视觉材料的内容和分发和可能被分发或使用的有关的数字证书或密钥的广告；

(g) 规定数字证书的形式和内容；

(h) 规定记载在或关于由认证机构留存的账目细节；

(i) 根据规章任命的审计员的任命方式和酬劳，以及审计的成本；

(j) 认证机构的任何无论是自用还是与其他认证机构共用的电子系统的建立和规定，以及主管认为适当的此类要求、条件或限制的强加和变动；

(k) 许可证持有人与客户交往的方式，许可证持有人与客户的利益纠纷，以及许可证持有人对数字证书客户的责任；

(l) 为实现规章目的而规定的所有格式；和

(m) 规定为实现本法案和规章中所要求的事项所要支付的费用。

(3) 根据本条制定的规章可以规定与特定条款相违背的规定属于违法，并可以规定单处或并处不超过 50000 元的罚款和不超过一年的监禁。

**第 43 条　对国外认证机构的认可**

为了以下任一目的，部长可以经宪报公示，承认文莱达鲁萨兰国之外的认证机构满足规定的要求：

(a) 认证机构发放证书中指定的、推荐的依据限额；

(b) 第 20 (b) (ii) 款和 21 款中提及的推定。

**第 44 条　推荐的依据限额**

(1) 受许可的认证机构应当在向签署人发放证书时，在证书中指定一个推荐的依据限额。

(2) 受许可的认证机构在认为合适时，可以为不同的证书指定不同的限额。

**第 45 条　受许可的认证机构的责任限额**

除非放弃适用本条规定，受许可的认证机构：

(a) 若受许可的认证机构遵循了本法案之规定，则其对任何基于对签署人错误或伪造的数字签章的信赖而产生的损失不负责任；

（b）若证书中推荐的依据限额属于下列情形之一，则对证书中列明的过量数额不负责任：

（i）基于对证书中认证机构要求证实的事实的失实陈述的信赖而产生的损失；或

（ii）发放证书时无法遵循第29和30条规定。

**第46条　档案库管理**

经苏丹陛下及拿督的批准，部长可以为了确保档案库和提供服务的质量而制定法规，包括档案库的标准、许可和资格认可。

## 第十一编　电子记录与签章的政务使用

**第47条　对文件电子提交与发放的接受**

（1）根据任何法律规定，以下政府、国家机构或法定法人的部门：

（a）接受文件提交，或要求文件的制作或保留；

（b）发放任何牌照、许可证或批准；或

（c）规定支付的方法和方式，

尽管在这样的成文法律中有任何相反规定，也可以：

（i）接受以电子记录形式的文件提交，或此类文件的制作或保留；

（ii）以电子记录形式发放此类牌照、许可证或批准；或

（iii）以电子形式进行支付。

（2）政府、国家机构或法定法人的部门决定行使第（1）（i）、（ii）或（iii）款的职能时，可以指定：

（a）此类电子记录被提交、创造、保留或发放的方式和格式；

（b）电子记录需要被签署时，若可以适用，所需的此类电子签章包括对发送人使用数字签章或其他安全电子签章的要求；

（c）此类签章关联于电子记录的方式和格式，以及文件提交人所用的认证机构身份或其应符合的标准；

(d) 控制合适的过程或步骤，以确保电子记录或支付的足够的诚信、安全和保密性；和

(e) 任何其他已经对相对应的纸质文件做出的规定。

(3) 本法案之规定不得强迫政府、国家机构或法定法人的任何部门以电子记录形式去接受或发放文件。

## 第十二编　一般规定

### 第 48 条　保密责任

(1) 除为了实现本法目的，或为了对违反法律或其他法庭规定的行为进行起诉，根据本章赋予的权力，获取电子记录、书籍、注册信息、联系方式、信息、文件或其他材料的人不得将此类电子记录、书籍、注册信息、联系方式、信息、文件或其他材料泄露给他人。

(2) 违反第（1）款规定的人属于违法，单处或并处不超过 10000 元的罚金或不超过一年的监禁。

### 第 49 条　法人违法

若法人违反了本法规定，且此违反行为是获得了该法人的主管、经理、秘书或其他类似专员，或表明要行动的人员的同意或容许，或此违反行为可归因于前述人员的行为或失职，则改该人员与法人都属违法，应相应地被起诉和惩罚。

### 第 50 条　获授权专员或雇员

(1) 主管可以书面授权任何专员或雇员行使本法规定的主管的权力。

(2) 为了实现刑法典（第 22 章）之目的，该专员或雇员应被视为公务员。

(3) 根据本法行使权力时，获授权的专员或雇员应当一经要求，即向行使主管授予权力的对方表明身份。

### 第 51 条　主管可为合规性发出指示

(1) 主管可以书面通知的方式指示认证机构或其中的任何专员或雇员采取特定措施或停止实施特定活动，若指示的内容能确保遵循本

法律法规或其他由本法制定的规定。

（2）不服从第（1）款中通知的指示的人属于违法，单处或并处不超过50000元的罚金或不超过一年的监禁。

**第52条　调查权**

（1）主管或获授权的专员或雇员可以根据本法及由本法制定的规定调查认证机构的活动。

（2）为实现第（1）款的目的，主管可以书面向认证机构发布命令，以进一步调查或确保遵守本法及由本法制定的规定。

**第53条　电脑及数据的获取**

（1）主管或获授权的专员或雇员应当

（a）在任何时候均有权：

（i）获取、检查其合理怀疑的与本法规定的违法行为有关联的电脑系统的运作和相关器械或材料；

（ii）使用或不得已使用此类电脑系统去搜索系统包含的或可获得的任何数据；或

（b）有权要求：

（i）主管或获授权的专员或雇员有合理怀疑已如此使用过电脑的个人或被代表人；或

（ii）管理电脑、器械或材料的人，或与之运行有关的人，

向其提供为实现第（a）款目的而需要的合理的技术及其他帮助。

（2）妨碍第（1）(a）款权力合法实施的或没有服从第（1）(b）款要求的人是违法的，单处或并处不超过20000元的罚金或不超过一年的监禁。

**第54条　妨碍获授权人员或雇员**

阻碍、妨碍、攻击或干扰主管或获授权专员或雇员根据本法履行职能的人应属违法。

**第55条　文件、数据等的制作**

为了实现执行本法的目的，主管或获授权的专员或雇员应当有权实施以下全部或任何行为：

（a）要求由受许可的认证机构保存的记录、账目、数据和文件，并检查、检验和复制前述项目；

（b）要求与违反本法及与本法相关法规的有关联的人员的身份信息；

（c）进行必要的调查以确定本法或与本法相关法规的条款是否被服从。

**第 56 条　一般处罚**

违反本法或与本法相关的法规的人，若没有被明确规定惩罚，应单处或并处不超过 20000 元的罚金或不超过一年的监禁。

**第 57 条　公诉人的制裁**

除了公诉人的制裁，对任何违反本法或与本法相关的法规的行为的起诉均不成立。

**第 58 条　法院的管辖权**

裁判法庭对违反本法或与本法相关的法规的违法行为有庭讯和判决的司法权，并且尽管其他法律有相关的规定，应当有权对此类违法行为实施完全的惩罚。

**第 59 条　违法构成**

（1）主管可以根据其判断，决定违反本法或与本法相关的法规的违法行为之构成，且根据法律规定，该违法行为的构成要素要收集自被合理怀疑实施了不超过 5000 元违法行为的人。

（2）经苏丹陛下及拿督的批准，部长可以制定法规来规定根据本法可构成的违法行为。

**第 60 条　免除权**

无论本法及其他法律有何规定，部长根据其认为合适的条款和条件，可以使任何人或阶级免除遵守本法或与本法相关的法规。

**第 61 条　规则**

（1）经苏丹陛下及拿督的批准，部长可以制定根据本法需要规定的或者为了执行本法条款而需要规定的规则。

（2）根据本法制定的规则，可以根据不同案例或不同类别的案例而有不同的条款，以及根据本法同一条款的不同目的而制定不同的条款。

# 欧洲篇

# 奥地利关于电子货币发行与电子货币机构业务开办、经营与监管的联邦法①

## 第一部分 使用范围和概念界定

**第1条** 电子货币与电子货币发行者

（1）电子货币，是指任何电子——包括磁——存储的、以面对电子货币发行者的应收账款作为形式的金钱价值，该金钱价值是为了执行支付服务法（ZaDiG，BGBl. I Nr. 66/2009）第3条第5项规定的支付流程而被用来偿付资金，而且被其他作为电子货币发行者的自然人或法人接受。

（2）只有电子货币发行者有权发行电子货币。电子货币发行者是指：

1. 银行法（BWG，BGBl. Nr. 532/1993）第1条规定的信贷机构以及该法第9条规定的、根据其来源成员国法律有权发行电子货币的信贷机构，包括其分支机构以及银行法第2条第13项规定的外国信贷机构的分支机构，只要该分支机构坐落于欧洲经济区之内；

2. 第3条第2款规定的电子货币机构以及第9条规定的、根据其来源成员国法律有权发行电子货币的电子货币机构，包括那些坐落于

① Bundesgesetz über die Ausgabe von E－Geld und die Aufnahme，Ausübung und Beaufsichtigung der T? tigkeit von E－Geld－Instituten。

欧洲经济区以外的电子货币机构设立在欧洲经济区之内的分支机构，只要欧盟达成了相应的协议或者颁发了第4条第6款规定的许可证；

3. 货币交易范围内的邮政机构；

4. 欧洲中央银行、奥地利国家银行以及欧洲经济区内的其他中央银行，只要它们不以货币行政机关的或其他行政机关的身份活动；

5. 联邦、州和乡镇，当它们以行政机关的身份活动时；

6. 奥地利控管银行。

（3）支付服务法的概念界定适用于本联邦法使用的概念的含义，除非本联邦法有明确的不同规定。

**第2条** 例外

（1）本联邦法不适用于以货币行政机关或其他行政机关的身份活动的欧洲中央银行和欧洲经济区内其他成员国的中央银行，也不适用于以货币行政机关的身份活动的或者从事在本联邦法、银行法、国家银行法（1984 - NBG, BGBl. Nr. 50/1984）、外汇法（2004, BGBl. I Nr. 123/2003）、终算法（BGBl. I Nr. 123/1999）、硬币法（1988, BGBl. Nr. 597/1988）、制裁法（BGBl. I Nr. 36/2010）支付服务法或者金融市场监管局法（FMABG, BGBl. I Nr. 97/2001）范围内应承担的职责的奥地利国家银行。

（2）第二部分不适用于：

1. 银行法第1条规定的信贷机构以及该法第9条规定的、根据其来源成员国法律有权发行电子货币的信贷机构，包括其分支机构以及银行法第2条第13项规定的外国信贷机构的分支机构，只要该分支机构坐落于欧洲经济区之内；

2. 涉及货币交易的邮政机构，只要不涉及银行法的第40条至第41条；本联邦法第29条第3款和第4款第3项适用于涉及货币交易的邮政机构；

3. 欧洲中央银行、奥地利国家银行以及欧盟其他的中央银行，只要它们不是以第1款中的货币行政机构或者其他行政机构的身份从事或者奥地利国家银行没有执行第1款中所称的联邦法范围内应承担的职责；

4. 联邦、州和乡镇，当它们以行政机关的身份进行活动时；

5. 奥地利控管银行。

（3）以下不属于本联邦法规定的电子货币：

1. 存储在某工具中的金钱价值，该工具仅能在展出人的商业空间或商业协议框架下被使用，要么仅仅是为了在有限网络中获得劳务，要么仅仅是为了获得对商品或劳务的有限选择（支付服务法第2条第3款第11项）；

2. 被用来进行支付程序的金钱价值，该支付程序是当商品或劳务应当是通过电信设备、数码设备或IT设备来提供的并通过其被使用时通过电信设备、数码设备或IT设备来执行的，前提是，电信、数码或IT系统或网络的运营商不仅仅是作为支付服务使用者和商品与服务供货者之间的中间连通者（支付服务法第2条第3款第12项）。

（4）在涉及遵守支付服务法第19条第3款、银行法第40条至第41条以及第（EG）1781/2006号条例包括支付服务法第19条第3款第4项与此相关的程序与数据处理系统时，第25条第2款第4项的应如此适用，即金融市场监管局应采取现场检查。违背本联邦法第22条第3款和第25条第3款时，银行法第70条第1a款和第1b款以及第79条第4款在此方面不适用。

## 第二部分 电子货币机构

### 第一章 许可证

**第3条** 许可证的要求与范围

（1）除了第2条第2款的情况外，根据第1条第1款在本国内商业性发行电子货币，需要通过金融市场监管局获得作为电子货币机构的许可证。

（2）电子货币机构，是指坐落地和总部所在地在本国内的法人，该法人被本联邦法授予发行第1条第1款所指的电子货币的权利并遵循本联邦法的规定。

（3）此外电子货币机构允许从事以下活动，只要被授权了相应许可：

1. 提供支付服务法第 1 条第 2 款所称的支付服务，此处适用支付服务法第 5 条第 3 款和第 4 款（存款业务禁止），只要所收取的资金与电子货币发行无关；

2. 按照支付服务法第 1 条第 2 款第 3 项、第 4 项或第 6 项，在支付服务法第 5 条第 5 款所称之条件下提供与支付服务相关的贷款，此处

a）不允许用发行电子货币所获取的资金和按照第 12 条所保管的资金来提供贷款；

b）奥地利普通民法典、消费者保护法（KSchG，BGBl. Nr. 140/1979）中涉及消费者信用的部分以及消费者信用法（VKrG，BGBl. I Nr. 28/2010）的规定不受影响；

3. 提供与发行电子货币或第 1 项所提的提供支付服务相关的业务性劳务和与此紧密相关的配套劳务；

4. 在无损于支付服务法第 4 条的情况下，对支付服务法第 3 条第 6 项所规定的支付系统的运营；

5. 不存在于发行电子货币中的其他商业活动，只要不违反欧盟法律或其他联邦法律中的规定。

（4）电子货币机构不允许收取银行法第 1 条第 1 款第 1 项规定的存款或其他偿还性公众资金，也不允许以发行记名债券或不记名债券为基础进行收取。

（5）电子货币机构以发行电子货币为目的从其客户处收取的资金应当立即被兑换为电子货币。该资金不能作为银行法第 1 条第 1 款第 1 项的存款或其他偿还性公众资金，也不允许向该资金提供利息或与电子货币持有者持有该货币的时段相关的其他利益。

（6）第 3 款第 2 项的提供贷款并不相当于银行法第 1 条第 1 款第 3 项规定的信贷业务。

**第 4 条** 许可证申请与许可证授予

（1）支付服务法第 6 条的程序适用于申请电子货币机构许可证，应当说明以下事项：

1. 关于商业模式的信息（支付服务法第 6 条第 1 款第 1 项）应当指明，如何发行电子货币，以及是否也提供带有具体名称与描述的支付服务；

2. 初始资本的证明对于第 11 条第 1 款的额度是有决定性的；

3. 保护客户资金的措施（支付服务法第 6 条第 1 款第 4 项）应当被说明：

a）关于发行电子货币方面，根据第 12 条对于电子货币持有者的资金的保护措施，并且

b）关于根据支付服务法第 1 条第 2 款提供支付服务方面，根据支付服务法第 17 条保护支付服务使用者资金的措施；

4. 经营负责人（支付服务法第 6 条第 1 款第 1 项）应当就其专业能力方面予以证明，其在发行电子货币方面具有足够的知识和能力，如果也提供支付服务，那么经营负责人也应对此掌握相应的知识和能力。

（2）坐落于欧洲经济区以外、在其坐落国被授权发行第 1 条第 1 款的电子货币的电子货币机构（外国电子货币机构），为其在本国内的分支机构的运营申请授予许可证，除了应提供本联邦法第 1 款第 1 项、第 3 项和第 4 项的信息和支付服务法第 6 条第 1 款第 2 项、第 5 项、第 6 项、第 7 项、第 8 项、第 11 项、第 12 项的信息，还应当附加以下资料与信息：

1. 该公司近三年的年度账目；

2. 外国公司所经营的第 1 条第 1 款的业务，以及经营的位置；

3. 经营负责人在本国内用欧元不受限制和无负债自由支配的初始资本；

4. 分支机构领导层的决策权以及对内部关系里的特定决定必须征求同意的总部的地位；

5. 公司总部所属的监管行政机关的书面声明，即对于该公司在奥地利开设分支机构不存在异议。

（3）在以下条件下，支付服务法第7条第1款和第2款适用于授予许可证：

1. 在组织要求方面（支付服务法第7条第1款第3款），要合乎电子货币的发行方式与根据第3条第3款故意从事的活动，尤其支付服务；

2. 在初始资本方面（支付服务法第7条第1款第7项），经营负责人在本国内不受限制和无负债自由支配35万欧元的数额（第11条第1款）；

3. 在保护客户资金的措施方面（支付服务法第7条第1款第8项）：

a）电子货币发行方面，根据第12条保护电子货币持有者资金安全的措施必须令人满意，并且

b）根据支付服务法第1条第2款的支付服务提供方面，根据支付服务法第17条保护支付服务使用者资金的措施必须令人满意；

4. 在经营负责人方面，不允许存在在另一个成员国的支付服务机构或电子货币机构的经营负责人有开除事由（支付服务法第7条第1款第12项）；

5. 在专业能力方面，经营负责人（支付服务法第7条第1款第11项）必须至少有运营电子货币机构应有的经验并在其所申请的第1条第1款和第3条第3款第1项的业务中有着足够的理论与实践知识，而且不允许从事除银行、支付服务或电子货币之外其他的主要工作（支付服务法第7条第1款第15项）；

6. 在章程方面，不允许存在包含不对电子货币机构委托的金额、根据第1条第2款对业务（发行电子货币）的妥善执行以及在可能情况下第3条第3款第1项（支付服务）提供安全的规定（支付服务法第7条第1款第16项）；

7. 在另一个成员国的主管机关就经营负责人的协商方面，应当联

系相关的成员国的负责监管电子货币以及可能情况下负责监管支付服务的主管机关。

（4）在涉及其他的琐事时，许可证应当以书面的形式授予；它可以设置相应的条件和义务，包括要么是单独、要么是与支付服务法第1条第2款所指的单个或数个支付服务一同的电子货币发行的内容，并将部分单个支付服务排除出许可证范围。同时，在许可证授予时，金融市场监管局应当记载入第6条第2款所指的电子货币机构登记册。

（5）在以下情况中，如果电子货币机构同时从事第3条第（3）款第5项所指的其他业务，那么金融市场监管局可以规定，必须建立一个从事电子货币业务或可能情况下从事支付服务业务的具有自我法人资格的独立企业：

1. 电子货币机构的非电子货币业务和非支付服务业务危害或者可能危害电子货币机构的财务稳定，或者

2. 电子货币机构的非电子货币业务和非支付服务业务危害或者可能危害金融市场监管局检验电子货币机构是否符合本联邦法全部要求的可能性。

（6）在为了在奥地利运营第2款所指的外国电子货币机构的分支机构而颁发许可证的情况下，金融市场监管局应当将决定的副本传送给总部的监管机关，并立即告知欧洲委员会。对于这些分支机构，适用本部分的第3条、第5条至第8条和第11款至第16款。这些分支机构仅被授权提供与发行电子货币相关的支付服务。

**第5条**　许可证的撤回与废除

（1）支付服务法第8条适用于许可证的撤回，此处：

1. 适用支付服务法第8条第2款第3项的条件是，当继续发行电子货币或者通过电子货币机构进行支付服务可能对支付系统的稳定性造成危害时，应撤回许可证；

2. 适用支付服务法第8条第2款第4项的条件是，当电子货币机构逾越了支付服务法第5条第5款或本联邦法第3条第3款第2项第

a 列所规定的提供贷款限制，或者违反第 3 条第 4 款收取存款，或者违反第 17 条发行超过其票面价值的电子货币时，应撤回许可证。

（2）支付服务法第 9 条适用于许可证的废除，此处参见支付服务法第 4 条第 4 款而非第 7 条第 3 款。

（3）在不损害第 1 款的情况下，当总部的许可证被吊销，那么外国电子货币机构（第 4 条第 2 款）在本国内的分支机构的许可证也应当被吊销。此外，关于撤回许可证的通知的签发应当寄送给外国电子货币机构的主管行政机关，并立即通知欧洲委员会。

**第 6 条**　公司登记册与电子货币机构登记册

（1）当原件或被认证的副本（复印件）中存在相应的生效告知时，电子货币机构才允许被记载于公司登记册中。有管辖权的法院应当向金融市场监管局寄送关于公司登记册记载的决定。

（2）金融市场监管局应当为被许可的电子货币机构及其代理人、分支机构设立一个公开的登记册，所有坐落于奥地利境内的电子货币机构都应被记载，而且该登记册可以在金融市场监管局的网页上被查看并被定期更新。在许可证决定生效之后，应立即进行记载。除了电子货币机构的公司、许可证范围和坐落地之外，只要金融市场监管局被告知，就应当指明公司登记册号。只要电子货币机构通过代理人或分支机构提供服务，那么只要金融市场监管局被告知，就应当指明其名字或公司、坐落地和公司登记册号。此外，金融市场监管局可以在该数据库中导入成员国电子货币机构的目录，这些电子货币在国内被授权发行电子货币或可能的情况下通过劳务自由或分支机构提供支付服务，只要这些业务在国内根据第 2009/110/EG 号指令第 3 条第 1 款连同第 2007/64/EG 号指令第 25 条被通知。

（3）电子货币机构应当通过书面形式立即向金融市场监管局表明它的公司登记册号码和所有改变。

（4）金融市场监管局应当在适当的期限内向第 1 条第 2 款第 2 项的电子货币机构答复其关于许可证范围的询问。

**第 7 条**　许可证基础的改变

（1）电子货币机构应当立即以书面形式将许可证授予的任何显著修改向金融市场监管局表明——在作出决定的情形下不需要等待决定对象发生效力——更确切地说，有以下内容：

1. 对章程的修改和解散的决定；

2. 根据支付服务法第 7 条第 1 款第 9 项、第 10 项、第 13 项和第 15 项现存的经营负责人的前提的改变；

3. 经营负责人的人事变化，以及遵守与本联邦法第 4 条第 3 款第 4 项和第 5 项有关的支付服务法第 7 条第 1 款第 9 项至第 15 项；

4. 有意地开张以及搬迁、关闭或者暂时停止总部的商业运营；

5. 能使一个合格的经营负责人认识到会对完成义务有危害的情况；

6. 无支付能力或负债；

7. 有意地扩展业务对象；

8. 削减第 11 条第 1 款中所投入的资金；

9. 在保证执行支付服务所收取的客户资金安全方面的任何显著性改变；

10. 内部审核的负责人以及人事的变化；

11. 受评估的自有资金下降至第 11 条第 1 款所规定的数额之下；

12. 有意的对第 15 条的运营任务的外包的改变；

13. 任何有意的对电子货币的销售与赎回的改变和任何有意的对提供支付服务的代理人身份的改变，包括第 15 条第 2 款所指的代理人的公司登记册号码或地址或坐落地的改变；

14. 超过一个月不遵守标准，该标准是由根据第 11 条和本联邦法的基本原则而制定的条例或决定所规定的。

（2）电子货币机构应当向金融市场监管局事先表明为了保证发行电子货币时收取的客户资金安全所采取的每一个重大改变，尤其是保证安全的方式的改变（支付服务法第 17 条第 1 款第 1 项或第 2 项）、交存与保证资金的信用机构的改变（支付服务法第 17 条第 1 款）或者保险的改变（支付服务法第 17 条第 1 款第 2 项）。

**第 8 条** 电子货币机构的合格股份

（1）任何有意的对银行法第 2 条第 3 项所称之合格股份直接或间接地获得或放弃，或直接或间接地增加或减少该股份并导致其投票权或资本的比例达到、超过或低于 20%、30% 或 50%，或导致电子货币机构成为或不再成为它的子公司，都应当在获得、放弃、增加或减少股份之前向金融市场监管局说明计划的股份的范围信息连同银行法第 20b 条第 3 款所指的信息。说明义务适用于那些共同行为的、一同获得或到达合格股份的人。可以通过共同行为人中全体、数个或单个人来进行说明。在此，金融市场监管局应当使用银行法第 20a 条第 20b 条所规定的程序，并为了这一目的完善基于银行法第 20b 条第 3 款所制定的关于电子货币的条例。

（2）如果合格股份的所有者或此类有兴趣的购买者可能影响到电子货币机构审慎和完善的业务管理，那么金融市场监管局应当禁止该计划的股权获取，或者在已经存在股权或损害了事先告知义务的情况下根据银行法第 20 条第 4 款或第 5 款采取措施，并适用银行法第 20 条第 4 款第 1 项和第 2 项，可能的话也适用银行法第 20 条第 6 款。

（3）如果在金融市场监管局根据第 2 款予以禁止的情况下依然获得合格股份，那么金融市场监管局应当不顾银行法第 20 条第 4 款和第 5 款的其他措施而立即根据银行法第 20 条第 5 款第 3 项申请停止其投票权并适用银行法第 20 条第 4 款和第 6 款。

（4）在法律形式改变、合并或分拆的情况下，适用银行法第 21 条第 1a 款至第 3 款以及本联邦法第 3 条至第 5 条。

## 第二章 落址自由与劳务自由

**第 9 条** 在奥地利境内的其他成员国的电子货币机构

（1）第 2009/110/EG 号指令第 1 条第 1 款第 b 项所指的、被另一个成员国（银行法第 2 条第 5 款）所许可的电子货币机构可以根据第 2009/110/EG 号指令的规定在奥地利通过一个分支机构提供或从事或采用劳务自由的方式提供第 2009/110/EG 号指令第 2 条第 2 项所指的电子货币发行以及第2007/64/EG号指令第4条第3项所指的支付服务，只要其许可对此进行了授权。第3条第3款第2项至第4项所指的配套劳务仅允许与电子货币发行或支付服务一起提供。第3条第3款第5项所指的附属业务未被本联邦法的劳务自由和落址自由的规定所包含。程序适用支付服务法第12条第2款、第4款、第5款和第6款和第14条第1款至第4款。

（2）坐落于另一个成员国（支付服务法第3条第3款）的、在奥地利通过分支机构从事业务的电子货币机构，应当遵守本联邦法第三部分以及银行法第36条、第40条至第41条的规定，若提供支付入伍，那么还要遵守支付服务法第三部分的规定以及基于这些规定而制定的条例和决定。在劳务自由范围内在奥地利从事业务的电子货币机构，应当遵守银行法第40条至第41条以及基于这些规定而制定的条例和决定。银行法第40条第2款和第2a款第1项所规定的义务，只要是针对客户的，那么这些在劳务自由或落址自由的范围内在奥地利提供业务的电子货币机构的客户应当予以遵守。

**第10条**　在其他成员国的奥地利电子货币机构

任何第3条第2款所指的想在另一个成员国的领土内设立分支机构或者在劳务自由框架下提供电子货币服务或者支付服务的电子货币机构，应当事先将其以书面形式向金融市场监管局表明。此处适用支付服务法第13条和第14条第5款、第6款的程序。

## 第三章　关于正直经营的其他要求与规定

**第11条**　自有资金

（1）自有资金——包括考虑到银行法第23条第13款的银行法第23条第1款第1项和第2项所规定的组成部分——任何时候都不允许低于35万欧元。

（2）考虑到银行法第23条第13款，根据银行法第23条第1款第1项，电子货币机构的自有资金不允许下降至第1款和第3款所规定的数额之下（以较高者为准），或者在第4款第1句所称的情况下，不允许下降至第 1 款和第 4 款所规定的数额之下（以较高者为准）。

（3）电子货币机构应当随时保持足够的自有资金。除了第 4 条第 3 款第 2 项连同本规定第 1 款中初始资本的规定，电子货币机构应当随时保持最低的自有资金，其数额应当根据以下方法计算：

1. 对于提供并未与发行电子货币相关联的支付服务（第 3 条第 3 款第 1 项），自有资金应当根据与支付服务法第 16 条第 1 款连同第 2 款中所称的三个方法之一（方法 A、B 或 C）进行计算。

2. 对于发行电子货币，自有资金至少应达到平均电子货币流通量的 2%（方法 D）。平均电子货币流通量是在每日日末根据过去六个月存在的、从电子货币产生的额金融负债的平均总额；该数额应当分别在每一个月的第一天计算且适用于本月。

第 1 项和第 2 项所指的自有资金必须累计。

（4）如果电子货币机构提供的支付服务既不是发行电子货币也并不与第 3 条第 3 款第 2 项所称的活动相关，而且事先也不知晓电子货币流通量的数额，那么金融市场监管局应当在与奥地利国家银行协商后允许该电子货币机构违反第 3 款第 2 项提出的申请——申请在代表性比例基础上进行计算，该比例通常情况下适用于电子货币的发行——只要该代表性比例被评估为建立在金融市场监管局信服的历史数据的基础之上并有足够的安全保证。如果电子货币机构并没有足够长的经营历史，那么自有资金应当违反第 3 款第 2 项而根据其商业计划所预期的电子货币流通量来进行计算。但是，金融市场监管局可以随时要求其根据实际发展调整商业计划。

（5）金融市场监管局可以根据风险管理、风险损失数据库和电子货币机构内部控制机制的评估：

1. 规定电子货币机构的自有资金必须高出通过第 3 款相关方法计算出的数额的 20%；或者

2. 准许电子货币机构的自有资金低于通过第 3 款相关方法计算出的数额的 20%。

（6）如果提供与支付服务相关联的贷款，那么电子货币机构的自有资金必须随时根据金融市场监管局的意见与所提供的贷款总额存在合适的比例。金融市场监管局可以在考虑第 3 款和第 4 款的计算方法并考虑贷款业务的范围和业务量与总体业务的关系之下，通过条例来规定第 1 款和第 2 款的自有资金必须与所提供贷款的总量存在怎样的关系。

（7）如果电子货币机构还从事其他的活动，那么不允许将第 1 款和第 2 款规定的自有资金用来评估这些活动。同样的，电子货币机构根据其他联邦法基于其他活动为了实现自有资金的要求而持有的自有资金，也不允许被用来评估成为从事电子货币机构活动的自有资金。

**第 12 条** 客户资金的安全

（1）电子货币机构应当根据支付服务法第 17 条第 1 款、第 2 款和第 4 款保证以下资金的安全：

1. 它们发行电子货币所收取的资金；或者

2. 它们在提供支付服务（第 3 条第 3 款第 1 项）框架下的、与电子货币发行无关的、为执行支付流程而收取的资金。

支付服务法第 17 条第 3 款涉及充分安全措施的证明同样应被适用。金融市场监管局在听取电子货币机构的汇报后，可以考虑电子货币机构的实际情况指定一种特定的安全措施（支付服务法第 17 条第 1 款第 1 项的备选方案 A 或者支付服务法第 17 条第 1 款第 2 项的备选方案 B）。

（2）只要为了发行电子货币（第 1 款第 1 项）的目的使用支付工具的支付而收取了资金，一旦该资金记入电子货币机构的支付账户名下，或者一旦该资金可供电子货币机构根据支付服务法第 42 条和第 43 条关于其他形式的执行时间的要求而使用，那么最迟在发行之后的五个工作日（支付服务法第 3 条第 24 项）根据本规定而保证该资金安全。

**第 13 条** 组织要求和谨慎要求

（1）电子支付法第 18 条、第 19 条第 1 款至第 3 款、第 20 条和第 21 条以及银行法第 36 条、第 40 条至第 41 条、第 42 条第 1 款、第

2 款、第 3 款、第 4 款第 1 项、第 3 项和第 5 款、第 6 款、第 7 款以及银行法第 78 条第 8 款、第 9 款适用于电子货币机构，鉴于支付服务法第 19 条第 1 款和第 2 款，此处不仅应考虑支付服务业务与支付服务运营的风险，还应考虑电子货币业务与电子货币运营的风险；银行法第 42 条第 3 款的适用的条件为，仅当电子货币机构基于其规模和组织实际存在至少两名经营负责人时，其对于至少两名经营负责人的要求才有效。银行法第 40 条第 2 款和第 2a 款第 1 项同样适用于电子货币机构的客户。

（2）电子货币机构以及为其工作的人员有义务为他们仅在受客户委托发行电子货币（第 1 条第 1 款）或支付服务（支付服务法第 1 条第 2 款）时所获取的秘密保持沉默，除了：

1. 该沉默义务违反了法律规定的答复义务；

2. 客户通过书面形式表示同意公开秘密；

3. 公开秘密对于查清电子货币机构和客户之间的法律诉讼是必要的。

**第 14 条**　会计与年度账目审计

（1）作为第 2006/48/EG 号指令第 4 条第 5 项的金融机构的电子货币机构，应当适用银行法第 43 条、第 45 条至第 59a 条、第 64 条和第 65 条第 2 款。所有其他的电子货币机构，应当仅适用于公司法（UGB，dRGBl. 1897，S. 219）第三册的规定以及所有适用于其法律形式的规定。全部电子货币机构应当在备注中公布自有资金、资金要求和对资金要求的遵守。在公布方面，适用银行法第 65 条第 1 款的条件时，对本联邦法第 14 条第 3 款的指引参照取代对银行法第 63 条第 5 款的指引参照。

（2）如果电子货币机构在很广的范围内提供第 3 条第 3 款第 4 项或第 5 项中的业务，那么应当在年度账目或集团企业账目的附录中披露关于第 1 条第 1 款所指的电子货币服务连同第 3 条第 3 款第 3 项所指的附属业务以及可能的情况下第 3 条第 3 款第 1 项所指的支付服务的特殊分类信息，包括附录中的强制性信息。分类信息必须对“电子货币服务和相关附属业务”和可能情况下“支付服务和相关附属业务”的资产、财务和收益的真实情况以适当的详细程度进行介绍，并包含整体公司或集团企业的相应资料的转化计算。这些分类的信息必须建立在银行法第43条和第45条至第59a条或相关情况下公司法第245a条中国际会计计算标准所指的统计、评估和划分规定的基础之上。

（3）年度账目审计者应当审计电子货币机构的年度账目和必要情况下的情况报告或集团企业账目和情况报告以及其对本联邦法第3条第3款和第4款和第4条第1款连同支付服务法第6条第1款第6项、本联邦法第4条第3款连同支付服务法第7条第1款第3项以及本联邦法第7条、第11条、第12条、第15条、第16条第2款和第20条、支付服务法第18条、第19条、第21条和第22条和银行法第40条至第41条以及关于随同转移资金付款人资料的第（EC）1781/2006号条例所指的电子机构的义务的遵守情况。此外，该审计还应当包括对评估的准确性，包含折旧、摊销和拨备的实行。该审计的结果应当在关于年度账目的审计报告的附录中予以体现。被审计的年度账目及附录和情况报告以及（当必要时）集团企业账目和情况报告、年度账目审计者的审计报告和报告附件，应当根据银行法第44条第1款所规定的期限通知金融市场监管局和奥地利国家银行。该审计报告以及附件应当准时告知电子货币机构的经营负责人和根据法律或章程而产生的监事会，以使得向金融市场监管局和奥地利国家银行的提交期限能够得以遵守。金融市场监管局可以通过条例规定告知的方式、审计报告附件的形式与结构。金融市场监管局可以在听取奥地利国家银行的意见后通过条例规定，电子传送应当符合特定的结构和技术的最低要求。金融市场监管局被授权通过条例规定，当原因是符合经济性的目的时，在随时向金融市场监管局提供可获取电子数据而且不损害监管利益的情况下，只能向奥地利国家银行进行电子传送。

（4）年度账目审计者的答复权利、展示权利和查阅权利（公司法）延伸至所有文件和数据载体，当这些被第三方使用或存放于第三方或当它在外国被使用或存放时。如果应被审计的文件——尤其是会计簿——被使用或存放于外国，那么电子货币机构应在不损害年度账目审计者前述查阅权利的情况下，使得本财务年度和之前至少三个财务年度的文件随时可以在国内被获得。电子货币机构应当使年度账目审计者能够获得内部审核的审计计划和审计报告。

（5）电子货币机构的年度账目审计者可以是宣誓过的会计师和会计师事务所以及法律规定负责审计职能的审计机构。

（6）如果存在银行法第 62 条或公司法第 271 条和第 271a 条或其他联邦法所规定的排除事由，那么不允许任命此人为年度账目审计者。银行法第 62 条第 1a 项的排除事由的适用条件是，参照银行法第 14 条第 3 款而非第 63 条第 4 款至第 6a 款，第 62a 条第 17 项的排除事由的适用条件是，参照银行法第 27 条而非第 63 条第 3 款。银行法第 62a 条连同公司法第 275 条关于年度账目审计者责任的规定同样适用于电子货币机构。

（7）应当在应审计的财务年度之初对年度账目审计者进行任命，并立即通过书面形式告知金融市场监管局；如果会计师事务所被任命为年度账目审计者，那么在报告中应说明会计职业法（WTBG，BGBl. I Nr. 58/1999）第 88 条第 7 款审计委托所指定的自然人。任何人员的改变都应当立即告知金融市场监管局。金融市场监管局可以根据公司法第 270 条第 3 款反对年度账目审计者或反对会计职业法第 88 条第 7 款中所指定的自然人的任命，当有合理的理由认为存在排除事由或存在其他成见；只要任命负有告知义务，那么应当在一个月之内提出反对。关于该反对，法庭应考虑排除事由来进行决定；在法庭决定生效之前，年度账目审计者或会计职业法第 88 条第 7 款中所指定的自然人既不允许实施审计行为，也不允许被电子货币机构告知属于第 13 条第 2 款沉默义务的答复。

（8）年度账目审计者应当在被任命后的两周之内向金融市场监管局证明不存在任何排除事由。他应当按照要求提供所有对于评估必要的其他证明和证据。如果该要求未能符合，那么金融市场监管局可以实行第 7 款。

（9）外国电子货币机构的分支机构也应当在本财务年度结束后的六个月之内将外国电子货币机构的年度账目提交给金融市场监管局和奥地利国家银行。外国电子货币机构的分支机构也应当在“维也纳报官方公报”或大众可获取的出版物上将外国电子货币机构的年度账目和综合账目予以公布。外国电子货币机构的情况报告和联合情况报告应当在分支机构的坐落地能被任何人查阅。联邦财政部有权在听取金融市场监管局和欧洲经济区以外国家的意见之后，以互惠为基础签署协议，免除外国电子货币机构披露与自身业务相关的年度账目的义务。

## 第四章　通过第三人销售，外包，代理和归属者的责任

**第 15 条**　通过第三人销售电子货币，外包和代理

（1）以电子货币机构名义从事业务的自然人或法人销售与赎回电子货币，在遵守支付服务法第 21 条时是被允许的。只要电子货币机构故意在其他成员国使用此类人的服务来推销电子货币，支付服务法第 13 条的程序应当被适用。

（2）不允许通过代理人（支付服务法第 3 条第 20 项）或第 1 款中的人发行电子货币。通过代理人提供支付服务，在遵守支付服务法第 22 条时是被允许的。

（3）对于商业任务的外包，在遵守支付服务法第 21 条时是被允许的。

**第 16 条**　归属者的责任

（1）电子货币机构对其职员、代理人、分支机构或者根据第 15 条第 1 款或第 3 款从事外包的人的行为强制性承担责任，如同其自身的行为。

（2）委托第三人从事商业任务的电子货币机构，应当采取充分的预防措施，以确保能够实现本联邦法所规定的要求。将商业任务外包给劳务提供者，决不允许出现内部控制质量或金融市场监管局审核公

司整体要求是否合格的可能性被严重损害的情况。在与劳务提供者缔结、执行或者解除重要商业任务、电子货币服务或者支付服务的外包协议时，应当以被要求的职业性谨慎行事。尤其应以书面形式对电子货币机构与劳务提供者之间的权利和义务予以明确地划分。

## 第三部分　电子货币的发行与赎回

**第 17 条**　票面价值发行

电子货币发行者应当始终发行与收取的资金数额相同票面价值的电子货币。与电子货币持有者之间的协议违反该规定的属无效。

**第 18 条**　赎回

（1）在考虑第 19 条的前提下，电子货币发行者应当根据电子货币持有者的要求随时归还其所保管的票面上金钱价值。与电子货币持有者之间的协议违反该规定的属无效。

（2）根据其他联邦法规定的义务或者法院、检察院、行政机关的命令来禁止支付工具或冻结资金不受第 1 款的影响。

**第 19 条**　赎回的条件，费用

（1）在电子货币发行者与电子货币持有者之间的合同里，应当明确和清楚地指出包括可能存在的相关费用（第 2 款）在内的赎回条件。电子货币发行者应当在客户被合同或合同要约约束之前及时将这些条件告知电子货币持有者。与消费者（支付服务法第 3 条第 11 项）之间的协议违反此规定属于无效。

（2）在以下情况下，才允许结算赎回的费用：

1. 电子货币发行者在合同期限届满之前要求赎回，

2. 电子货币发行者在期限届满之前终止了有固定期限的合同，或者

3. 在合同期限届满之后超过一年才要求赎回。

此外，当费用事先已根据第 1 款被有效规定在合同中且是合理的，并且与电子货币发行者的实际花费存在一个合理的关系，那么这些费用也可以被收取。

（3）在合同期限届满前，电子货币持有者可以要么要求部分金额，要么要求全部金额。

（4）如果电子货币持有者在合同期限届满时或届满后一年内要求赎回，那么应当将所保管的全部票面价值予以归还。如果电子货币发行者还从事第 3 条第 3 款第 5 项的其他商业活动，并且事先不知道被使用的电子货币的金额，那么应当归还电子货币持有者要求的全部金额。

（5）与电子货币持有者之间的协议违反第 2 款至第 4 款的属于无效。

**第 20 条**　禁止支付利息

不允许提供利息或与电子货币持有者持有该货币的时段相关的其他利益。

## 第四部分　破产规定，监管与国际合作

### 第一章　清算与破产规定

**第 21 条**　对于电子货币机构的财产不能开展重整程序

在电子货币机构的破产程序中不能提起重整申请。支付服务法第 49 条至第 58 条不适用于电子货币机构的清算程序和破产程序。如果对外国电子货币机构在本国内设立的分支机构开展清算程序，法庭应当立即通过金融市场监管局告知该分支机构可能从事电子货币经营的其他成员国的主管机关其命令开展清算的决定以及该清算具体的影响。为了避免作出双重决定，在决定之前应当通知其他成员国的主管机关其意图作出的决定，如果可能的话还要得到他们对该行动的表决。

### 第二章　监　　管

**第 22 条**　主管机关

（1）金融市场监管局应当监视以下法律是否受到遵守，并考虑有

效金融市场的国民经济利益和金融市场稳定：

1. 第3条第2款规定的电子货币机构和第10条规定的分支机构遵守本联邦法第1条、第3条至第16条以及关于随同转移资金付款人资料的第（EC）1781/2006号条例的第5条至第14条，

2. 第9条在劳务自由与落址自由的范围内的在奥地利境内的其他成员国的电子货币机构遵守银行法第40条至第41条和关于随同转移资金付款人资料的第（EC）1781/2006号条例的第5条至第14条，

3. 第4条第6款规定的外国电子货币机构的分支机构遵守本联邦法第1条、第3条至第8条和第11条至第16条以及银行法第40条至第41条和关于随同转移资金付款人资料的第（EC）1781/2006号条例的第5条至第14条，

4. 所有电子货币发行者遵守本联邦法第20条，此外，金融市场监管局负责对违反被联邦法第17条至第20条的行为施加行政刑罚。

（2）金融市场监管局法第19条第1款第1项所指的会计圈1的范围之内的本联邦法的监督的花费的分配应当根据支付服务法第60条第2款至第7款予以实现。所有第3条第2款所指的电子货币机构和第9条所指分支机构都有承担花费的义务。本联邦法的关于信贷机构的监管花费是银行监管范围内的花费。

（3）金融市场监管局和奥地利国家银行紧密协同工作，以有效完成本联邦法规定的各自任务。银行法第79条适用的条件是，奥地利国家银行在银行监管领域所被规定的任务为了本联邦法的目的适用于对电子货币机构的监管领域，对银行法第73条的参照由对本联邦法第7条的参照所取代，对银行法第44条的参照由对本联邦法第14条的参照所取代。对银行法第74条的参照由对支付服务法第20条的参照所取代。

（4）在与其他政府机关合作时，银行法第72条适用。

（5）金融市场监管局应当在互联网上公布并持续更新以下内容：

1. 电子货币机构监管领域有效的法律和条例的名称；

2. 电子货币机构监管领域的金融市场监管局的最低准则与通告；

3. 行使在第2009/110/EG号指令中被开设的选举权利。

（6）奥地利国家银行根据国家银行法第44a条在支付系统监管领域的职责、权利和义务不受本联邦法规定的影响。

**第23条　数据保护**

（1）金融市场监管局和奥地利国家银行被授权进行协议化地与自动地调查和处理个人数据保护法2000所指的数据，只要根据本联邦法这属于它的任务范围；它们是：

1. 电子货币机构的许可证和授予的相关情况；
2. 电子货币机构的领导、管理与会计组织以及内部控制与审计；
3. 分支机构和从事的自由服务项目；
4. 自有资金；
5. 对于电子货币机构的合格股份；
6. 年度账目与账目报告；
7. 第25条和第26条所指的监管机关的措施；
8. 第28条和第29条所指的行政刑罚；
9. 金融市场监管局法第22b条所指的调查；
10. 主管机关在根据第32条至第35条所指的信息交换的范围内所获得的信息；
11. 电子货币机构登记册中的表现；
12. 电子货币服务监管的成本的分配。

（2）在行政援助的范围内允许通过金融市场监管局传送第1款所指的数据至成员国的主管机关，只要这对于完成与本联邦法规定的金融市场监管局和奥地利国家银行的任务相符的任务是必要的，且在这些机关中被传送的数据属于第2007/64/EG号指令第22条所指的职业秘密。

（3）允许通过金融市场监管局传送第1款所指的数据在同一范围内、为了同一目的和有着同样限制至第2款所指的成员国的主管机关和第三国的执行与金融市场监管局或奥地利国家银行的任务相符的任务的机关，只要被传送的数据在机关是属于与第2007/64/EG号指令

第22条所指的职业秘密相符的职业秘密，并且传送符合关于个人数据处理的个人保护以及此类数据自由流动的第95/46/EG号指令（ABl. Nr. L 281 vom 23.11.1995，S. 31）第四章的规定。

**第24条** 职业秘密

金融市场监管局或奥地利国家银行所委托的专家根据金融市场监管局法第14条第2款承担保密义务。

**第25条** 审查与审计

（1）金融市场监管局应当执行所有的审查并采取任何措施，只要这对于执行与本联邦法第22条第1款相应的任务是必要的。

（2）在行使第1款的管辖权时，金融市场监管局应当在无损于其他联邦法所产生的职权的情况下随时被授予以下职权：

1. 审阅第22条第1款所指的公司的簿册、文件和数据载体并保存其复印件；关于金融市场监管局的答复权利、展示权利和查阅权利的范围和在国内材料可被获取的权利，应适用第14条第4款；

2. 要求第22条第1款中的公司和它的机构以及它所有被外包进行支付服务和电子货币服务的代理人和办事点进行答复，并根据行政诉讼法传唤和质询人；

3. 通过年度账目审计者或其他专家证人执行所有必要的审计，此处第14条第6款所称的排除事由应被适用；只要是为了完成审计委托的任务，允许金融市场监管局对被委托的审计者进行答复；

4. 委托奥地利国家银行对电子货币机构及其分支机构和奥地利国外的代表处进行审计；在此，奥地利银行监管电子货币机构的现场审计的职能延伸至对所有经营领域和风险类型的审计；奥地利国家银行应当确保有足够的人员和组织资源来执行这些审计；金融市场监管局有权让自己的职员参与奥地利国家银行的审计；

5. 如果对第4项所指的审计能够简化或加速程序，或者更有效用、更简单、更快捷或更省成本，那么为了履行审计，可以请求接纳国的政府对在其国内的分支机构和代表处进行审计；在这些前提下，奥地利国家银行也可以参与该审计，金融市场监管局也可以派自己的职员参与该审计；

6. 从年度账目审计者处获取答复。

（3）在第2款第3项至第5项所指的审计中，审计机构应当配备书面形式的审计委托书，并在开始审计之前就主动证明自己的身份且出示审计委托书。对于其余部分，适用银行法第71条。对于金融市场监管局与奥地利国家银行之间的合作以及由此而履行的审计，适用银行法第70条第1a条至第1c条和第79条。

**第26条** 监管措施与公布

（1）为了避免第3条第2款所指的电子货币机构的客户的金融利益受到与其业务相关的危险，金融市场监管局可以通过决定的方式下达临时措施的命令，该措施自生效之日起最迟18个月失效。特别是，金融市场监管局可以通过决定：

1. 完全或部分禁止资本与利润收回以及资本与利润分配；

2. 任命一个属于律师或会计师职业的专家监管人员（政府专员），该监管人员享有第25条第2款规定的全部权利；

a）应当禁止该电子货币机构可能增加上述危险的全部业务，或者，

b）在完全或部分禁止电子货币机构继续开展业务的情况下，准许个别不会增加危险的业务。

3. 在与负责委任经营负责人的机构协商一致后，完全或部分禁止电子货币机构的经营负责人对公司的领导；负责的机构应当在一个月内委任相应数目的经营负责人；该委任需要经过金融市场监管局的同意才能生效，若新被任命的经营负责人显得不合适则应被拒绝，以防止上述危险的产生。

4. 完全或部分地禁止继续运营业务。

（2）当且仅当由于重要原因而必要时，尤其是由于监管人员存在临时的障碍时，金融市场监管局可以根据申请给第1款第2项或第3款中所任命的监管人员（政府专员）任命一个代理人。对于指令该代理人以及其权利和义务，对于监管人员有效的规定也同样适用。监管

人员（政府专员）可以为了完成其任务在经金融市场监管局批准后使用专业合适的人员，只要这对于其任务的范围与难度是必要的。金融市场监管局的批准应当写明这些人员的名字，并向电子货币机构提供。这些人员根据监管人员（政府专员）或其代理人的指令与名义行事。

（3）金融市场监管局应当从奥地利律师协会和会计师协会处获得关于合适的政府专员的报告。如果要根据第1款第2项任命一名政府专员或根据第2款任命一名代理人，而基于这些报告不可能实现任命，那么金融市场监管局应当通知电子货币机构所在地的负责的律师协会或会计师协会，让他们指定一个专业合适的律师或者会计师作为政府专员。如存在延期的危险，金融市场管理局可以暂时任命：

1. 一名律师或者；

2. 一名会计师作为政府专员。

在第1句所指的律师或会计师被任命后，该任命将失效。

（4）在破产管理期限内，所有金融市场监管局根据第1款和第2款指令的措施都暂停。

（5）金融市场监管局应当向政府专员支付报酬（功能费），该报酬应当与其监管工作及为此的支出之间存在合适的比例。政府专员有权出示过去一个季度的账目以及完成其工作后的账目。金融市场监管局应当立即根据账目支付报酬。

（6）完全或部分禁止经营负责人对第3条第2款所指的电子货币机构的领导的决定（第1款第3项和第8款），同对该措施可能的废除一样，应当由金融市场监管局告知公司登记法院以记载入公司登记册。

（7）如果在授予许可证之后第4条第3款所称的许可证授予条件不复存在，或者第3条第2款所称之电子货币机构违反了本联邦法第22条第1款、基于本联邦法制定的条例或一个决定的规定，那么金融市场监管局应当针对该电子货币机构采取银行法第70条第4款第1项至第3项所称的措施，在可能的情况下应当吊销第5条第1款所指的许可证。

（8）金融市场监管局可以将因违反本联邦法或基于联邦法制定的条例而采取的第1款、第3款和第7款的措施以及惩罚通过发布在互联网、印刷在“维也纳报官方公报”或可传播至全联邦境内报纸上或者通过张贴在电子货币机构（第3条第2款）的商业空间里的合适位置进行公布。只有当根据违反的类型与严重程度公布信息是必要的而且与可能对当事人造成的不利存在适当比例时，第7条以及银行法第70条第4款第1项的措施才允许被公布。该公布的措施同样可以累计采取。

（9）金融市场监管局可以通过发布在互联网、印刷在“维也纳报官方公报”或可传播至全联邦境内报纸上进行公布的方式告知公众，某个特定的自然人或法人（人）未经授权发行电子货币（第1条第1款）或进行特定的支付服务（支付服务法第1条第2款），只要该人引起了这个问题并且该信息对于公众是必要的且与可能对当事人造成的不利存在适当比例。该公布的措施同样可以累计采取。此人必须在公布中被明确识别；为了实现该目的，只要金融市场监管局知晓，就应当给出商业地址或住所与公司登记号码、互联网地址、电话号码和传真号码。

（10）被公布的当事人可以向金融市场监管局申请在一个决定处理程序中审查第8款或第9款的公布的合法性。在此情况下，金融市场监管局应当将此程序的介绍通过同样的方式予以公布。如果在审查的范围内公布的合法性被确认，那么金融市场监管局应当对公布进行纠正，或者要么撤销当事人的申请，要么将其申请从网站上删除。如果针对第8款公布的决定被上诉并在公法法庭的诉讼中被判决中止效力，那么金融市场监管局应通过同样的方式予以公布。如果决定被撤销，那么公布应被纠正，或者根据当事人的申请或者撤销或者在网站上删除。

（11）如果金融市场监管局在履行职责时怀疑交易是为了洗钱或资助恐怖主义，那么它应当立即通知洗钱报告站（联邦刑事警察局法

第4条第2款，BGBl. I Nr. 22/2002）。银行法第41条第6款应当适用。

（12）金融市场监管局可以在听取奥地利国家银行的意见之后通过条例的方式规定，本联邦法第6条第3款、第7款和第10款连同支付服务法第13条第1款和第6款、本联邦法第15条连同支付服务法第21条第3款和第22条第1款和第14条第7款所指的报告与传送只能通过电子形式实现，并且必须采用特定的结构、最低技术要求和传送方式。金融市场监管局应当遵循经济性与合目的性的基本原则，并确保能向金融市场监管局和奥地利国家银行任何时间提供可用的电子数据而且不损害监管的利益。此外，金融市场监管局可以在该条例中启用为了第14条第8款和第27条第1款、第2款和第3款的证明、传送、报道和报告可选性参与第1句所指的传送的电子系统的年度账目审计者。金融市场监管局应当采取合适的预防措施，让义务报告人以及可能的情况下它的责任人在适当的时间段内确保它或它的责任人所报告的数据的在系统内的正确性与完整性。

**第27条** 年度账目审计者的报告义务

（1）如果从事检查第3条第2款所指的电子货币机构的年度账目或其他法律规定的工作的年度账目审计者查明了事实，该事实是公司法第273条第2款和第3款规定的报告义务的根据，那么他应当立即——最迟同时——将公司法第273条第3款规定的所作的报告传达给金融市场监管局和奥地利国家银行。

（2）即使不存在公司法第273条第2款和第3款规定的报告义务，当年度账目审计者在检查过程中查明了以下事实，他应当立即以书面形式并加以说明地报告给金融市场监管局、奥地利国家银行以及经营负责人和根据法律或章程负责的监事会：

1. 严重违反第22条第1款中的规定或者严重违反金融市场监管局基于本联邦法颁布的条例或通知；或者

2. 危害电子货币机构义务的完成；或者

3. 显示出风险状况的大幅升高；或者

4. 重要的资产负债表项目或资产负债表表外项目被确认无法被收回；或者

5. 存在对文件或经营负责人的完整声明真实性的合理怀疑。

如果年度账目审计者查明了其他缺陷、风险或经济状况上并不令人担忧的改变或者仅仅是轻微违反规定，而且这些缺陷和对规定的损害在短期内无法解决，那么如果电子货币机构没有在一个合理期限内——最迟在三个月内——将这些缺陷解决并将此证明给年度账目审计者，年度账目审计者必须报告金融市场监管局和奥地利国家银行。如果经营负责人没有在一个合理期限内向年度账目审计者正常提供所要求的答复，那么也应当予以报告。在审计师事务所获任年度账目审计者的情况下，报告义务也适用于会计职业法第 88 条第 7 款所指定的自然人。

（3）年度账目审计人同样有义务报告有关事宜，即他在一个公司从事前述工作时发现，该公司是第 3 条第 2 款所称之电子货币机构的关联公司（公司法第 228 条第 3 款），而他正在为该公司从事工作。

（4）如果由于存在被查明的违反秩序行为的类型和状况，向经营负责人作出报告无法实现消除缺陷的目的，那么年度账目审计者在执行监事会审计任务之外的任务时有义务向监事会主席报告。

（5）如果年度账目审计者诚实地作出了第 1 款至第 4 款的报告，那么这并不属于违反协议性的或通过法律或行政法规规定的公告限制，也不能够追究其任何责任。

**第 28 条** 诉讼与刑法规定

为了自己或他人谋取财产利益或者为了给他人造成不利，违反第 13 条第 2 款的规定披露或者使用应保密的事实，应被法庭判处 6 个月以下的自由刑或者 360 日额金①以下的罚金刑。只有得到保密利益受损者的同意才允许起诉犯罪者。

---

① 基于奥地利国刑法惯例与刑法典（Strafgesetzbuch）第十九条第二款规定，如依据本条判处罚金刑，应先确定具体处罚天数，再依法确定每日处罚数额，最后计算总罚金。惩罚天数不得多于 360 个自然日，每日惩罚数额应在 4—5000 欧元（含本数）范围内。

**第29条**

（1）未获必要的授权而发行第1条第1款中的电子货币，属于行政违法，应被金融市场监管局处以10万欧元以下的罚金刑。

（2）违反第17条的规定超过所收取资金的票面价值发行电子货币，属于行政违法，应被金融市场监管局处以6万欧元以下的罚金刑。

（3）第1条第2款第2项的电子货币机构或者第9条第2款的分支机构的责任人（行政刑法第9条）损害了银行法第40条、第40a条、第40b条、第40c条、第40d条、第41条第1款至第4款的义务，属于行政违法，应被金融市场监管局处以6个星期以下的自由刑或者15万欧元以下的罚金刑。

（4）第3条第2款的电子货币机构或者第10条的分支机构的责任人（行政刑法第9条）有以下行为的，属于行政违法，实施以下第1项行为应被金融市场监管局处以10万欧元以下罚金，实施第2项、第3项或第3项行为的应被金融市场监管局处以6万欧元以下的罚金刑：

1. 违反本联邦法第3条的限制或者违反支付服务法第18条或第19条第1款至第3款的义务。

2. 违反本联邦法第11条的义务或者违反支付服务法第20条的义务。

3. 违反关于随同转移资金付款人资料的第（EC）1781/2006号条例第5条至第14条，不对必要资料进行收集、保管、审查或转发，或者实施或收取了转移资金，或者损害了保管义务或通知义务。

4. 违反银行法第42条第1款、第2款、第3款、第4款第1项或第3项、第5款、第6款或第7款的义务。

（5）第3条第2款的电子货币机构或者第10条的分支机构的负责人（行政刑法第9条）损害了本联邦法第12条或支付服务法第17条的安全义务，属于行政违法行为，应被金融市场监管局处以10万欧元以下的罚金刑。

（6）第3条第2款的电子货币机构或者第10条的分支机构的年终审计师损害了第27条第1款、第2款或第3款的报告义务，属于行政违法行为，应被金融市场监管局处以10万欧元以下的罚金刑。

（7）第 3 条第 2 款的电子货币机构或者第 10 条的分支机构的责任人（行政刑法第 9 条）违反第 14 条第 3 款不将年度账目及时提交给金融市场监管局，属于行政违法行为，应被金融市场监管局处以 2 万欧元以下的罚金刑。

（8）第 3 条第 2 款的电子货币机构的责任人（行政刑法第 9 条）实施了以下行为，属于行政违法，实施以下第 1 项行为应被金融市场监管局处以 6 万欧元以下罚金，实施第 2 项至第 4 项行为的应被金融市场监管局处以 1 万欧元以下的罚金刑：

1. 损害了第 15 条、第 16 条第 2 款的义务，或者违反第 17 条低于所收取资金的票面价值发行电子货币；或者

2. 损害了第 18 条、第 19 条或第 20 条的义务；或者

3. 没有立即向金融市场监管局以书面形式表明第 6 条第 3 款或第 7 条所称的事实；或者

4. 没有立即向金融市场监管局以书面形式表明根据支付服务法第 21 条第 3 款在本联邦法第 15 条中所称的事实。

（9）第 9 条第 2 款的分支结构的责任人（行政刑法第 9 条）实施了以下行为，属于行政违法，实施以下第 1 项行为应被金融市场监管局处以 6 万欧元以下罚金，实施第 2 项行为的应被金融市场监管局处以 1 万欧元以下的罚金刑：

1. 违反第 17 条低于所收取资金的票面价值发行电子货币；

2. 损害第 18 条至第 20 条的义务。

（10）第 1 条第 2 款第 1 项或第 3 项至第 6 项的电子货币发行者的责任人（行政刑法第 9 条）实施了以下行为，属于行政违法，实施以下第 1 项行为应被金融市场监管局处以 6 万欧元以下罚金，实施第 2 项行为的应被金融市场监管局处以 1 万欧元以下的罚金刑：

1. 违反第 17 条低于所收取资金的票面价值发行电子货币；

2. 损害本联邦法第 18 条至第 20 条的义务。

（11）信托获取了电子货币而没有履行银行法第 40 条第 2 款的对第 3 条第 2 款或第 9 条所指的电子货币机构或对第 9 第 1 条第 2 款第

4 项或第 5 项所指的电子货币发行者的披露义务，属于行政违法，应被金融市场监管局处以 6 万欧元以下的罚金刑。

（13）只有当第 1 款至第 11 款的行为不构成法庭管辖下的犯罪行为时，才属于行政违法。

**第 30 条**

（1）判处第 28 条和第 29 条的行政处罚由金融市场监管局负责一审。

（2）第 28 条至第 29 条的行政违法的追诉时效不是行政刑法第 31 条第 2 款规定的 6 个月，而是 18 个月。

（3）在第 28 条和第 29 条第 1 款至第 11 款的行政刑法诉讼的侦查中，金融市场监管局拥有第 25 条第 2 款规定的所有职权。

（4）对于那些投诉电子货币机构违反第 12 条或者电子货币发行者违反第三部分的电子货币持有者，金融市场监管局应当向他们指出在法庭外的 FIN – NET 调解机构（支付服务法第 3 条第 9 项）进行投诉的可能性并告诉其坐落地与地址。

**第 31 条** 根据第 1 条第 1 款没有获得必要授权而发行电子货币，或者违反本联邦法第 3 条第 3 款第 2 项与支付服务法第 5 条第 5 款相关的限制而提供贷款，或者违反第 3 条第 4 款接收存款，或者违反第 17 条超过收取资金数额的票面价值发行电子货币，或者违反第 20 条提供利息，那么无权要求任何与该业务有关的佣金、花销与费用。与此业务相关的协议的无效并不延伸至整个业务的无效。与此违背的协议以及与该业务相关的担保与保证无效。

## 第三章 国际合作

**第 32 条** 联络点与消息交换

（1）金融市场监管局是第 2009/110/EG 号指令第 3 条第 1 款连同第 2007/64/EG 号指令第 20 条第 1 款规定的主管机关。当对于金融市场有效运行的国民经济利益或信赖保护利益是必要的时，金融市场监管局可以随时要求取得关于在国外的奥地利电子货币机构的活动和活动能够影响奥地利金融市场的外国电子货币机构的状况的答复。

（2）当为了履行第2009/110/EG号指令所规定的任务或者通过行政援助与法律援助的方式是必要时以及只要向该机关传送的信息属于第2007/64/EG号指令第22条的职业秘密，金融市场监管局可以与其他成员国的主管机关、欧洲中央银行以及其他成员国的中央银行协同工作——其他成员国的中央银行的身份是货币与监管机关和在其他成员国监管支付与结算系统、在处理个人数据时保护自然人或者反洗钱与恐怖主义资金的机关。即使在作为调查对象的行为方式没有显示出违反了在奥地利生效的规定的情况下，金融市场监管局也可以为了协同工作和根据本部分转发数据而使用其职权。金融市场监管局可以为了针对法人的协同工作而使用其第25条第2款第1项和第2项的职权——该法人被批准在其来源成员国发行电子货币以及可能情况下作为第2009/110/EG号指令第2条第1项规定的电子货币机构提供支付服务。

（3）如果金融市场监管局有合理的理由怀疑并不属其监管之下的公司在其他成员国领土内违反或已经违反了第2009/110/EG号指令的规定，那么它应当尽可能准确地通知其他成员国的主管机关。当它从其他主管机关处获得了这样的通知，那么它应当采取就它方面而言合适的措施，并且教导该机关关于措施的结果以及可能的话关于在此期间的显著发展。作为传达信息的主管机关的金融市场监管局的职权不受本款的影响。

**第33条** 监视、现场审查和调查时的协同合作

（1）金融市场监管局可以请求其他成员国的主管机关在监视或现场审查或调查时协同工作。如果金融市场监管局被请求现场审查或调查，那么它应当通过以下方式在其职权范围内进行工作：

1. 自己执行审查或调查，或者委托给奥地利国家银行承担；或者
2. 许可提出请求的机关执行审核或调查；或者
3. 许可审计师或专家受官方委托执行审核或调查。

（2）金融市场监管局应当将基于本联邦法产生的、对于履行第

2009/110/EG 号指令第 3 条第 1 款连同第 2007/64/EG 号指令第 20 条第 1 款所称的主管机关的职责是必要的信息告知其他主管机关，尤其是代理人、分支机构或商业单位的违反或可能违反的外包业务。金融市场监管局应当在此根据请求传送所有相关的信息，并提交所有它认为重要的信息。当它与其他主管机关交换信息时，金融市场监管局可以在传送信息时要求，此信息只能在经其明确同意的情况下才能被公布。在此情况下，它们允许为了仅被授予同意的目的而被交换。

（3）只要联邦财政部长被授权缔结联邦宪法第 66 条第 2 款的协议，联邦财政部长可以根据金融市场监管局和奥地利国家银行的联合议案、经过与履行监督与审慎监管电子货币机构的职责的金融市场监管局和奥地利国家银行协同合作而作出以下协议：

1. 与其他成员国的主管机关之间的协议；在该协议中，尤其可以规定金融市场监管局与其他成员国的主管机关之间关于第 2007/64/EG 号指令第 24 条连同第 2009/110/EG 号指令第 3 条第 1 款所称的信息交换的协同合作的程序；

2. 与第三国主管机关之间的协议，只要与该主管机关的信息交换是为了在第 2007/64/EG 号指令第 22 条连同第 2009/110/EG 号指令第 3 条第 1 款规定的同等职业秘密的条件下该主管机关完成监管职责。

**第 34 条** 作为接纳国的职权

作为接纳国主管机关的金融市场监管局可以在行使本联邦法被授予的职权要求第 9 条规定的电子货币机构的分支机构提供必要的信息，以监控其是否遵守适用于公司的法规。这些要求不允许比金融市场监管局为了监控其是否遵守同样法规而对被授予许可证的机构的要求更严格。

**第 35 条** 安全措施

（1）如果作为接纳国主管机关的金融市场监管局有清楚和明确的理由相信，一个在奥地利自由服务范围内从事业务的电子货币机构或通过第 9 条所指的分支机构违反了义务，该义务由本联邦法或关于欧共体内跨境支付第（EG）924/2009 号条例或关于随同转移资金付款人资料的第（EG）1781/2006号条例发展而来，而且作为接纳国主管机关的金融市场监管局没有承担管辖权，那么它应当通知其来源成员国的主管机关。

（2）如果作为接纳国主管机关的金融市场监管局认定，在奥地利有分支机构的第9条所指的电子货币机构违反了奥地利的法律或行政法规的规定，而金融市场监管局根据第22条第1款作为接纳国的主管机关享有管辖权，那么金融市场应当要求所涉的电子货币机构在合适的、最长不超过三个月的期限内回复到合法状态。

（3）金融市场监管局应当将第1款或第2款的措施——包括处罚或者限制电子货币机构的活动——按规定陈述理由并以通知的方式告知所涉及的电子货币机构。

（4）如果第3条第2款规定的在一个成员国通过分支机构从事业务的电子货币机构尽管被主管机关要求回复到合法状态，但继续损害接纳国的国内规定，那么金融市场监管局应当在获得接纳国主管机关的通知之后，采取第26条第7款中合适的措施以使其在接纳国回复到合法状态。应当立即将所采取的措施告知接纳国的主管机关。

（5）如果第3条第2款规定的电子货币机构被撤销了许可证，那么金融市场监管局应当立即以书面形式告知该电子货币机构从事活动所在的成员国的主管机关。

## 第五部分　过渡与最终规定

**第36条**　过渡规定

电子货币机构，如果在2011年4月30日之前从事的符合来源成员国旨在实施第2000/46/EG号指令的法律或者符合电子货币法（BGBl. I Nr. 45/2002）的活动被奥地利所接受，那么允许继续在奥地利从事这些符合电子货币法（BGBl. I Nr. 45/2002）或者第2000/46/EG号指令关于互相承认的规定的活动最迟至2011年10月30日而不需要申请第3条的许可证；但是本联邦法第三部分仍然适用。持有电子货币法（BGBl. I Nr. 45/2002）第1条的许可证的电子货币机构，应当最迟在2011年5月31日将用于检验该电子货币机构是否符合电子货币法2010的全部要求的所有相关资料传送给金融市场监管局。金融市场监管局应当最迟在2011年10月30日通过决定的方式确认，该电子货币机构是否符合要求以及在此情况下是否记载入电子货币机构登记册或规定相应的措施或撤销许可证和禁止电子货币发行。坐落于另一个成员国的电子货币机构允许在2011年10月30日之后继续从事活动，只要它们在来源成员国符合第2009/110/EG号指令而被授权从事。

**第37条** 参照与条例

（1）只要本联邦法指引参照其他联邦法，那么各自适用目前有效的版本，除非另有明文规定。

（2）如果本联邦法指引参照下列欧洲的法律文件，那么只要没有其他规定，就各自适用以下的版本：

1. 关于内部市场支付服务、修正第97/7/EG号指令、第2002/65/EG号指令、第2005/60/EG号指令和第2006/48/EG号指令以及废除第97/5/EG号指令的第2007/64/EG号指令（ABl. Nr. L 319 vom 05.12.2007, S. 1），为关于中央机构附属银行、特定自有资金组成、大额贷款、监督安排和危机管理、修正第2006/48/EG号指令、第2006/49/EG号指令和第2007/64/EG号指令的第2009/111/EG号指令（ABl. Nr. L 302 vom 17.11.2009, S. 97）中的版本；

2. 关于接纳与从事信贷机构业务的第2006/48/EG号指令（ABl. Nr. L 177 vom 30.06.2006, S. 1），为关于中央机构附属银行、特定自有资金组成、大额贷款、监督安排和危机管理、修正第2006/48/EG号指令、第2006/49/EG号指令和第2007/64/EG号指令的第2009/111/EG号指令（ABl. Nr. L 302 vom 17.11.2009, S. 97）中的版本；

3. 关于欧共体内跨境支付和废除第（EG）2560/2001号指令的第（EG）924/2009号条例（Bl. Nr. L 266 vom 9.10.2009, S. 11）；

4. 2005年10月26日关于防止利用金融系统洗钱和资助恐怖主义

的第2005/60号指令（ABl. Nr. L 309 vom 25. 11. 2005, S. 15），为关于接纳、从事与审慎监管电子货币机构业务、修正第2005/60/EG号指令和第2006/48/EG号指令以及废除第2000/46/EG号指令的第2009/110/EG号指令（ABl. Nr. L 267 vom 10. 10. 2009, S. 7）中的版本；

5. 关于涉及个人数据处理的个人保护以及此类数据自由流动的第95/46号指令（ABl. Nr. L 281 vom 23. 11. 1995, S. 31），为2003年9月29日第（EG）1882/2003号条例（ABl. Nr. L 284 vom 31. 10. 2003, S. 1）中的版本；

6. 关于接纳、从事与审慎监管电子货币机构业务、修正第2005/60/EG号指令和第2006/48/EG号指令以及废除第2000/46/EG号指令的第2009/110/EG号指令（ABl. Nr. L 267 vom 10. 10. 2009, S. 7）；

7. 关于投资公司和信贷机构的资本充足性的第2006/49/EG号指令（ABl. Nr. L 177 vom 30. 06. 2006, S. 201），为关于中央机构附属银行、特定自有资金组成、大额贷款、监督安排和危机管理、修正第2006/48/EG号指令、第2006/49/EG号指令和第2007/64/EG号指令的第2009/111/EG号指令（ABl. Nr. L 302 vom 17. 11. 2009, S. 97）中的版本；

8. 关于随同转移资金付款人资料的第（EG）1781/2006号条例（ABl. Nr. L 345 vom 08. 12. 2006, S. 1）。

（3）基于本联邦法各自版本的条例允许自要执行的联邦法颁布之日后被公布；但是它不允许在要执行的法律规定之前生效。

**第38条** 语言上的平等

本联邦法中仅使用男性形式的称呼同等方式适用于女性与男性。当使用于特定的人时应分别使用特定性别的形式。

**第39条** 失效

第141/2006号联邦法律公报（BGBl. I Nr. 141/2006）版本中的电子货币法（BGBl. I Nr. 45/2002）第39条在2011年4月29日届满

而失去效力，但是对于那些在 2011 年 4 月 30 日之前被接受从事电子货币法规定的活动的电子机构，与第 36 条一致适用至 2011 年 10 月 30 日。

**第 40 条　实施**

实施本联邦法如下：

1. 联邦司法部受委托负责实施第 6 条第 1 款、第 16 条第 1 款、第 21 条、第 28 条和第 31 条；

2. 联邦财政部受委托与联邦司法部协商负责实施第 5 条、第 17 条至第 19 条；

3. 联邦财政部受委托负责实施其余的规定。

**第 41 条　生效**

（1）本联邦法自 2011 年 4 月 30 日起生效。但是第 36 条在颁布的次日起生效。

（2）在第 145/2011 号联邦法律公报（BGBl. I Nr. 145/2011）版本中的第 2 条第 4 款自 2011 年 12 月 31 日起生效。

（3）在第二稳定法案 2012（BGBl. I Nr. 35/2012）版本中的第 29 条第 1 款至第 11 款自 2012 年 5 月 1 日起生效。

（4）在第 70/2013 号联邦法律公报（BGBl. I Nr. 70/2013）版本中的第 30 条第 2 款自 2014 年 1 月 1 日起生效。

（5）在第 184/2013 号联邦法律公报（BGBl. I Nr. 184/2013）版本中的第 1 条第 1 款第 1 项、第 1 条第 2 款第 2 项、第 2 条第 2 款第 1 项、第 8 条第 1 款、第 9 条第 1 款、第 11 条第 1 款和第 2 款、第 14 条第 1 款、第 22 条第 2 款、第 37 条第 2 款第 2 项和第 7 项自 2014 年 1 月 1 日起生效。

# 奥地利信息安全法[①]

**完整标题：**

本法是一部有关信息安全使用中的国际法律义务履行的联邦法律，简称 Informationssicherheitsgesetz，InfoSiG。

STF：联邦法律公报第 23 号/ 2001 年（NR：GP XXI RV753 AB941 S. 第 89 BR：AB6549 S683）

**修正案：**

联邦法律公报 . I 第 129 号/ 2003 年（NR：GP XXII RV 312 AB 322 S. 40. BR：6924 AB 6945 S. 704. ）

联邦法律公报 . I 第 10 号/ 2006 年（NR：GP XXII RV 1084 AB 1244 S. 129. BR：AB 7449 S. 729. ）

文本的其他部分：已经联邦议会通过。

**正　文：**

## 第一章　法律目的与适用范围

**第 1 条**　在联邦部门的适用

（1）本法第 1 条至 10 条的设立目的是在联邦机构范围内行使，为被分级信息安全的使用和表现形式与数据载体的独立所承担的国家

① Informationssicherheitsgesetz，InfoSiG。

国际法义务。

（2）基于本法第 3 条第（1）款规定，接触被分级信息的先决条件不适用于联邦总统、国民议会和联邦议会领域、联邦政府成员、国务秘书、司法权、宪法法院和行政法法院、审计署和检察院。由这些机构组织转发的分类信息不收本联邦法的限制，但国际法规定限制除外。

（3）本联邦法并不影响本条第（2）款中所提到的机构和团体的信息传播义务和任务。

**第 2 条**　分级信息的限制途径

（1）奥地利所获得的在国际法协调下的分级信息，如果涉及《联邦宪法》第 20 条第 3 款规定，这种协调统一的传播地位将在有限的空间和期间内受到限制。

（2）有以下情况，根据本条第 1 款所述的所获得的被分级信息，为了达到传送信息的维护和预期保护，信息将分归属以下级别：

1. “限制”，如果将违反《联邦宪法》第 20 条第 3 款所述的未经授权的信息传播；

2. “机密”，如果信息根据联邦法律是由刑法中的秘密保护和涉及公共利益的秘密部分所规制的；

3. “秘密”，如果信息是机密的和信息的基于《联邦宪法》第 20 条第 3 款所述利益的泄露将造成严重损害的危险时；

4. “绝密”，如果信息是机密的，此外信息的公开可能将严重损害《联邦宪法》第 20 条第 3 款所规定的利益。

（3）如果信息是机密的，基于《联邦记录法》第 5 条（联邦公报：1999 年第 162 号），这些信息将不能使用。

**第 3 条**　接触分级信息的条件

（1）在不违反本法第 1 条的情况下，相关人员每次接触分级信息时必须满足以下先决条件：

1. 对于政府机构中的公务员：

a）如果接触信息对于执行公务是必需的；

b）如果指明接触机密信息是有足够可靠根据的；

c）如果所涉及的信息是被列为“机密”“秘密”或“绝密”，都必须通过《安全警察法》（联邦公报：1991 年第 566 号）第 55 条 a 款和 b 款所规定的安全检测，或如果法律规定，也应通过《军事许可法》（联邦公报：2000 年第 86 号）第 23 条和 24 条所规定的可靠性检测。

2. 对于其他人员：

a）如果这对于日常活动中公共利益的行使是必要的；

b）如有本条第（1）款第 1 项中 b 和 c 的前提条件发生；

c）必须保障对信息的保护，不得低于主管机关预设的保护水平。

（2）联邦政府机构工作人员想查询接触分级信息只能依照本条第（1）款第 1 项规定。

（3）基于 2000 版的《数据保护法》第 26 条所述的联邦政府机构公务员和其他人员，被授予的相关权利（《数据保护法》第 4 条第 3 项）不受本条第（1）、（2）款的影响。

**第 4 条**　保密义务

根据本联邦法，任何接触过分级信息的人都应保证：

1. 对通过这种方法所了解获得的信息负有保密义务；

2. 通过对预设的信息保护准则遵守的监管，确保未经授权者无法获得相关分级信息。

**第 5 条**　政府帮助

只有申请机构提出的请求是明确的，以及保证拥有必要的保护水平能力，在政府帮助框架内才可将分级信息转交。申请中必须明确说明，针对相关分级信息预设的保护水平是足够的。

**第 6 条**　信息安全法规

联邦政府通过信息安全相关法律法规豁免于联邦行政部门。不论如何这是为了规定以下事项：

1. 分级信息的代号；

2. 使用分级信息的维护措施和行为准则，特别是关于此类信息的传输、复制、储存和销毁；

3. 在信息安全领域缺乏注意情况下的行为准则；

4. 根据机密级别区别访问的限制；

5. 为接触分级信息设立的明显的担保措施；

6. 为持续评级必要性的检测的措施；

7. 为实现信息安全而设立的必不可少的、技术上的数据保护措施；

8. 信息解密的工作步骤。

**第7条** 信息安全专员

(1) 每个信息安全专员都由联邦部长任命。

(2) 信息安全专员负有以下责任：持续监督本联邦法规定，信息安全法，与本法第14条和替他信息安全规定有关法规，以及为分级信息保护而设的安保措施的定期检测和基于本法第8条所涉信息安全委员会报告的实施。安全专员在察觉到相关缺陷后应当及时地消除缺陷。

(3) 安全专员必须确保，其部门范围内的所有人应基于本法第3条第(1)、(2)款的前提下对信息进行安全监测。

(4) 安全专员负有向主管联邦部长报告信息安全事务和提出必要的完善建议的职责。

**第8条** 信息安全委员会

(1) 所有联邦部门的信息安全专员构成了信息安全委员会。信息安全委员会的主席担任联邦总理府的信息安全专员。信息安全委员会负有以下职责：

1. 谋求全国统一的保护措施和联邦行政领域的协调，特别是在本法第5条所述的救助功能。

2. 有关本法第7条第(2)款所述，组织在个联邦部门范围内维持保护措施的经验交流，以及为完善信息安全措施提出可行的建议。

3. 联邦政府要求，每个信息安全专员至少每三年提交一份信息安全状况的报告，这也是信息安全专员做出的贡献。

4. 如果这些措施关于分级信息的保护和安全所约定协议的实施是必需的，可以针对奥地利和国际组织、其他政府间机构或外国政府之间的分级信息交换设置保护措施或提出建议。

5. 向个人、公司、企业、组织机构签发安全监测合格证书。

（2）信息安全委员会对于会议的召开和召集、工作组织以及重要的决策都是通过，集体赞成议事章程和简单多数原则来进行的。

（3）只要认为对于按规定完成任务是必需的，信息安全委员会可以请其他专家参与会议。更多细节将在议事规则中规定。

**第 9 条** 司法惩罚行为

（1）谁违反除本法第三条第（1）款外的本法规定，公开或使用被设定为“机密”、“秘密”或“绝密”的分级信息，而这种使用或公开对公共安全、国防各领域或外交领域造成负面的影响，出其他法律规定更严厉的惩罚外，将处以最高 6 个月的有期徒刑或每日最高 360 欧元的财产刑。

（2）如果当事人为了自己利益或他人资产利益以及为他人造成资产负面影响的，将处以最高 1 年的有期徒刑或每天 360 欧元的财产刑。

（3）信息公开行为或有违宪危险的事实（《联邦刑法》第 252 条第 3 款规定）存在，且导致故意、损害个人利益或损害奥地利共和国利益的结果，必须受到刑事惩罚。犯罪嫌疑人并不能因过失造成危害宪法事实而从刑罚中豁免。

**第 10 条** 行政违法

（1）如果行为并不构成法院管辖下的刑事违法构成要件的最低违法行为，及属于行政违法行为范畴：

1. 违反本法第 4 条第 1 项保密义务的；

2. 违反本法第 4 条第 2 项保护规范，未经许可非法获得分级信息内容的。

（2）依据本条第（1）款行政违法规定，对于以上违法行为将由当地区行政机关处以 3000 欧元以下的财产刑。

## 第二章　公司企业的安全无害证明

**第 11 条**　第二章的应用范围

本法第 11 条至 13 条规定了为公司、企业、机构组织颁发安全无害证书的事宜，以上条款基于国际法义务将直接适用《联邦宪法》第 50 条第 1 款所述的国际条约和本法 14 条所述的参与工业活动和研究活动中安全使用分级信息以及为获得委托所必需的协议。

**第 12 条**　安全无害证明的颁发和撤销

（1）基于 1986 年联邦部门法（联邦政府公报，第 76 号），为有关工业活动、研究活动或已有委托的目的而申请颁发的安全无害证书，应由实际主管的联邦部长签发。

（2）在安全无害证明签发前应当告知内政部长。对于这种机制是否能保护，如本法第 6 条信息安全法规的规定，在申请材料中所标明的分级信息，联邦内政部起到了协同查明和保障的作用。

（3）基于本条第（2）款做出的协作决定中，所涉所有未履行专业职责而接触到被设为“机密”“秘密”“绝密”的信息的人，都应通过《警察安全法》（联邦公报：1991 年第 566 号）第 55 条及第 55a 条规定的安全检测。基于本条第一款，检测结果应当告知主管联邦部长。

（4）但满足所有行政机关预设的条件和满足各项国际法义务的前提下，可以颁发安全无害证书。主管联邦部长应当定期从安全角度检测所设置的安全条件或前提条件。并报联邦内政部长备案。当有以下情况时，将撤销安全无害许可证：

1. 不再符合颁发许可的前提的；

2. 负有接受安全监测责任的机构或公司，在所能进入必须检测的范围内，并在日常营业或工作时间，且在所有的营业地点、营业场所或企业所在地，非法的拒绝提供或不配合接受必要的检测的。

（4a）① 安全无害证明的颁发和撤销是基于主管联邦部长的推荐

① 本款为 2003 年《奥地利信息安全法》修正后添加，是对“（4）”的补充和完善。

［基于本条第（1）款］并通过当时国际协议规定的国家安全认证中心做出决定。除非另有明文规定，国家安全认证中心也就是在联邦总理府中的信息安全委员会（基于本法第 8 条）。联邦宪法第 79 条第 1 款所述的为完成联邦部队任务而颁发的安全无害证明是由国家安全认证中心和联邦国防部长主管负责的公开宣传机构合作完成的。申请接触分级信息的安全无害证明是通过安全认证中心的机构发出的；撤销程序同上。颁发或撤销与否，申请者将被告知。

(4b)① 如果一个人在国外接触并获得了分级信息或进入了存放紧密材料的站点，在国际访问管控程序框架内，当事人应获得相关机构的准许并将获取的有关信息通知主管机构。本条并不受《联邦共同决定法》第 25 条的影响。

（5）当无法颁发安全无害证书时，主管联邦部长［本条第（1）款所述］应当及时将了解到的相关情况书面通知申请者。

（6）如本条第（1）款所述，如果一定意义上申请是属于国防部部长主管的，即使相关机构在申请中已明确标明符合信息安全法为分级信息所预设的保护（本法第 6 条所述）的保护措施，联邦部长还是要对其负责。本条第（3）款的适用，同时基于《联邦军事授权法》第 23 条和 24 条的规定（联邦公报：2000 年第 86 号），应当当场进行安全性检测和可靠性检测。基于信任，国防部长可以委托联邦国防部的下属机构独立代理其行使以上职责。

**第 13 条　费用补偿义务**

所颁发的安全无害证书联邦将收取一定的费用最为补偿，费用是按相应的实际平均开支来确定的，并由客观主管的联邦部长的命令经联邦内政部长审核后收取。在本法第 12 条第（6）款的情况下审核并不是必须的。无论申请颁发安全无害证书的人最后是否办理，都应给联邦专家提交相应的现金费用。

---

① 本款为 2006 年《奥地利信息安全法》修正后添加，是对“（4）、(4a)”的补充和完善。

## 第三章　一般规定

**第 14 条**　国际协议

（1）如果联邦政府或联邦政府的主管部门基于联邦宪法第 66 条第 2 款的授权，可以为了相互交流和保护分级信息的目的签订国际协议。但只有在信息接受者保证对于信息的保护水平和信息发送者是同等的，才可以将分级信息转发接受方。

（2）协议根据的一款，可以调节以下内容：

1. 当时合同的另一方的分级信息；
2. 获得颁发的安全许可证；
3. 符合颁发安全许可机构的要求和条件；
4. 申请撤销安全许可的前提；
5. 每个合同当事方和义务机关交付分级信息时，必须符合保密材料协议的规定方能转交；
6. 设定特定的交付服务和加密设备；
7. 当时合同一方主管机关对于安全许可证的交付和撤销。

**第十五条**　语言平等待遇

本法关于人称表述以及内容上的考虑，男性和女性是一样平等的。

**第十六条**　相关引用

本法中所引用的相关法律，以正在生效的文本为准。

**第十七条**　法律执行

联邦政府在委托执行本法时，在事务上只涉及联邦政府效力范围内的成员中生效。

# 奥地利电子商务法[①]

**完整标题：**

本法是一部联邦法律，具体规范了电子商务和相关的法律事务。简称 E – Commerce – Gesetz – ECG。

STF：联邦法律公报第 152 号/ 2001（NR：GP XXI RV817 AB853 S. 第 83 BR：AB6499 p682）

[收集编号：300L0031]

**文本的其他部分：已经联邦议会通过。**

**正　文：**

## 第一章　适用范围和释义

**第 1 条**　适用范围

（1）本法规定了电子商务和法律事务方面的法律框架。它涉及服务提供者的登记、信息提供的义务、合同的签订、服务提供者的法律责任、原产地原则和与其他成员国在电子商业和法律事务的合作。

（2）本法对原产地原则的规定（第 20 条、23 条）和与其他会员国（第 25 条）的合作仅适用于欧洲经济区内的信息社会服务的交流。

**第 2 条**　本法不得与有关税法、数据保护法和反垄断法相冲突。

① E – Commerce – Gesetz，ECG。

**第3条　释义**

本联邦法一定意义上是说：

1. 社会信息服务：是一种为服务接收者提供有偿远程个人电子服务请求的电子服务方式。（第一条，第1款，第2排，《通知法案》1999年版）特别体现在网上商品销售和服务销售、在线信息供应、网络广告、电子搜索引擎和数据检索服务功能、电子网络信息传输、信息流入的调节或是网络信息的储存方面；

2. 服务提供商：是自然人、法人或其他具有法律能力且能提供信息社会服务的组织。

3. 分设服务提供商：是一个中级服务提供商，具有被授权无限期从事某项经营能力，同时为服务的存在和使用提供必要的技术手段和科技投入的固定机构。但其本身并不是服务提供商的分支机构。

4. 用户：是自然人或法人。也可是为了专业或其他目的在社会信息服务中获得某种资格的组织，特别是在信息获得和信息使用方面。

5. 消费者：为了某种职业的、商业的、专业目的而进行交易活动的自然人。

6. 商业通信：广告和其他通信方式直接或间接地服务于来自货物、服务以及企业形象的销售需求。这种信息的获得使得直接了解企业的活动成为可能，如通过域名或电子邮箱地址，以及有关货物、信息服务或企业形象相关独立且没有经济回报所传递的信息。

7. 成员国：欧洲共同体或欧洲经济区域协定的会员国。

8. 规制领域：针对社会信息服务和服务供应商所设立的普通法和特别法是为了规制以下行为——登记和相关行为的行使，批准和注册（如社会信息服务的质量和内容，包括相关广告以及合同适用条款）和服务供应商的法律责任。特别法主要规定了服务供应者资格和行为的内容。

## 第二章　社会信息服务准入

**第4条　准入自由**

（1）信息服务供应商的登记和日常工作不得分设官方机构进行批准、授权、颁发许可证或其他等同于许可证效力的文件。

（2）法律规定了服务供应商在商业、职业或专业相关方面登记和实践的准予，并且在社会信息服务和供应商之间无差别的适用，不受任何情况的影响。这些法律同样适用于电子通信服务上的提示通知责任和许可证责任。

## 第三章　信息义务

**第5条**　一般信息

（1）服务提供商应当向用户简明直接地持续提供以下信息：

1. 服务提供商的名称或所属公司。

2. 有效的地理通信地址。

3. 提供有效的电子通信地址，方便用户可以及时直接地与其取得联系。

4. 如果有的话，应当提供公司注册号码和公司登记法院。

5. 如受到官方机构的监管，应提供受监管机构的名称。

6. 服务提供者所受到监管的商业或行业规范，所属的商会、行业协会或相类似组织机构，所授予的职业名称和授权经营的会员国名称。如：提示所适用的商业或行业法规和查询以上信息的通道。

7. 如果有，应提供营业税识别号。

（2）在社会信息服务中所标明的价格，作为一般细心消费者应当能够容易地读懂和理解。所给出的价格应当清晰明了地注明是否包含营业税等其他税或附加费（或是否毛价）。此外，在价格中还应标明是否包含运费。

（3）其他信息义务并不涉及。

**第6条**　商业通信信息

（1）服务提供商应确保清晰明确的说明了信息社会服务的构成和相关服务：

1. 确保所提供信息是明显可识别的；

2. 自然人或法人在商务通信协议中已经设立并达成共识；

3. 明确对于营业需求的供给，如附加物、补贴或赠品；还应包括一个方便使用，且符合必要条件的简单方式；

4. 明确有奖竞赛、抽奖游戏等相类似活动，且包含一个简单的参加方式。

（2）其他与促销供应、有奖竞赛以及抽奖游戏批准有关的商业通信信息责任法规并不受影响。

**第7条** 无需同意的商务通信

（1）服务供应商应当确保，对于未经收件人事先同意而发送的电子商务通信邮件，使用者已清晰明了地知道。

（2）广播电台和电信监管有限公司（RTR－GmbH）有一个工作原则，每个人和企业都可以免费注册，并通过电子邮件方式进行商业通信。其中第1款所述服务提供商应当遵守原则。

（3）有关涉及以电子邮件方式传送商业通信中的承诺与否不受法律规范的影响。

**第8条** 相关专业领域的商业通信

（1）行业规范规定，对于服务提供商而言，一个商业通信的许可，是由社会信息服务的批准和其他相关内容构成的。

（2）这些行业规范不受外界影响的对客户和其他相关行业在所属行业中的商业通信进行限制和规范。这种限制特别是为了保持行业的尊严、独立和荣誉，为保证行业秘密的安全和遵守公平的行为。

## 第四章 合同的订立

**第9条** 合同缔结的条件

（1）服务提供商必须在合同声明（合同要约或承诺）交换前，在以下重要方面应清晰、明了、易懂的提示用户：

1. 每一个影响着一个合同的宣布和订立的技术步骤；

2. 是否保存服务提供商订立的合同文本或与其他合同相关的条款或文本；

3. 在订立合同前对合同错误的识别和更正的技术方法；

4. 缔结合同的语言。

（2）服务供应商有一个墨守成规的自愿行为准则，这个准则同样适用于电子方式中。

（3）本条第 1 款和第 2 款所规定的信息义务不能因不利于消费者而废除或删减。以上条款仅适用于电子邮件以及相类似的个人通信方式所订立的协议。

（4）本条并不影响服务提供商的其他信息义务。

**第 10 条**　合同解释的声明

（1）服务提供商应当在合同订立前将合同存在的缺陷和笔误通知和告知使用者，并为其设置了适当、有效、易操作的科学解决方式。

（2）服务提供商应当在确认收到用户的电子合同声明后及时回复或承诺。

（3）本条第 1 款和第 2 款所规定的信息义务不能因不利于消费者而废除或删减。以上条款仅适用于电子邮件以及相类似的个人通信方式所订立的协议。

**第 11 条**　合同细则和交易条件

服务提供商必须为用户提供以备备份和储存的合同细则以及交易条件，这种义务不能以合同不利于用户而废除或删减。

**第 12 条**　合同订立的方式

电子合同声明，其他法律相关的电子声明及电子接收证明都被视为已送达，对于明确自身地位的协议双方，在通常情况下是可以撤回所发信息的。该规定不能因不利于消费者而废除。

## 第五章　服务提供商的责任

**第 13 条**　传输过程中的责任免除

（1）以下情况下，对从事在社交网络中传播用户键入信息或提供社交网络媒介的服务提供商，对其传播的信息不负责任：

1. 信息并非服务提供商所发出；

2. 被传播信息的接受者并没有筛选；

3. 被传播的信息既没被筛选又没更改。

（2）第 1 款一定意义上在信息传输和传输媒介中也包括了瞬时自动缓存的传输信息。当信息传输是通常必须的，这种缓存需在社交网络信息传输实施中提供，但保存时间不能过长。

**第 14 条** 搜索引擎中的责任排除

（1）在以下情况下，为用户提供搜索引擎或其他电子搜索帮扶工具的服务提供商，对被询问或所提供的信息不负责任：

1. 所搜索信息的传播并非由服务提供商造成；

2. 搜索信息的接收者并没有对信息筛选；

3. 所搜索信息既没筛选又没更改。

（2）如果收集信息的人是受服务提供商监管或者隶属于服务提供商，本条第 1 款将不再适用。

**第 15 条** 缓存的责任排除（缓存）

在以下情况下，在社交网络中传输用户输入信息的服务提供商，对瞬时自动的、服务于其他用户调出有效形态传输信息的缓存不负责任：

1. 信息并没更改过；

2. 重点提示了信息进入的条件；

3. 信息更新规则被重点提示，这也在普遍公认和采用的行业标准中被确认；

4. 有关信息利用而批准使用科技收集信息的方式不得受影响，这也在普遍公认和使用的行业标准中被确认；

5. 一个来自服务提供商的被缓存的信息，应当被删除或禁止使用查看，一旦事实上获得了某些信息，信息应在原始端口被删除、禁止相关信息的查看或由法院或相关行政机构颁布法规对这些信息数据进行管理或删除。

**第 16 条** 他人信息存储的责任免除（托管主机）

（1）以下情况下，为用户信息进行存储的服务提供商，对用户委托所存储的信息不负责任：

1. 并没有真实认识到是违法活动或违法信息以及涉及索赔权的真实情况，而公布了违法的活动或信息；

2. 服务提供商一旦获得了这种数据或信息，应及时主动删除或阻止针对该信息的访问。

（2）如果用户是隶属于或受服务提供商监督的，本条第 1 款对其不适用。

**第 17 条** 连接的责任免除

（1）在以下情况下，为获取他人信息提供电子查询通道的服务供应商对所提供的信息免责：

1. 并没有真实认识到是违法活动或违法信息以及涉及索赔权的真实情况，而公布了违法的活动或信息；

2. 一旦真实的信息了解或知晓后，应当及时删除相关信息。

（2）如果获得信息的用户是隶属于服务提供商或受其监管，或者信息被证明是提供商自身的，本条第 1 款将不再适用。

**第 18 条** 服务提供商的义务范围

（1）本法第 13 至 17 条中所述服务提供商对其自身所传送的、储存的、普遍监管下接触制造的、通过其所查找出的违法信息或违法活动不负责任。

（2）本法第 13 条和第 16 条所述的服务提供商，在其管理的已签订信息传送和存储服务协议的用户，基于法定有权的国内法院的规定，为方便涉及回避、调查、查明、追捕有关的法定应罚行为的查明，可以传送用户的所有信息。

（3）本法第 16 条所述服务提供商，基于相关行政机关的规范，对所知晓的信息满足行政机关委托任务的基本先决条件，可以传送与其鉴定信息存储服务协议的用户的名称及地址。

（4）本法第 16 条所述的服务提供商，基于大多数法益，且查明并确认了的用户身份信息以及违法事实准确无误，以及相关信息内容构成追诉法律责任的基本前提时，根据第三者的要求可以向其提供与服务供应商鉴定信息存储服务协议用户的名称及地址信息。

（5）其他信息和合作义务在行政机关和法院面前不受影响。

**第 19 条** 法规的延伸

（1）本法第 13 至 18 条以法律规范形式规定，根据本法法院和政府机构可以不受影响的授权服务提供商实施停止侵害、排除妨害和直至侵害的行为。

（2）如本条第 1 款所述，本法第 13 至 18 条同样适用于准备无偿提供电子服务的供应商。

## 第五章 来源地原则和免责条款

**第 20 条** 来源地原则

（1）针对成员国依法定要求而设立的服务提供商的法律规制范围（本法第 3 条第 8 项）取决于该成员国的国内法。

（2）来自其他成员国信息社会服务的自由流转信息，在本法第 21 条至 23 条中，不得依调节相关范围的国内法律进行规制。

**第 21 条** 来源地原则的免责条款

来源地原则在以下范畴下并不适用：

1. 知识产权利益及其相关权利保护，工商业保护权，如数据库和半导体保护权。

2. 对于通过机构发行的电子货币有关，基于本法第 8 条第 1 款所述，于 2000 年 10 月 27 日生效的规范准则（2000/46/EG，ABl. Nr. L 275，S 39）所设立的免责条款，在任一成员国中的适用。

3. 有关投资基金和其他组织在销售国共同投资有价证券的广告。

4. 于 1992 年 8 月 11 日生效的欧洲经济共同体规范中第 30 条和第四章（92/49/EWG，ABI. Nr. L228，S1），最终通过于 1995 年 7 月 18 日通过的欧洲共同体规范（95/26/EG，ABI. Nr. L168，S7）而更改；于 1992 年 12 月 9 日生效的欧洲经济共同体规范中第四章（92/96/EWG，ABI. Nr. L360，S1），最终通过欧洲共同体法规（95/26/EG）而更改；于 1988 年 7 月 4 日通过的欧洲经济共同体规范第 7 条和第 8 条（88/257/EWG，ABl. Nr. L172，S1），最终通过欧洲共同体规范（92/49/EG）而更改；以及于 1990 年 11 月 29 日通过的欧洲经济共同体规范中第 4 条（90/619/EWG，ABl. Nr. L330，S50），最终通过欧洲共同体规范（92/96/EG）而更改。以上法规是为弥补在成员国中有关受主管监督机关管理下的保险公司承保责任义务、有关在欧洲经济区内保险公司的自由设立和自由的服务提供通道以及有关非寿险和寿险的法律适用方面的风险。

5. 合同当事人双方法律选择的自由。

6. 有关消费者合同中受条约约束的债权债务关系包括在合约订立的判决中起决定性影响的法定信息义务。

7. 在合同成立的法律效力或不动产转让权方面所订立的合同，应当受不动产所在的成员国的强制合同格式规范约束。

8. 对于以电子邮件的方式发送的垃圾邮件和为行情调查的其他措施的承诺。

9. 公证员和其他相类似工作日常活动中的相关公权力的行使。

10. 在法庭上党派的代言人或他们利益的辩护人，也就是在联邦行政法第 113 条第 4 行意义上的行政院或行政机关。

11. 赌注的货币价值是在抽奖游戏和赌博中完成的，包括来自彩券和博彩的。

12. 有关货物的法律规定：如安全标准、标签义务、承担和占有的禁止和限制，以及对瑕疵产品的担保。

13. 有关货物和药品供应的法规。

14. 对未提供电子劳务法规的。

**第 22 条** 来源地原则的位移

（1）因来源地原则的异常措施的设置，法院或行政机关可以利用其一定范畴内的法定权利，对来自其他成员国的社会信息服务的自由流通进行限制。如第 2 款所述，这种保护措施是一种不可缺少的合法权益。这种保护所针对的对象是：已经损害或将要严重损害合法权益的服务提供商。这种保护限制措施与所要达成的目标必须是成相应适度比例的。

（2）来自其他成员国的社会信息服务的自由流转只能因以下原因而受到限制：

1. 公共秩序的保护，例如预防，调查，有罪行为侦查或缉捕，包括对未成年人的保护和任何基于种族、性别、宗教或国籍的煽动仇恨争斗行为；

2. 保护人类个人的尊严；

3. 公众健康的保护；

4. 公共安全的保护，包括国家安全的保障和国防利益；

5. 消费者保护，包括投资者利益的保护。

**第23条**

（1）行政机关已决定针对来自其他成员国社会信息服务的自由流转进行限制，应当通知欧盟委员会并告知其他国家的主管机关，并请求其针对服务提供商采取相应措施。如果替他成员国的主管机关针对这个请求，没有在适当的期限内处理或采取的措施不力，该机构才可积极实施措施。

（2）在紧急情况下，行政机关可以无需通知欧盟委员会和请求其他成员国的主管当局，而采取积极的措施。在这种情况下，该机关必须立即将因紧急情况而采取的积极措施的原因报告欧盟委员会以及其他成员国主管机关。

（3）以上第1款和第2款不适用于法律诉讼。

## 第七章　与其他成员国的信息透明和沟通

**第24条**　透明度

（1）联邦司法部长应当公布，欧盟委员会的与社会信息服务有关的重要的司法和行政机关的决定。

（2）联邦司法部长应当公布以下有关网络信息：

1. 合同约定用户的权利和义务，以及有关法律争讼中的争议诉讼和权利保护诉讼，包括这些诉讼的事务方面；

2. 用户或服务提供商可以获得更多信息和实际帮助的机关、公权力组织和其他机构的地址。

**第 25 条** 相关沟通点

（1）联邦司法部长是其他成员国相关主管部门和欧盟委员会合作的连接点。他既要满足来自其他成员国和欧盟委员会提出的需求信息，又要为了行政和司法协助，向主管法院或行政机关转交不属于其工作范围的正在提出的协助请求。

（2）联邦司法部长应当将其已知其他成员国给出的通信地址，在互联网上公布。

## 第八章 刑法条例

**第 26 条** 行政违法

（1）如果有以下情况，则服务提供商行政违法，可最高处以 3000 欧元的罚款：

1. 其违反本法第 5 条第 1 款，一般信息义务；

2. 其违反本法第 6 条，商业通信信息义务；

3. 其违反本法第 9 条第 1 款，合同订立的信息义务，违反了本法第 9 条第 2 款，没有以电子方式标明自我约束的自愿的行为准则；

4. 违反本法第 10 条第 1 款，没有设置技术手段识别和更正输入错误的指令；

5. 违反本法第 11 条，在合同条款和一般商业条款中没有指明，其针对用户信息的存储和归还的功能。

（2）如果案件构成了司法刑事行为或基于其他行政处罚条款有更严厉的处罚，则不再适用本条第 1 款行政违法内容，适用更严厉的处罚条款。

**第 27 条** 积极的悔改

（1）行政机关可以在法定合理期间内，对于违反本联邦法指出和委托的发行义务的服务提供商，恢复其合法地位。同时要向服务提供商指明提出这种请求的相关法律后果。

（2）当服务提供商的合法地位，在行政机关设定的法定期间内得到确立，那么其就不必基于本法第26条第1款规定的行政违法而受到惩罚。

## 第九章　执行和最后条款（附则）

**第28条**　生效施行

本联邦法于2002年1月1日生效。

**第29条**　其他联邦法律的引用

本联邦法所引用的其他联邦法律，应是现行生效的法律版本。

**第30条**　强制规定

本法第7条的实施需要取得交通部、科技部和创新改革部的授权；本法第24条、第25条的实施需要取得司法部的授权；以及其他本法条款的实施需要取得司法部、经济部和劳工部的授权。

**第31条**　关于通知和实施的注意事项

（1）基于1998年7月21日生效的欧洲共同体规范条款（98/34/EG，ABI. Nr. L204，S37）和于1998年8月5日生效的法律文本（98/48/EG，ABI. Nr. L217，S18）本法已在欧盟委员会备案（备案号：2001/290/A）。

（2）欧共体法规（2000/31/EG）随着本联邦法于2000年7月17日针对关于内部市场（有关电子商务通信）电子商务沟通的特定方面的修改（ABI. Nr. L178，S1）而改变。

# 德国电子媒体法①

发布日期：2007 年 2 月 26 日

最后修改：2010 年 5 月 31 日

## 第一章　一般规定

**第 1 条**　适用范围

（1）本法适用于所有电子信息与通信服务，只要它并非电信法第 3 条第 24 款所规定的、完全是在电信网络中进行信号传输的电信服务，或电信法第 3 条第 25 款所规定的电信支持服务，或州际广播条约第 2 条规定的广播。本法适用于所有的提供者，包括公共机构，不管其使用是否收费。

（2）本法不适用于税收领域。

（3）电信法与新闻法不受影响。

（4）针对电子媒体内容的特殊要求由广播与电子媒体州际条约（州际广播条约）规定。

（5）本法既不涉及国际私法领域的规制，也不规制法院的管辖权。

（6）本法关于调播视听媒体服务的特殊规定不适用于以下服务：

① Telemediengesetz。

1. 该服务仅被确定在第三方国家进行接收；并且

2. 没有直接或间接地被理事会1989年10月3日关于协调各成员国针对电视领域的权利法律与行政规定的第89/552/EWG号指令（ABl. L298 vom 17.10.1989，S. 23）——该指令最终被第2007/65/EG号指令（ABl. L 332 vom 18.12.2007，S. 27）所修改——的效力范围内的国家的公众用商业消费设备接收。

**第2条** 概念规定

在本法中：

1. 服务提供者，是指为自己或他人准备电子媒体以使用或帮助获得入口以使用的自然人或法人；在调播视听媒体服务中，服务提供者可以是任何能够有效控制所提供内容的选择和铺展的自然人或法人。

2. 有坐落的服务提供者，是指通过固定设备在不确定的时间内对电子媒体进行业务性供应或提供的提供者；技术设备的位置不是提供者的坐落地。

3. 用户，是指使用电子媒体——尤其是为了获取信息或发布信息——的自然人或法人。

4. 分发服务电子媒体，是指以传送无个人要求的数据的方式同时提供给无限制数量的用户的电子媒体。

5. 商业通讯，是指直接或间接促进货物销售、劳务或者从事贸易、手工业或手艺或自由职业的企业、其他组织或自然人的形象的任何形式的通讯；传达以下内容本身并未展示商业通讯的形式：

a）能够实现企业、组织或个人的活动直接入口的资料，比如尤其是域名或电子邮件地址；

b）涉及货物和劳务或者独立且尤其是没有经济回报的企业、组织或个人的形象的资料。

6. “调播视听媒体服务”，是指带有在形式和内容上与电视类似的且服务提供者根据用户选择时提供的、来自服务提供者确定的内容目录的内容的电子媒体。

被赋予了获得权利与建立联系能力的合伙企业与法人视为等同。

**第2a条　欧洲坐落国**

（1）在欧洲议会与欧洲理事会2000年6月8日关于一些信息化社会服务的法律事务、特别是内部市场中电子商务的第2000/31/EC号指令（ABl. EG Nr. L 178 vom 17. 7. 2000，S. 1）的效力范围内，服务提供者的坐落国取决于其事实经营的所在地。对于特定的媒体提供，地点则是服务提供者从事活动的中心。

（2）在第89/552/EWG号指令的效力范围内，调播视听媒体服务的服务提供者的坐落国：

a）根据总部所在地确定，只要此处能对视听媒体服务进行有效的控制。

b）当总部所在地不能对欧盟成员国或第三国视听媒体服务进行有效控制时，根据提供视听媒体服务所雇职员的主要业务所在地确定；如果不能够确定提供视听媒体服务所雇职员的主要业务所在地，那么根据总部所在地确定坐落国。

（3）如果第2款第a项或第b项规定的前提不存在，那么在第89/552/EWG号指令的效力范围内，服务提供者的坐落国是其最先根据该国法律从事活动的地方，只要一个持续的、实际存在的与该国经济的关联继续存在。

（4）根据第2款和第3款无法在第89/552/EWG号指令效力范围内确定坐落国的调播视听媒体服务的提供者，在符合以下情况时，也受到德国法律的规制：

a）使用了德国境内的卫星地面站进行上行传送；或者

b）使用了一个卫星中属于德国的传送容量。

**第3条　来源国原则**

（1）当电子媒体在第2000/31/EG号指令和第89/552/EWG号指令效力范围内的另一个国家被业务性供应或提供时，根据第2a条经营于联邦德国的服务提供者和他们的电子媒体受到德国法律要求的规制。

（2）经营于第2000/31/EG号和第89/552/EWG号指令效力范围

内另一个国家的服务提供者在联邦德国业务性供应或提供免费的电子媒体服务不会被限制。第 5 款不受影响。

（3）以下不受第 1 款和第 2 款的影响：

1. 法律选择的自由；

2. 关于消费者合同的合同性债关系的规定；

3. 关于获得土地和土地同等权利以及建立、转让、修改或撤销土地上的物权和土地同等权利的形式的法律规定；

4. 适用于个人数据保护的法律。

（4）第 1 款和第 2 款不适用于：

1. 公证员的工作以及其他从事同样要求高尚的人员的工作。

2. 为当事人进行代理以及在法庭代表其利益。

3. 通过电子邮件的、不要求许可的商务通信。

4. 在包括彩票和打赌在内的赌博中带有金钱价值赌注的竞赛游戏。

5. 对于分发服务的要求。

6. 著作权，相邻权，欧洲理事会 1986 年 12 月 16 日关于半导体产品拓扑图的法律保护的第 87/54/EWG 号指令（ABl. EG Nr. L 24 S. 36）和欧洲议会与理事会 1996 年 3 月 11 日关于数据库法律保护的第 96/9/EG 号指令（ABl. EG Nr. L 77 S. 20）意义上的权利，以及行业所保护的权利。

7. 根据欧洲议会和理事会 2000 年 9 月 18 日关于电子货币机构业务开办、经营与监管的第 2000/46/EG 号指令（ABl. EG Nr. L 275 S. 39）第 8 条第 1 款，适用该指令的若干或全部条文和适用欧洲议会和理事会 2000 年 3 月 20 日关于信用机构业务开办与经营的第 2000/12/EG 号指令（ABl. EG Nr. L 126 S. 1）所决定的机构发行的电子货币。

8. 属于卡特尔法的协议或行为方式。

9. 属于保险业监督法第 12 条、第 13a 至 13c 条、第 55a 条、第 83 条、第 110a 至 110d 条、111b 条和 111c 条和保险报告条例所纳入的领域，关于保险合同法律适用和强制保险的规定。

（5）通过经营于第2000/31/EG号或第89/552/EWG号指令效力范围内的另一个国家的服务提供者所供应和提供的电子媒体，不受第2款中国内法的限制，只要它保护以下事项以防止受到损害或严重危险：

1. 公共安全与秩序，尤其是关于对犯罪行为和违反秩序行为的预防、调查、侦查、追诉和执行，包括对青少年的保护和对由于种族、性别、信仰或者国籍而产生的煽动的斗争，以及损害个人的人格尊严和保护国家安全和国防利益；

2. 公众健康；

3. 消费者的利益，包括购买者保护。

并且存在根据国内法对这一保护目的相称的可予以考虑的措施。对于采取第1句中措施的程序，除了包括任何前置程序和对包括刑事执行在内的犯罪行为、违反秩序行为进行追诉的法庭程序，拟用第2000/31/EG号指令第3条第4、5款以及第89/552/EWG号指令第2a条第4、5款的咨询与信息义务。

## 第二章　无需许可与信息义务

**第4条**　无需许可

电子媒体在本法范围内是无需许可与登记的。

**第5条**　一般的信息义务

（1）对于商业性质的电子媒体，通常是所提供的付费电子媒体，服务提供者应当让以下信息容易被辨识、直接能获取并始终可使用：

1. 姓名与其经营的地址，对于法人而言，还需额外提供法律形式、法定代理人，以及当注明公司资本时，应提供注册资本，当并非完全用货币履行注资时，应提供所拖欠注资的总额。

2. 能够实现快速电子联系且与其直接通讯的资料信息，包括电子邮件地址。

3. 当供应或提供的服务属于应受政府机关许可的范围时，那么应当注明负责的监督机关。

4. 他们被记录入的贸易登记册、协会登记册、合伙登记册或合作社登记册，以及相应的登记号码。

5. 只要供应或提供的服务是涉及从事欧洲理事会 1988 年 12 月 21 日关于承认经三年以上职业教育与培训颁发的高等教育文凭的一般制度的第 89/48/EWG 号指令（ABl. EG Nr. L 19 S. 16）第 1 条第 d 项或者欧洲理事会 1992 年 6 月 18 日关于补充第 89/48/EWG 号指令的有关承认职业教育与培训的第二套一般性制度的第 92/51/EW 号指令（ABl. EG Nr. L 209 S. 25, 1995 Nr. L 17 S. 20）——该指令最终被 1997 年 6 月 20 日第 97/38/EG 指令（ABl. EG Nr. L 184 S. 31）所修改——第 1 条第 f 款所指的职业，那么应当注明：

a）服务提供者所属的法庭；

b）法定的职业名称以及授予该职业名称的国家；

c）关于职业权利的法规的名称，以及如何获取该法规；

6. 当持有销售税法第 27a 条的销售税识别号码或纳税条例第 139c 条的经济识别号码时，应注明该号码。

7. 处于破产清算中的股份有限公司、股份两合公司和有限责任公司，对此应注明。

（2）其他法律规定的其他信息义务不受影响。

**第 6 条　商业通讯中的特殊信息义务**

（1）在属于电子媒体或属于部分电子媒体的商业通讯中，服务提供者应当至少注意以下前提条件：

1. 商业通讯本身必须能够被清楚地辨识。

2. 委托实现商业通讯的自然人或法人必须能够被清楚地识别身份。

3. 提供如折扣、赠品和礼品的促销本身必须能够被清楚地辨识，而且使用条件应当能够被容易实现以及被清楚明确地标明。

4. 带有广告性质的有奖竞猜或竞赛游戏本身必须能够被清楚地辨识，而且参与条件应当能够被容易实现并被清楚明确地标明。

（2）如果通过电子邮件进行商业通讯，那么在页眉行和事由行不允许将消息的发信人和商业性质掩盖或隐瞒。掩盖或隐瞒，是指故意在页眉行和事由行安排，以使得收信人在审阅通讯内容之前没有获知关于实质辨识的发信人或商业性质的消息，或获得了误导性的信息。

（3）反不正当竞争法的规定不受影响。

## 第三章　责　　任

**第 7 条**　一般原则

（1）服务提供者根据一般法律对于提供使用的自己的信息承担责任。

（2）服务提供者在第 8 条至第 10 条的意义上，没有义务监视或根据情况去研究他们所传送或存储的指向违法活动的信息。一般法律规定的删除或禁止使用信息的义务在第 8 条至第 10 条规定服务提供者不承担责任的情况下不受影响。电信法第 88 条的电信保密应当被保护。

**第 8 条**　信息中转

（1）满足以下情况时，服务提供者对于他们在通讯网络内所传送的他人信息或提供入口以使用不承担责任：

1. 他们没有促使传送；
2. 他们没有挑选被传送信息的接收人；而且
3. 他们没有对被传送的信息进行挑选或修改。

如果服务提供者为了实施非法行为而故意与受其服务的用户一起合作，那么第 1 句并不适用。

（2）根据第 1 款的信息传送和提供其入口同样包含对该信息的自动的、短时的缓存，只要这仅在通讯网络内执行传送并且信息并没有被比通常传送所必要的时间更长地存储。

**第 9 条**　加快信息传送的缓存

服务提供者不用对自动、有时限的、目的仅为在被要求后更有效率地传送信息给其他用户的缓存承担责任，只要他们：

1. 没有对信息进行修改；

2. 注意获取该信息的条件；

3. 注意被广泛认可和使用的工业标准所确定的信息的更新规则；

4. 不妨碍被广泛认可和使用的工业标准所确定的信息的使用的数据收集技术的被许可使用；并且

5. 在得知了信息在网络传送的原发出处的已被删除或者对其禁止入口或者法院或行政机关指令删除或禁止之后，立即采取了行动以删除本条文意义上的所存储的信息或对其禁止入口。

第 8 条第 1 款第 2 句相应地适用。

**第 10 条** 对信息的存储

在以下情况中，服务提供者不用对其为用户所存储的信息承担责任：

1. 他们不知晓违法行为或信息，而且在要求赔偿的情况下，也没有任何事实或情形表明，违法行为或信息是显而易见的；或者

2. 一旦他们获知了情况，就立即删除了信息或者禁止了对其的访问。

当用户隶属于或受监管于服务提供者时，第 1 句并不适用。

## 第四章 数据保护

**第 11 条** 提供者与用户的关系

（1）本章的规定不适用于收集与使用与电子媒体用户的个人数据，只要该服务的提供：

1. 在服务关系和工作关系中仅仅只有工作目的或服务目的；或者

2. 仅仅是为了在非公共机关或公共机关内部或之间实现工作流程或商业流程的操作。

（2）本章意义上的用户是使用电子媒体的任何自然人，尤其是那些获取或发布信息的人。

（3）对于那些主要存在于通过电信网络传输信号的电子媒体，仅能收集和使用第 15 条第 8 款和第 16 条第 2 款第 4 项中与用户的个人

数据。

**第 12 条　基本原则**

（1）仅当本法或其他明确规定涉及电子媒体的法律条文允许，或者用户同意时，服务提供者才允许以提供电子媒体为目的而收集和使用个人数据。

（2）仅当本法或其他明确规定涉及电子媒体的法律条文允许，或者用户同意时，服务提供者才允许为了其他目的而使用提供电子媒体所收集的个人数据。

（3）若无其他法律规定，即使当数据没有被自动处理时，生效的法律条文同样适用于对个人数据的保护。

**第 13 条　服务提供者的义务**

（1）服务提供者从使用过程开始时就应当以人人都能理解的方式告知用户收集与使用的个人数据的种类、范围和目的，以及告知用户其数据在欧洲议会与理事会 1995 年 10 月 24 日关于涉及个人数据处理的个人保护以及此类数据自由流动的指令（ABl. EG Nr. L 281 S. 31）适用范围之外的国家被处理，只要在这之前此类告知尚未实现。在一个之后能识别用户身份并贮备收集或使用个人数据的自动化程序中，用户应当在该程序开始时被告知。告知的内容必须可以随时被用户调阅。

（2）当服务提供者确保以下事项时，可以通过电子方式表明同意：

1. 用户知晓其同意并清楚地给予；
2. 同意被记录下来；
3. 用户可以随时调阅同意的内容；并且
4. 用户可以随时撤销同意，该撤销对将来有效。

（3）服务提供者应当在用户表明同意之前向其提示第 2 款第 4 项所规定的权利。第 1 款第 3 句也同样适用。

（4）服务提供者应当通过技术措施与管理措施确保以下事项：

1. 用户可以随时终止其对服务的使用；

2. 所产生的、超过了存取或其他使用期限的个人数据在终止之后将被直接删除，或者在第 2 句的情况下禁止；

3. 用户可以要求电子媒体防止被第三者获知；

4. 使用不同电子媒体的个人数据，可以通过同一个用户被分别地使用；

5. 第 15 条第 2 款的数据只能为了结算的目的而被汇集；

6. 第 15 条第 3 款的使用档案不能与化名使用者本人的数据汇集。

第 1 句第 2 项的删除将被禁止，只要该删除违背法律、章程或合同规定的保存期限。

（5）转授给另一个服务提供者时应当告知用户。

（6）只要技术上可行且合理，服务提供者应当实现使用电子媒体和支付的匿名或化名。用户应当被告知这一可能性。

（7）服务提供者应当依据联邦数据保护法第 34 条给予用户其所要求的关于他自己的或者其化名存储的数据给予答复。

**第 14 条** 库存数据

（1）服务提供者允许收集与使用个人数据，仅当其对于电子媒体使用中建立、内容设置或改变服务提供者与用户之间关系是必要的时（库存数据）。

（2）服务提供者允许在个案中关于库存数据答复主管部门的指令，只要其对于刑事追诉目的、州警察机关防御危险、联邦和州的宪法保护机关完成法律任务、联邦情报机关或军事情报机关或联邦刑事调查局在其防止国际恐怖主义的危险的范围内完成法律任务或者为了贯彻知识产权是必要的。

**第 15 条** 使用数据

（1）服务提供者允许收集与使用用户的个人数据，仅当其对于实现和结算电子媒体使用是必要的时（使用数据）。使用数据尤其是指：

1. 用以辨认用户的特征；

2. 关于每一次使用的开始、结束以及范围的说明；

3. 关于用户所需要的电子媒体的说明。

（2）服务提供者允许汇集用户所需要的不同电子媒体的使用数据，只要这对于与用户进行结算是必要的。

（3）只要用户没有拒绝，服务提供者允许为了广告、市场研究或为了定制架构电子媒体而建立使用化名的使用档案。服务提供者应当根据第 13 条第 1 款的告知向用户提示其享有拒绝的权利。该使用档案不允许与化名使用者本人的数据汇集。

（4）服务提供者允许在使用过程结束后继续使用使用数据，只要这对于与用户进行结算是必要的（结算数据）。为了满足存在的法律规定的、章程规定的或者合同规定的保存期限，服务提供者允许禁止数据。

（5）服务提供者允许将结算数据传达给其他服务提供者或者第三人，只要这对于查明资费和与用户进行结算是必要的。如果服务提供者与第三人订立了资费迁移合同，那么允许他向第三人传达结算数据，只要这对于该目的是必要的。为了其他服务提供者的市场研究，匿名使用数据可以被传送。第 14 条第 2 款相应地适用。

（6）对电子媒体使用的结算，可以不用写明用户所要求的特定电子媒体的提供者、时间、期限、方式、内容和频率，除非用户要求特别证明。

（7）服务提供者允许在寄送账单后最长 6 个月内存储关于用来处理制作按用户要求特定提供的使用的特别证明的结算数据。如果在该期限内有对应收账款的异议被提出或者该付款要求未被实现，那么允许继续存储结算数据，直到该异议最终被释清或者该应付账款被支付。

（8）如果服务提供者有文档事实线索证明，使用其服务的特定用户故意要求不支付或不完全支付账款，那么只要这对于法律追诉的目的是必要的，就允许他将该用户的个人数据在使用过程结束之后以及第 7 款所称的存储期限到期之后继续使用。当第 1 句中的条件不再存在或者法律追诉不再需要该数据时，服务提供者应当将数据立即删除。只要不会对追诉目的的措施产生妨害，就应当告知所涉及的用户。

**第 15a 条** 信息义务

如果服务提供者查明，在其处存储的库存数据或使用数据被非法传送或者通过其他方式被第三人非法获取，并且严重妨害了相关用户的权利或可保护的利益，那么联邦数据保护法的第 42a 条相应地适用。

## 第五章 罚款规定

**第 16 条** 罚款规定

（1）故意违背第 6 条第 2 款第 1 句而故意掩盖或隐瞒消息的发送者或者商业性质，属于违反秩序的行为。

（2）故意或过失实施下列行为的，属于违反秩序的行为：

1. 违反第 5 条第 1 款，使得信息无法被调用、无法被正确调用或者无法被完全调用；

2. 违反第 13 条第 1 款第 1 句或者第 2 句，使得用户没有被告知、没有被完全告知或者没有被及时告知；

3. 违反第 13 条第 4 款第 1 句第 1 项至第 4 项或者第 5 项中确保义务的规定；

4. 违反第 14 条第 1 款或者第 15 条第 1 款第 1 句或者第 8 款第 1 句或者第 2 句，收集或使用或者没有删除或没有及时删除个人数据；

5. 违反第 15 条第 3 款第 3 句，将使用档案与化名使用者本人的数据进行汇集。

（3）违反秩序的行为，可以处以 50000 欧元以下的罚款。

# 英国电子通讯预防和反恐电子商务指令（2006 年反恐法案）规则[①]

（1）国务大臣根据 1972 年欧盟共同体法案[②]第 2 条第 2 款赋予的权力使此法规生效。

（2）国务大臣被指定以完成 1972 年欧盟共同体法案第 2 条第 2 款中关于信息社会服务[③]的内容。

**第 1 条　引称和开头**

这部法规可以被引用称为电子商务指令（2006 年反恐法案）2007 年法规，并将于 2007 年 6 月 21 日生效。

**第 2 条　解释**

（1）在法规中——

"法案"指 2006 年反恐法案[④]；

"条款"指法案中第二十条第二款中给定的含义。

"指令"指《2000 年 6 月 8 日欧洲议会及欧盟理事会关于共同体内部市场的信息社会服务尤其是电子商务的若干法律方面的第 2000/

① Electronic Communications Prevention and Suppression of Terrorism, the Electronic Commerce Directive (Terrorism Act 2006) Regulations 2007。

② 1972 c. 68. 该法案第二条第二款的行使权力因 1993 年欧洲经济区法案第一条中的关于第一条第二款的修正案而被扩大。(c. 51)

③ S. I. 2001/2555.

④ 2006 c. 11.

31/EC 号指令》(电子商务指令)[①]。

“信息社会服务”——

(a) 指指令(即 1998 年 6 月 22 日欧洲议会及欧盟理事会的第 98/34/EC 号指令第一条第二款中规定的在科技标准和法规的领域中信息提供的程序[②])第二条(a)款中给出的含义，以及

(b) 在指令的第 17 叙文中被概括的，包括“在服务接受者个人要求时，在一定距离间的、以电子设备传送(包括数字压缩)和数据储存的方法来提供以获得报酬的服务”。

“服务接受者”指为了专业或其他结果使用信息社会服务、尤其是为了查找信息或使信息可被获得的人。

“记录”指法案第二十条第二款中给定的含义。

“相关罪行”指法案第一条或第二条中给定的罪行。

“服务提供者”指提供信息社会服务的人。

“声明”指法案第二十条第六款中给定的含义。

(2) 在法规中使用时，

(a) 服务提供者被认为是设立在一个特定的欧盟经济区国家，如果他在一个不特定的阶段里，使用在该国家的固定机构有效地追求了一项经济活动，而且该服务提供者是一个欧盟经济区国家的公民，或者是一个符合欧盟经济区条约第 48 条的公司或合伙。

(b) 某一特定地点的设备或其他提供信息社会服务的科技手段的存在或使用，本身不构成服务提供者的设立。

(c) 当无法判断信息社会服务是多个机构中的哪一个提供时，该服务被认定是服务提供者在提供相关服务时进行活动的中心地点提供的。

当提到某个机构里的人时，也必须使用相应的解释方法。

---

① O. J. No. L 178, 17. 7. 2000, 页 1. 根据欧盟经济区联合委员会 91/2000 决定(O. J. L 7, 11. 1. 2001, 页 13)，该指令已经被合并入欧盟经济区协议。

② O. J. No. L 204, 21. 7. 1998, 页 37, 98/48/EC 指令修订(O. J. L 217, 5. 8. 1998, 页 18)；亦有其它的修正案但都不相关

**第 3 条　内部市场：英国的服务提供者**

（1）如果

（a）在提供信息社会服务的过程中，设立在英国的服务提供者在欧盟经济区的其他国家进行了任何活动；并且

（b）他的活动，如果有一部分是在英国完成的并构成了相关犯罪，则他将因在英国的那部分犯罪而有罪。

（2）如果第 1 款适用：

（a）对该犯罪的审判可以在英国任何地方进行；并且

（b）该犯罪可以被认定是在所有附带的目的需要的任何地方发生。

（3）在法案第十七条适用时，第 1 款不适用。

（4）如果一个人只是因第 1 款而构成了相关犯罪，他在如下情形负有责任：

（a）经诉讼定罪，被判处不超过两年的监禁刑期。

（b）经简易程序定罪，被判处不超过适当时间的监禁刑期或者不超过适当数量的罚款。

（5）适当时间——

（a）在英格兰和威尔士定罪的案件中，如果犯罪是在 2003 年刑事审判法[①]第 154 条第（1）款生效后发生的，为 12 个月；

（b）在其他案件中，为 3 个月。

（6）适当数量——

（a）如果以日为单位计算，每日 100 镑；

（b）如果不以日为单位计算，按照标准表的第五等级计算。

**第 4 条　内部市场：非英国的服务提供者**

（1）除非满足了减损条件，相关犯罪的诉讼不会对非英国的服务提供者进行。

（2）除非满足了减损和合作条件，法案第三条第三款要求的通知

---

① 2003 c. 44.

无需提供给非英国的服务提供者。

（3）减损条件指当第（1）款或第（2）款中提到的行动（根据案件的情况取决于用哪一段）。

（a）是追求任何公共利益目的的必要手段；

（b）与某个损害了该目的或显示出严重的损害该目的的风险的信息社会服务相关；并且

（c）与该目的成比例。

（4）公共利益目的指：

（a）公共政策，尤其是对相关犯罪的预防、研究、侦查和起诉；

（b）公共安全，包括对国家安全和防卫的保护。

（5）合作条件是：

（a）警察要求服务提供者设立地所在的欧盟经济区国家采取适当措施，但该欧盟经济区国家没有采取；并且

（b）警察通知了委员会和该欧盟经济区国家其将采取第（2）款中提到的行动。

（6）如果有如下情况发生，第（2）款中对满足合作条件的要求不适用——

（a）在警察看来，因情况紧急，第（2）款中的行动应被采用；并且

（b）在采取行动后的最短时间内，警察通知委员会和该服务提供者设立地所在的欧盟经济区国家行动已被采用，并说明紧急情况的原因。

（7）适当措施指在警察看来，根据该欧盟经济区国家法律，与根据法案第三条第三款要求的给出通知有同等效果。

（8）在本条法规中——

（a）委员会指欧洲共同体委员会。

（b）非英国的服务提供者指设立在欧盟经济区除英国外的国家的服务提供者。

**第5条　仅作为通道的例外**

（1）服务提供者对在提供构成下列内容所需的信息社会服务的过程中所做的事情的相关犯罪没有刑事责任：

（a）对交流网络进入的提供；或

（b）服务接受者提供的信息交流网络内的传送，

如果满足了传送条件。

（2）传送条件指服务提供者没有：

（a）发起该传送；

（b）选择传送的接受者；

（c）选择或修改传送中包含的信息。

（3）如果法规第六条对该信息适用，则第（1）款（b）项不适用。

（4）在本条法规中，对交流网络进入的提供和在网络中信息的传送包括为了实施在网络中的传送而自动地、中介地、和短暂地储存信息。

（5）如果信息被储存的时间长于为了传送所需的合理必要，则第（4）款不适用。

**第6条　缓存的例外**

（1）本条法规适用于如下的信息——

（a）由服务接受者提供；并且

（b）是只为了使应服务接受者要求传送的信息更有效率而自动地、中介地、和短暂地储存的对象。

（2）服务提供者对在提供本条法规适用的、在交流信息的网络中的传送的信息社会服务的过程中所做的事情的相关犯罪没有刑事责任，如果——

（a）服务提供者没有修改信息；

（b）服务提供者遵守了所有许可获取信息的条件；并且

（c）在第（3）款适用的案子中，服务提供者尽快移除或使人无法获取该信息。

（3）如果服务提供者实际知悉如下情形，则这一段适用——

（a）最初传送的信息被从网络上移除；

（b）该信息无法被获取；

（c）法庭或行政机关命令将该信息从网络上移除或使其无法被获取。

**第7条　托管的例外**

（1）服务提供者对在提供构成储存服务接受者提供的信息的信息社会服务的过程中所做的事情的相关犯罪没有刑事责任，如果——

（a）服务提供者在信息被提供时不知道它是非法地与恐怖主义相关联的；或者

（b）在实际知悉该信息是非法地与恐怖主义相关联时，服务提供者尽快地将信息移除或使其无法被获取。

（2）在第（1）款中适用时，如果信息由一条声明构成，或是被包含在根据法案第三条第七款为非法地与恐怖主义相关联的文章或记录中，则信息是非法地与恐怖主义相关联的。

（3）如果服务的接受者在服务提供者的控制下或经其授权而行动，则第（1）款不适用。

# 英国电子商务规则（EC 指令）[①]

第 16 项规定于 2002 年 10 月 23 日生效；其余条款于 2002 年 8 月 21 日生效。

为实现《欧洲共同体法案》1972 第 2 章（2）涉及的信息社会服务的目的，并且为了践行《欧洲共同体法案》第 2（2）章所宣称的权利，在此，英国首相指派国务大臣制定如下规定：

**第 1 条　引用与实施**

（1）本规定当被引用为 2000 年《电子商务规定（EC 指令）》，并且除第 16 项规定外均于 2002 年 8 月 21 日发生效力。

（2）第 16 项规定将于 2002 年 10 月 23 日起生效。

**第 2 条　解释**

（1）在本规定及附录中的“电子通讯”即指任何形式的，被设计来直接或间接提升产品、服务，或任何人用于追求一种商业的、工业的或手工业的活动或提升规范化职业形象的通讯，而非以下之通讯：

（a）仅由能够直接连通个人的地理地址、域名或电邮地址信息构成；或

（b）与个人产品、服务或形象相关的，证明该通讯已经为该个人独立地准备就绪（并且为了此目的，即将采用一种不借由资金因素的

① The Electronic Commerce（EC Directive）Regulations 2002。

且已经准备就绪的通讯，除非出现相反情况）；

“委员会”即指欧洲共同体委员；

“消费者”即指任何有行为目的的自然人，而非指基于贸易、生意与职业行为的自然人；

“协调领域”即指适用于信息社会服务提供者或信息社会服务的规定，不论该规定是否具有一般性或为该领域特别设计，且涵盖服务提供者必须提供的规定。包括：

（a）信息社会服务活动所占用的，例如涉及到质量、授权或通报的规定。以及

（b）信息社会服务活动在于追求的，例如涉及服务提供者举止的规定。与服务质量与内容相关的规定，包括那些与广告及合同相关的规定。以及涉及服务提供者信誉的规定。

但并不包括例如涉及产品本身、产品发送或经由电子手段提供服务的规定。

“指令”即指欧洲议会与理事会于2000年6月8日颁布的关于信息社会服务方面的法律，即特别针对国际市场电子商务的《2000/31/EC指令》（《电子商务指令》）。

“欧洲经济区协定”即指关于欧洲经济区的，于1992年5月2日签订于波尔图的协定，该协定修订1993年3月17日签订的《布鲁塞尔议定书》。

“法律”包括构成北爱尔兰法律一部分的法律以及构成苏格兰议会法案或在苏格兰议会法案之下制定的文书。

“强制措施”即指任何形式的强制措施，尤其是包括：

（a）违反遵守在任何强制性法律规定，或者与采取任何制裁手段（不论刑事制裁手段与否）相关的任何的行为；以及

（b）与许可或授权相关的，尤其是消除或限制此许可或授权的措施。

“执法机关”不包括法院，然而，其须服从于法院，即指任何被授权者均须依照法律等规范约束其行为。

“固定的服务提供者”即指以下服务提供者：成员国国家或《条约》第 48 条中规定的公司或企业，该公司或企业在某一成员国内无限期地运用固定设施提供服务，并以此追求经济效益，然而该技术的存在与运用表明提供信息社会服务所需的技术并不构成提供服务者的固定设施；若无法判断是由许多不同位置的固定设施中的哪一个所提供的服务，则认定为是由服务提供者该服务活动所在中心地的固定设施提供的服务；固定的服务提供者或服务提供者的固定设施依翻译而定。

“信息社会服务”（在《指令》第 17 条事实陈述部分中概括为包含“任何普通远程有偿服务，该服务由电子设备处理〈包括数字压缩〉，并以数据形式存储，并且通过个人请求而接受服务”）有《指令》第 2（a）条规定之意［其指的是欧洲议会《98/34/EC 指令》第 1（2）条以及枢密院 1998 年 6 月 22 日制定的关于信息提供技术标准的程序与规定，后者于 1998 年 7 月 20 日由《98/48/EC 指令》所修订］。

“成员国”包括《欧洲经济区协定》缔约国。

“服务接受者”即指任何不论是否基于其职业需要而使用信息社会服务的个人，尤其是为了搜寻信息或取得信息的人。

“规范的职业”即指 1988 年 12 月 21 日枢密院《89/48/EEC 指令》第 1（d）条关于识别完成职业教育或至少持续三年培训的高学历的普通系统中所指的职业，或者是 1992 年 6 月 18 日枢密院《92/51/EEC 指令》第 1（f）条对于《89/48/EEC 指令》所补充的关于职业教育与培训的第二种普通系统之中所指的职业。

“服务提供者”即指任何提供信息社会服务的人。

“条约”即指《建立欧洲共同体条约》。

（2）在第 4 与第 5 项规定中，“规定”即指任何在英国法律或英国法律一部分规定之下的规定。

（3）除了以上第（1）部分外，本指令中其他术语应保持一致。

**第 3 条　除外条款**

（1）本规定不得适用于涉及以下方面的情形：

（a）赋税；

（b）《数据保护指令》、《电信数据保护指令》、2002年7月12日欧洲议会以及枢密院关于个人数据处理与电子通讯行业个人隐私保护的《2002/58/EC指令》（《隐私与电子通讯指令》）中有关信息社会服务问题；

（c）由卡特尔法规制的关于协议与实践的问题；

（d）信息社会服务中的以下活动：

（ⅰ）公证活动或达到以下程度的同等职业——与公共机关运行有直接且特殊联系的；

（ⅱ）外国人法定代理人，于法庭为此外国人的利益进行辩护的；以及

（ⅲ）以币值为注的打赌、赌博或彩票的。

（2）这些规定不能适用于在其制定之日或制定之后所通过的法案，也不得适用于其具有法律效力之日后制定的法案。

（3）在本规定中：

"卡特尔法"即指关于企业间的协定、企业合并的决定或商定分割市场或确定价格的实践的法律；

"《数据保护指令》"即指1995年10月24日欧洲议会及枢密院关于保护在个人数据处理以及数据自由传输中的个人的《95/46/EC指令》；以及

"《电信数据保护指令》"即指1997年12月15日欧洲议会及枢密院关于电子通讯行业个人数据处理与隐私保护的《97/66/EC指令》。

**第4条　国内市场**

（1）囿于以下第（4）段的规定，任何协调领域中的规定均应能够适用于相关由在英国境内设立的服务提供者所提供之信息社会服务的设备，而该信息社会服务在英国境内或其他成员国境内提供则在所不论。

（2）囿于以下第（4）段的规定，对于第（1）段中任何规定有

管理义务的执法机关应确保在英国境内设立的服务提供者所提供的信息社会服务的设备，应遵守以下规定：不论服务是在英国境内提供还是在其他成员国境内提供，抑或通过任何其他符合强制性安全规定的力量、措施或程序所提供。

（3）囿于以下第（4）、（5）和（6）段的规定，任何规定不应适用于由设立在英国境内之外的成员国境内的服务提供者所提供的，协调领域中的，可能导致向英国境内的人提供信息社会服务的自由产生限制的信息社会服务的设备。

（4）第（1）、（2）、（3）段不应适用于《指令》的附件中所列明的领域。

（5）关于任何可能会对以上第（3）段中提到的，对其他成员国提供信息社会服务的自由产生限制的规定的应用中，不包括社区法案中所规定的包含保护公共健康及消费者权益的规定。

（6）本《规定》中情形所致任何新的犯罪行为，不应被处以高于 2 年的监禁刑或者以简易程序定罪判处高于 3 个月的监禁刑，或者被处以高于第 5 级罚金尺度之罚金刑（如果不是在日罚制基础上的话），或者被处以每日高于 100 英镑的罚金刑。

**第 5 条　第 4 项规定的克减规则**

（1）虽然第 4（3）项规定规定了执法机关有权采取措施，其中包括基于以下必要理由，适用本不适用于第 4（3）项规定之原则的关于提供信息社会服务的措施的规定：

（a）公共政策，尤其是预防、调查、侦查与起诉犯罪行为的公共政策，包括保护弱势群体的公共政策，打击任何导致种族、性别、宗教信仰及国籍仇恨的公共政策以及侵害个人尊严的公共政策；

（b）保护公共健康的措施；

（c）公共安全，包括维护国家安全与国防的措施；或者

（d）对消费者的保护措施，包括对投资者的保护措施，以及适当地为达到相关目的的措施。

（2）虽然第 4（3）项规定规定了在任何案件中，与涉案有关的

相关规定中所提到的执法机关并非诉讼程序之主体，法院仍然有权基于任何人的申请或基于法院自己的意愿，适用任何不被第4（3）项规定之原则所适用的关于信息社会服务的规定，只要该法律或规定的适用是有必要的且为了上述第（1）段所规定的适当相关目的。

（3）第（1）与第（2）段仅适用于对于第（1）（a）至（d）段之信息社会服务存在偏见或者显示出具有重大歧视危险的情况。

（4）囿于第（5）与第（6）段的规定，执法机关除下列情形外不得适用上述第（1）段中的措施：

（a）请求服务提供者设立之成员国采取措施之后，而该成员国没有采取措施或者其缺乏独立采取措施的能力；

（b）通知委员会以及服务提供者设立之成员国其希望采取措施的目的。

（5）第（4）段不应适用于诉讼程序，包括预备程序以及针对犯罪侦查过程的行动。

（6）如果执法机关面临紧急情况，则其可在不请求服务提供者设立之成员国采取措施或者通知委员会及克减规则第（4）段之成员国的情况下，采取第（1）段的措施。

（7）依据上述第（6）段采取的措施，执法机关应通知委员会及克减规则第（4）段之成员国已采取的该项措施的情况。

（8）第（2）段中的“法院”即指任何法院或法庭。

**第6条　提供信息社会服务者所提供之一般信息**

（1）提供信息社会服务者应确保服务接受者对服务的获得，并应确保相关执法机关在其易于实现的形式与方式下能直接并持续地获得以下信息：

（a）服务提供者名称；

（b）服务提供者设立所在地地址；

（c）服务提供者详细信息，包括其电子邮箱地址，且该地址应确保能够迅速联系到服务提供者且能够与其通过有效率的方式进行直接交流；

（d）服务提供者职业登记所在地，或其他相似地以面向公众的形式的登记所在地，服务提供者登记的其他详细信息，以及其登记编号或登记中其他能够以资对其辨别的信息；

（e）该项服务所依据之授权书方案以及相关监督机关的详细说明；

（f）服务提供者规范职业执业地：

（ⅰ）对服务提供者进行登记的专业团体或类似机构的详细信息；

（ⅱ）其职称以及该职称由哪个成员国所授予；

（ⅲ）相关适用于成员国内设立与运行服务提供者的职业规则；以及

（g）服务提供者所进行的需缴纳增值税之活动，该活动判定根据为 1997 年 5 月 17 日关于协调各成员国营业税法律规定的增值税共同规定之标识号的第六号《77/388/EEC 理事会指令》，其作为评估的统一基础。

（2）信息社会服务提供者提供有偿信息社会服务的部分，应当清楚而无歧义地列明，特别应列明该服务是否不含税与运费。

**第 7 条　商用通信**

服务提供者应确保其所提供之任何构成或组成一项信息社会服务的商用通信应当满足以下条件：

（a）能够被清楚地界定为商用通信；

（b）能够被清楚地辨别其代表谁；

（c）其推广优惠价（包括打折、奖金与礼品）能被清楚鉴别且被清楚而无歧义地列明，并且无论何种情况均应保证其使用质量；并且

（d）其推广性竞争或行业竞赛能够被清楚地鉴别且被清楚而无歧义地列明，并保证参与者能够全面获得参与。

**第 8 条　不请自来的商业通信**

服务提供者应确保其通过电子邮件方式发出的不请自来的商业通信应内容清楚并且确保其在被接收时无歧义。

**第9条　通过电子手段达成之合同信息的提供**

（1）若合同由电子手段达成，除合同当事人不包含消费者且达成一致外，服务提供者应当在服务接受者提出要求前提供给服务接受者清楚、易于理解且无歧义的下述第（a）至第（d）段规定中的信息：

（a）达成合同的不同的技术步骤；

（b）所达成的合同是否会被服务提供者归档以及其能否以资查阅；

（c）鉴别与纠正订单安排确定前置入的错误的技术手段；以及

（d）正式合同所提供的语言版本。

（2）除合同当事人不包含消费者且达成一致外，服务提供者应当列明其所遵循的相关行为规则，并说明该行为规则如何通过电子手段查阅。

（3）对于服务提供者所提供的适用于与服务接受者达成之合同的条款与条件，服务提供者应当确保服务接受者能够通过某种途径保留与复制。

（4）上述第（1）与第（2）段之规定不应适用于只通过电子邮件往来或类似个人通信达成的合同。

**第10条　其他信息规定**

除了其他信息立法规定外，第6、7、8条及第9（1）段规定也符合《欧洲共同体法》生效之规定。

**第11条　下订单**

（1）除合同当事人不包含消费者且达成一致外，凡服务接受者通过技术手段下订单的，服务提供者应当：

（a）对服务接受者针对服务所下订单，通过电子手段不迟延地证实收到；

（b）保证给予服务接受者对于鉴别与纠正订单安排确定前置入，适当的、有效的且易于理解的技术手段。

（2）基于上述第（1）（a）段之目的，以下：

（a）在合同当事人各方商定同意时，订单及对于收到订单的证实予以成立；

（b）对于收到订单的证实可采取信息社会服务规定的支付服务形式。

（3）上述第（1）款的规定不应适用于只通过电子邮件往来或类似个人通信达成的合同。

**第 12 条 “订单”的含义**

除了第 9（1）（c）项规定与第 11（1）（b）项规定中“订单”指合同报价外，在第 9 与第 11 项规定之目的下，“订单”可以且不必专指合同报价。

**第 13 条 服务提供者的责任**

第 6、7、8、9（1）与第 11（1）（a）项规定中所列之责任应具有可实现性，即在某项服务的服务接受者因服务提供者违背法定义务而造成伤害时，对服务提供者可提起诉讼。

**第 14 条 对第 9（3）项规定的遵守**

根据要求，服务提供者没有能够满足第 9（3）项规定的要求时，服务接受者可以向任何一个对该合同有管辖权的法院申请命令，要求服务提供者按规定履行。

**第 15 条 合同解除权**

享有合同解除权的人为以下：

（a）已成为本规定适用的合同的当事人，并且

（b）服务提供者没有向其提供遵循第 9（3）项规定之鉴别与纠正置入错误的手段，

以上所述者享有合同解除权，除非任何一个对该合同有管辖权的法院赋予服务提供者行使该权利。

**第 16 条 对 2001 年《停止命令规定（E. C. 指令）》的修订**

（1）2001 年《停止命令规定（E. C. 指令）》的修订为以下。

（2）在第 2（3）项规定中，结尾处应加入：

“（k）2002 年《电子商务规定（E. C. 指令）》第 6、7、8、9 及第 11 项规定。”

（3）在附件 1 中，结尾处应加入：

“11. 2000 年 6 月 8 日欧洲议会及枢密院关于信息社会服务，尤其是关于国内市场电子商务的《2000/31/EC 指令》（《电子商务指令》）。”

**第 17 条　连线服务者**

（1）如果信息社会服务的提供是由传输于通信网络中服务接受者提供的信息或检索条件所组成的话，对于以下传输情况，服务提供者不应当（在其有可能为此行为时）对任何损失、补偿及刑事制裁负责：

（a）不是信息传输的始作俑者；

（b）没有挑选该信息传输的接收器；以及

（c）没有挑选或更改该信息传输中的信息。

（2）第（1）款中的信息传输与检索措施，包括自动化的、为媒介的以及短暂的传输中信息储存：

（a）该活动仅有一个目的，即实现通信网络信息传输；以及

（b）信息不会在其必要的传输时间外长期储存。

**第 18 条　超高速缓存**

如果信息社会服务的提供是由传输于通信网络中服务接受者提供的信息所组成的话，对于以下传输情况，服务提供者不应当（在其可能为此行为时）对于任何损失、补偿及刑事制裁负责：

（a）该信息是自动化的、为媒介的或短期储存的主体，且该储存的目的仅在于提高满足其他信息接受者要求的信息上传效率；以及

（b）服务提供者有以下之情况：

（ⅰ）没有更改该信息；

（ⅱ）处理信息时遵守规则；

（ⅲ）遵守信息上传规定，尤其是被广泛认同与使用的工业规定；

（ⅳ）没有为了在使用信息时获得数据而违背该技术被广泛认同与使用的工业的合法应用；以及

（ⅴ）当确知信息传输来源方将信息从网络中移除，或取消对其

的访问，或法院及行政当局命令移除该信息之现实情况时，采取行动尽快转移或消除其所储存的信息。

**第 19 条　主机代管**

提供之信息社会服务包含储存有该服务之服务接受者提供的信息时，服务提供者（在其可能为此行为时）在下列情形下不应对该储存所致的任何损失、补偿及刑事制裁负责：

（a）服务提供者有下列情形：

（ⅰ）对非法活动或信息没有实际认知，当此情况下若想提出其应对造成的损失负责，则只能在服务提供者明显知道该活动或信息非法却并没注意到该情况时；或者

（ⅱ）获得此种知识或认知时，迅速采取措施转移或消除该信息的获得途径；并且

（b）该服务的服务接受者并非在服务提供者的授权或控制下进行活动。

**第 20 条　对权利的保护**

（1）第 17、18 与第 19 条规定不得：

（a）妨碍当事人达成不同的合同条款；或者

（b）干涉合同当事人向法院起诉寻求救济或终止侵权行为的权利。

（2）行政当局任何权力机关阻止或终止侵权行为，应当仍然持续适用第 17、18 与第 19 条规定。

**第 21 条　刑事诉讼辩护：举证责任**

（1）本《规定》适用于在信息传输、检索或储存过程中，服务提供者被依第 17、18 及第 19 条规定提起刑事诉讼。

（2）控诉所举证之证据能够充分引起该控诉的争议点的，除非控诉被证明没有正当理由，法院或陪审团应当假设该控诉成立。

**第 22 条　请注意实际知识的目的**

为了决定服务提供者是否有第 18（b）（ⅴ）及第 19（a）（ⅰ）项规定目的之实际知识，法院应对相关特定情况下之所有方面予以考

虑，应考虑以下情况：

（a）服务提供者是否依照第6（1）（c）项规定，通过有效途径收到通知，并且

（b）该通知范围应包括：

（ⅰ）通知发出者的全称及地址；

（ⅱ）所提到之信息的详细位置；以及

（ⅲ）所提到之活动或信息违法性质的详情。

## 附　　件

第4（4）项规定

1. 版权、邻接权、第87/54/EEC 指令与第96/9/EC 指令中的权利以及工业产权。

2. 合同当事人有选择其所适用法律的自由。

3. 关于消费者契约合同义务。

4. 当合同履行不动产所在成员国法律强制性规定时，不动产设立或流转合同正式生效。

5. 允许未经索取的电子邮件形式的商业通信。

# 英国金融服务与市场法令（金融促销）（修正案）（电子商务指令）规则①

由议会两院批准
2002 年 8 月 20 日制定
2002 年 8 月 21 日起生效

鉴于本《规则》与在 2000 年《金融与市场法令》第 21（5）条下制定的前《规则》有所不同，为了使《法令》第 21 条在根据其前《规则》不能适用的情况下得以适用；

鉴于本《规则》之草案已经由议会两院的决议所批准；

因此，现在财政部在 2000 年《金融服务与市场法令》第 21（5）、（6），第 238（6）、（7）与第 428（3）条授权下，在此制定以下《规则》：

## 第一部分　一般规定

### 引用与实施

1. 本《规则》应被引用为 2002 年《2000 年金融服务与市场法令（金融促销）（修正案）（〈电子商务指令〉）规则》，并且应从本《规

① The Financial Services And Markets Act 2000 ( Financial Promotion ) ( Amendment ) ( Electronic Commerce Directive ) Order 2002。

则》制定之日的后一日起发生效力。

## 第二部分　对2001年《2000年金融服务与市场法令（金融促销）规则》的修正

2. 对2001年《2000年金融服务与市场法令（金融促销）规则》的修正如本部分所列。

**注释条款**

3. （1）在第6条结尾处增加：

“（f）‘电子商务通讯’即指一种由构成信息社会服务的设备所提供的通讯；

（g）‘传入型电子商务通讯’即指由在除英国外的其他欧洲经济区成员国的设施所提供的电子商务通讯；

（h）‘输出型电子商务通讯’即指由在英国境内的设备向除英国外的其他欧洲经济区成员国的个人所提供的电子商务通讯。”

（2）在第8条之后增加：

“解释：输出型电子商务通讯

8A. （1）为了实现关于输出型电子商务通讯的条款的目的：

（a）在第48（4）（e）条，第50（1）（a）或（3）（c）条或第52（3）（c）条中，任何关于被授权的个人规定中，包括在由除英国外其他欧洲经济区成员国法律授权下，在该成员国内进行受管控的活动的个人；

（b）在第68条、第72条或第73（2）（b）条中，任何关于1995年《公开发行股票规则》第二部分的规定，包括在除英国外其他欧洲经济区成员国法律中关于该部分的规定；

（c）在第48条或第49条中，任何关于英镑数额的规定，包括关于其他币种中同等数额的规定。

（2）为了实现第49条关于输出型电子商务通讯规定的适用，在1985年《法案》第737条或第264（2）条中（或1986年《规则》同等规定中），任何关于法人团体或公司的规定，包括在除英国外其他欧洲经济区成员国法律下登记的法人团体或公司。

（3）为了实现第63条至第66条关于输出型电子商务通讯规定适用的目的，在第3条中，任何关于1995年《公开发行股票规则》第二部分的规定，包括在除英国外其他欧洲经济区成员国法律关于该部分的规定。

（4）为了实现第3条关于输出型电子商务通讯规定适用的目的：

（a）在1985年《法案》第163（2）（b）条中（或1986年《规则》同等规定中），任何关于公司的规定，包括在除英国外其他欧洲经济区成员国法律下登记的公司；

（b）在上述条款中，任何关于投资交易所的规定，包括在除英国外其他欧洲经济区成员国法律下所规定的投资交易所。"

**输出型电子商务通讯**

4. 在第12条中：

（a）在第（1）段中，"第（2）段"由"第（2）与第（7）段"所替代；

（b）在第（6）段之后，增加：

"（7）第（1）段不适用于输出型电子商务通讯。"

**连线服务者，超高速缓存与主机代管**

5.（1）在第18条中：

（a）在第（1）段中，开头处增加"受第（4）段制约，"；

（b）在结尾处，增加：

"（4）本条款不适用于电子商务通讯。"

（2）在第18条之后，增加：

"电子商务通讯：连线服务者，超高速缓存与主机代管

18A. 金融促销限制不适用于以下情形中的电子商务指令：

（a）通讯的生成构成在电子商务指令第12、第13或第14条第1段（"连线服务者"、"超高速缓存"与"主机代管"）规定下的信息社会服务种类；并且

（b）段落中所涉及的可以适用的时间范围条件，或通讯的生成，

在当时已经满足。”

**传入型电子商务通讯**

6. 在第20A条之后，增加：

“传入型电子商务通讯

20B. （1）金融促销限制不适用于传入型电子商务通讯。

（2）第（1）段不适用于：

（a）构成《可转让证券集体投资计划指令》制度中单位经营者的广告的通讯；

（b）基于邀请或引诱进入保险合同的以下通讯：

（ⅰ）该通讯由依照第一次生命保险指令第6条或第一次非生命保险指令，已被官方授权企业所提供；以及

（ⅱ）该保险包含在保险指令所规定的范围中；或者

（c）通过电子邮件的不请自来的通讯。

（3）在本条款中，‘可转让证券集体投资计划指令制度’即指企业为了在可转让证券中集资入股，遵守欧洲共同体委员会1985年12月20日制定的与法律、规定及行政规定相协调，关于依照上述《指令》第4条被授权的，在可转让证券中集资入股的企业的《85/611/EEC指令》。

（4）为了实现本条款的目的，通过电子邮件的通讯应视为不请自来的，除非该通讯是为了回复通讯接收者明示的请求。”

## 第三部分　对2001年《2000年金融服务与市场法令（促进集资入股制度）（免责事由）规则》的修正

7. 对2001年《2000年金融服务与市场法令（促进集资入股制度）（免责条款）规则》的修正如本部分所列。

**注释条款**

8. （1）在第3条中，结尾处增加：

“（f）‘电子商务通讯’即指一种由构成信息社会服务的设备所提供的通讯；

（g）‘传入型电子商务通讯’即指由在除英国外的其他欧洲经济区成员国的设施所提供的电子商务通讯；

（h）‘输出型电子商务通讯’即指由在英国境内的设备向除英国外的其他欧洲经济区成员国的个人所提供的电子商务通讯。”

（2）在第5条之后增加：

“解释：输出型电子商务通讯

5A.（1）为了实现关于输出型电子商务通讯的条款适用的目的：

（a）在第21（4）（d）条或第23（1）（a）或（3）（d）条中，任何关于被授权的个人的规定，包括在除英国外其他欧洲经济区成员国法律授权下，在该成员国进行受管控的活动的个人；

（b）在第21或第22条中，任何关于英镑数额的规定，包括关于其他币种中同等数额的规定。

（2）为了实现第22条关于输出型电子商务通讯规定的适用的目的，在1985年《公司法》第737或第264（2）条中［或1986年《（北爱尔兰）公司规则》中同等规定］，任何关于公司的规定，包括在除英国外其他欧洲经济区成员国法律下登记的公司。”

**输出型电子商务通讯**

9. 在第8条中：

（a）在第1段中，“第（2）段”由“第（2）与第（7）段”所替代；

（b）在第6段之后，增加：

“（7）第（1）段不适用于输出型电子商务通讯。”

**传入型电子商务通讯**

10. 在第10段之后，增加：

“传入型电子商务通讯

10A.（1）促进制度限制不适用于传入型电子商务通讯。

（2）第（1）段不适用于：

（a）构成《可转让证券集体投资计划指令》制度中单位经营者的广告的通讯；或者

（b）通过电子邮件的不请自来的通讯。

（3）在本条款中，‘可转让证券集体投资计划指令制度’即指企业为了在可转让证券中集资入股，遵守欧洲共同体委员会 1985 年 12 月 20 日制定的与法律、规定及行政规定相协调，关于依照上述《指令》第 4 条被授权的，在可转让证券中集资入股的企业的《85/611/EEC 指令》。

（4）为了实现本条款的目的，通过电子邮件的通讯应视为不请自来的，除非该通讯是为了回复通讯接收者明示的请求。”。

# 英国电子商务指令（2002 年儿童收养法案）规则[①]

2005 年 11 月 17 日制定

2005 年 11 月 29 日提交议会

2005 年 12 月 30 日起生效

教育与技能部国务大臣指定 1972 年《欧洲共同体法案》第 2（2）章与信息社会服务相关，并在该章授权下制定以下《规定》：

**引用、实施与适用**

1.（1）本《规定》可被引用为 2005 年《电子商务指令（2002 年〈儿童收养法案〉）规定》，且应于 2005 年 12 月 30 日起发生效力。

（2）在本《规定》与 2002 年《儿童收养法案》第 92 与第 93 条相关的范围内，本《规定》仅适用于英格兰与威尔士境内。

**解释**

2.（1）在本《规定》中：

"《法案》"即指 2002 年《儿童收养法案》；

"委员会"即指欧洲共同体委员会；

"协调领域"为电子商务指令第 2（h）条中所表达之意；

"起始国"，与传入型电子商务活动有关，即指由位于欧洲经济区

① The Electronic Commerce Directive（Adoption and Children Act 2002）Regulations 2005。

成员国内的设施提供有问题的信息社会服务；

“欧洲经济区成员国”即指欧盟、挪威、冰岛与列支敦士登中的某一成员国家；

“电子商务指令”即指欧洲议会及枢密院2000年6月8日制定的关于信息社会服务，尤其是关于国内市场电子商务之信息社会服务的《2000/31/EC指令》（《电子商务指令》）；

“传入型电子商务活动”即指由来源于某一英国以外的欧洲经济区成员国的设施向在英国境内的某人或某些人提供信息社会服务所构成的活动；

“传入型提供者”即指进行传入型电子商务活动的人；

“信息社会服务”即指在电子商务指令第2（a）条规定含义下的信息社会服务；

“禁止措施”即指在协调领域中所采取的有因措施，其对提供传入型电子商务活动的自由构成约束；

“服务接受者”即指任何自然人或法人，为了职业需要或其他需要，使用信息社会服务，尤其是为了搜寻或获取信息；以及

“相关欧洲经济区当局”即指欧洲经济区成员国当局（除英国外），其是传入型电子商务活动的起始国，且其为国务大臣寻求适用禁止措施的对象，且其可能是满足程序性条件的有责当局。

（2）为了实现本《规定》之目的：

（a）与信息社会服务相关的设施是服务提供者（为欧洲经济区成员国国民或建立欧洲共同体条约第48条提到的公司或企业）有效地无限期地追求经济效益的地方；

（b）存在或运用在某一特定地点的设备或其他技术手段提供信息社会服务本身并不构成第（a）小段规定的服务提供者的设施；

（c）在无法确定服务是由特定的提供信息社会服务的若干设备中哪一个所提供的时，该服务应被认定为由服务提供者进行与服务相关活动中心地之设备所提供；

（d）有责当局为：

（ⅰ）与英格兰相关的，为国务大臣；

（ⅱ）与威尔士相关的，为威尔士议会；

（ⅲ）与苏格兰相关的，为苏格兰大臣；

（ⅳ）与北爱尔兰相关的，为医疗、社会服务和信息安全部；

（ⅴ）与英格兰相关的，为社会服务监督委员会；以及

（ⅵ）与苏格兰相关的，为苏格兰医疗服务监管委员会。

**《法案》第92、第93、第123及第124条对英国设立的提供者的适用**

3. 为了实现《法案》第92与第93条（对安排收养的限制）以及第123与124条（对推广收养的限制）之目的，进行由来源于某一英国的构成信息社会服务设备的设施向在某一个或更多的欧洲经济区成员国境内的某人或某些人提供信息社会服务的活动，且其即使未在英国境内进行上述活动仍应被视作在英国境内进行上述活动。

**对安排与推广收养的限制不适用于传入型提供者**

4. 遵守第5条规定，在《法案》第92与第93条（对安排收养的限制），或第123与第124条（对推广收养的限制）范围内的任何禁止措施，均不应适用于传入型提供者的任何行为。

**第4条规定不适用的特定情况**

5. 如若政策条件与程序条件允许，第4条所规定的情况均不得阻止对传入型提供者的任何行为适用禁止措施。

**政策条件**

6. 政策条件为：

（a）有责当局考虑到：

（ⅰ）禁止措施对于以下情形是必要的：

（aa）对犯罪行为的预防、调查、侦查或诉讼；

（bb）对未成年人的保护。

（ⅱ）与《法案》目标相关的其他公共政策的理由。

（ⅲ）对进行传入型电子商务活动的人实施禁止措施的，此人的活动侵害或展现出对第（i）小段所涉及的目标有严重且重大的侵害

可能性；以及

（b）对有责当局而言，禁止措施即为排除或解决对以上目标的侵害或侵害可能性。

**程序条件**

7. 程序条件为：

（a）有责当局已向相关欧洲经济区当局请求采取措施来补救引发本请求的情况。

（b）相关欧洲经济区当局有以下行为：

（ⅰ）在对于有责当局而言合理的时间内未采取上述措施；或者

（ⅱ）虽然已采取上述措施，但所采取之措施对于有责当局而言在当时情况下是不充分的。

（c）有责当局已将其意欲采取禁止措施通知委员会及相关欧洲经济区当局。

（d）有责当局已通知禁止措施将要被适用的个人其将适用禁止措施，并提供给该个人与有责当局进行在有责当局决定下的方式与时段内交涉的机会。

**紧急情况**

8.（1）若有责当局认为情况紧急，有责当局可以在不考虑程序条件是否允许的情况下采取禁止措施。

（2）若有责当局依赖第（1）段采取禁止措施，其应尽快将其已采取禁止措施通知委员会及相关欧洲经济区当局，并向上述主体分别提供声明说明其认定该情况为紧急情况的理由。

**对第124条连线服务者的抗辩**

9.（1）基于通讯网络中信息的传输，提供信息社会服务的人不对由服务接受者提供的信息或进入该通讯网络的设备提供的信息，在《法案》第124条（对第123条限制行为的违反）规定下的犯罪行为负责，其原因在于此人：

（a）并未发起传输；

（b）并未选择传输接受者；并且

（c）并未选择或修改传输中所包含的信息。

（2）为了实现上述第（1）段之目的，传输行为与接入通讯网络的措施，包括自动化的、为媒介的以及短暂的信息传输储存，在此情形下：

（a）仅仅为了实现在通讯网络中进行传输的目的；以及

（b）并非为必要的传输时间外过长的信息储存。

**对第124条超高速缓存的抗辩**

10. 基于通讯网络中信息的传输，提供信息社会服务的人不对由服务接受者提供的信息，在《法案》第124条规定下的犯罪行为负责，其原因在于此传输：

（a）该信息是自动化的、为媒介的以及短暂的信息传输储存的对象，且该储存仅仅为了使该信息向其他提出要求的服务接受者的上传更有效率。并且

（b）上述提供信息社会服务的人：

（ⅰ）并未对信息进行修改；

（ⅱ）遵守获取信息的所有条件；

（ⅲ）遵守与信息上传有关的所有规则，特别是按照工业领域所广泛认可与使用的方式行为；

（ⅳ）为了获取信息使用数据的行为，不与工业领域广泛被认可与使用的技术的合法使用相抵触；并且

（ⅴ）当意识到传输源头的信息被从网络中移除或者对该信息的获取被设立阻碍或者法院或有责当局已下令上述移除或阻止活动时，迅速地移除该信息或者阻止对该被储存的信息的获取。

**对第24条主机代管的抗辩**

11.（1）虽然《法案》第124（2）条除第（2）段之外得以适用，基于服务接受者提供的信息的储存，提供信息社会服务的人不对《法案》第124条规定下的犯罪行为负责，除非由于上述储存：

（a）可证实他已明知第123条适用于该信息；或者

（b）当意识到第123条适用于该信息时，此人未迅速移除该信息或对该信息的获取进行阻止。

（2）本段落适用于服务接受者在服务提供者授权或控制下的行为。

# 英国电子商务指令（2006 年恐怖主义法案）规则①

2007 年第 1550 号

电子通讯之预防及制止恐怖主义

2007 年 5 月 23 日制定

2007 年 5 月 31 日提交议会

2007 年 6 月 21 日起生效

国务大臣在 1972 年《欧洲共同体法案》第 2（2）章的授权下制定本规定。

国务大臣指定 1972 年《欧洲共同体法案》第 2（2）章与信息社会服务相关。

**引用与实施**

1. 本《规定》可以被引用为 2007 年《电子商务指令（2006 年恐怖主义法案）规定》，并且应于 2007 年 6 月 21 日发生效力。

**解释**

2. （1）本《规定》中：

“《法案》”即指 2006 年《恐怖主义法案》；

① The Electronic Commerce Directive（ Terrorism Act 2006 ）Regulations 2007。

“条款”为《法案》第20（2）章所列明之意；

“《指令》”即指欧洲议会及枢密院2000年6月8日制定的关于信息社会服务，尤其是关于国内市场电子商务之信息社会服务的《2000/31/EC指令》（《电子商务指令》）；

“信息社会服务”即指：

（a）有《指令》第2（a）条规定之意［其指的是欧洲议会以及枢密院1998年6月22日制定的设立技术标准与规定领域程序的《98/34/EC指令》第1（2）条］；以及

（b）在《指令》17条陈述事实部分概括为包含“任何普通远程有偿服务，该服务由电子设备处理（包括数字压缩），并以数据形式存储，并且通过个人请求而接受服务”；

“服务接受者”即指任何不论是否基于其职业需要而使用信息社会服务的人，尤其是为了搜寻信息或取得信息的人；

“备案”为《法案》第20（2）章所列明之意；

“有关犯罪”即指《法案》第1章与第2章规定之犯罪；

“服务提供者”即指提供信息社会服务的人；

“声明”之解释应与《法案》第20（6）章保持一致。

（2）为了实现本《规定》之目的：

（a）服务提供者为设立于欧洲经济区成员国内，且其在某一成员国内无限期地运用固定设施提供服务，并以此追求经济效益，且其为欧洲经济区成员国国民或《欧洲经济区协定》第48条所说的公司或企业；

（b）存在或运用在某一特定地点的设备或其他技术手段提供信息社会服务本身并不构成服务提供者的设立；

（c）在无法确定服务是由特定的提供信息社会服务的若干设备中哪一个所提供的时，该服务应被认定为由服务提供者进行与服务相关活动中心地之设备所提供，

在任何地方设立都应该有相应的解释。

**国内市场：英国服务提供者**

3.（1）若以下：

（a）在提供信息社会服务过程中，在英国境内设立的服务提供者，在英国以外其他欧洲经济区成员国进行活动；并且

（b）其所进行的活动如果一部分在英国完成，且构成了相关犯罪，该服务提供者在英国完成之行为部分应认定为有罪。

（2）若第（1）段适用：

（a）该犯罪行为的诉讼可在英国任何地方提起；并且

（b）该犯罪可能为了各种偶然的目的，仍应视上述地点为行为地。

（3）第（1）段不适用于《法案》第17章所适用之案件。

（4）若某人仅因为第（1）段犯相关犯罪，他负有以下责任：

（a）被检控罪名成立的，被判处不高于2年的监禁刑；

（b）循简易程序定罪的，被判处不超过适当刑期的监禁刑或被判处不超过适当数量的罚金刑。

（5）适当的刑期指：

（a）在英格兰及威尔士定罪的案件，若该犯罪行为发生于2003年《刑事审判法》第154（1）章颁行之后，12个月；

（b）在其他案件中，3个月。

（6）适当的数量指：

（a）若以日为计算标准，每天100英镑；

（b）若不以日为计算标准，以罚金尺度第5级处。

**国内市场：非英国服务提供者**

4.（1）对相关犯罪行为的诉讼不应针对非英国服务提供者所提起，除非克减条件允许。

（2）《法案》第3（3）章之下的通知不应向非英国服务提供者发出，除非克减条件及合作条件允许。

（3）克减条件即指第（1）段或第（2）段所规定的措施（当案件如下时）：

（a）为了公共利益目的有必要进行追诉；

（b）与某一侵害公共利益目的的或展现出对公共利益目的有严重且重大侵害可能性的信息社会服务相关；并且

（c）与该公共利益目的具有相称性。

（4）公共利益目的指：

（a）公共政策，尤其是对相关犯罪的防止、调查、侦查与起诉；

（b）公共安全，包括维护国家安全与国防。

（5）合作条件指：

（a）治安官已向欧洲经济区成员国提出要求，要求其对设立于其境内的服务提供者采取适当措施，而该欧洲经济区成员国未能履行该要求；并且

（b）治安官已将其建议采取第（2）段规定之措施通知委员会及欧洲经济区成员国。

（6）第（2）段满足合作条件的规定不适用于下述情况：

（a）治安官认为第（2）段规定的措施应在紧急状况下予以采取；并且

（b）在措施采取后的可能的最短的时间内，治安官向委员会及服务提供者设立之欧洲经济区成员国发出已采取措施的通知，并指出该紧急情况的原因。

（7）适当的措施即指与采取《法案》第3（3）章所规定的措施对治安官而言具有同等作用的，且不违背欧洲经济区成员国之法律。

（8）在本规定中：

（a）“委员会”即指欧洲共同体委员会；

（b）“非英国服务提供者”即指在欧洲经济区除英国外其他成员国设立的服务提供者。

**连线服务者的例外**

5.（1）服务提供者不对涉及提供众多信息社会服务过程中的相关犯罪行为负责，基于以下：

（a）关于接入通讯网络的措施；或者

（b）通讯网络中服务接受者所提供的信息的传输，

若传输条件允许的话。

（2）传输条件即指服务提供者不为以下行为：

（a）发起传输；

（b）选择传输接受者；或者

（c）选择或修改传输中所包含的信息。

（3）第（1）（b）段不适用于为第6项规定所适用的信息。

（4）为实现本规定的目的，接入通讯网络的措施及在网络中信息的传输，包括为了实现网络中传输目的的自动化的、为媒介的以及短暂的信息储存。

（5）第（4）段不适用于必要的传输时间外过长的信息储存。

**超高速缓存的例外**

6.（1）本规定适用于以下信息：

（a）由服务接受者所提供；并且

（b）是自动化的、为媒介的以及短暂的信息储存的对象，且该信息仅仅为了使该信息向其他提出要求的服务接受者的上传更加有效率。

（2）基于通讯网络中信息的传输，服务提供者不对涉及提供众多信息社会服务过程中的相关犯罪行为负责，本规定适用于：

（a）服务提供者未对信息进行修改；

（b）服务提供者遵守获取信息的所有条件；并且

（c）第（3）段所适用的案件中，服务提供者迅速地移除该信息或者阻止对该信息的获取。

（3）本段适用于服务提供者实际认识到：

（a）传输的起始资源信息已被从网络上移除；

（b）对该信息的获取已被阻止；或者

（c）法院或行政机关已经命令移除网络上的该信息，或已经命令对该信息的获取设立障碍。

**主机代管的例外**

7.（1）基于服务接受者提供的信息的储存，服务提供者不对涉及提供众多信息社会服务过程中的相关犯罪行为负责：

（a）该服务提供者不明知该违法的、与恐怖主义相关的信息何时被提供；或者

（b）当实际认识到该信息违法且与恐怖主义相关时，服务提供者迅速地移除了该信息或阻止了对该信息的获取。

（2）为了实现第（1）段的目的，违法的、与恐怖主义相关的信息是指由声明构成，或者包含在条款或备案中，且其在《法案》第 3（7）章之精神中为违法地与恐怖主义相关的。

（3）第（1）段不适用于服务接受者在服务提供者授权或控制下的行为。

# 英国电子商务指令（2006 年种族与宗教仇恨法案）规则[①]

2007 年第 2497 号

电子通讯

刑法，英格兰与威尔士

2007 年 8 月 24 日制定

2007 年 8 月 31 日提交议会

2007 年 10 月 1 日起生效

国务大臣在 1972 年《欧洲共同体法案》第 2（2）章的授权下制定以下规定。

国务大臣指定 1972 年《欧洲共同体法案》第 2（2）章与信息社会服务相关。

**引用与实施**

1. 本《规定》可被引用为 2007 年《电子商务指令（2006 年种族与宗教仇恨法案）规定》，并且应于 2007 年 10 月 1 日发生效力。

---

① The Electronic Commerce Directive ( Racial and Religious Hatred Act 2006 ) Regulations 2007。

**解释**

2. （1）在本《规定》中：

“1986年《法案》”即指1986年《公共秩序法》。

“《指令》”即指欧洲议会及枢密院2000年6月8日制定的关于信息社会服务，尤其是关于国内市场电子商务之信息社会服务的《2000/31/EC指令》（《电子商务指令》）。

“信息社会服务”指：

（a）有《指令》第2（a）条规定之意［其指的是欧洲议会以及枢密院1998年6月22日制定的设立技术标准与规定领域程序的《98/34/EC指令》第1（2）条］；以及

（b）在《指令》17条陈述事实部分概括为包含“任何普通远程有偿服务，该服务由电子设备处理（包括数字压缩），并以数据形式存储，并且通过个人请求而接受服务”。

“服务接受者”即指任何不论是否基于其职业需要而使用信息社会服务的人，尤其是是为了搜寻信息或取得信息的人。

“相关犯罪”即指1986年《法案》（以宗教为理由仇恨他人）第3A部分规定之犯罪。

“宗教仇恨”为1986年《法案》第29A条（“宗教仇恨”的意思）所列明之意。

“服务提供者”即指提供信息社会服务的人。

（2）为了实现本《规定》之目的：

（a）服务提供者为设立于欧洲经济区成员国内，且其在某一成员国内无限期地运用固定设施提供服务，并以此追求经济效益，且其为欧洲经济区成员国国民或《欧洲经济区协定》第48条所说的公司或企业；

（b）存在或运用在某一特定地点的设备或其他技术手段提供信息社会服务本身并不构成服务提供者的设立；

（c）在无法确定服务是由特定的提供信息社会服务的若干设备中哪一个所提供时，该服务应被认定为由服务提供者进行与服务相关活

动中心地之设备所提供，

在任何地方设立都应该有相应的解释。

**国内市场：英格兰与威尔士服务提供者**

3.（1）若以下：

（a）在提供信息社会服务过程中，在英格兰与威尔士境内设立的服务提供者，在英国以外其他欧洲经济区成员国进行活动；并且

（b）其所进行的活动如果一部分在英格兰与威尔士完成，且构成了相关犯罪，该服务提供者在英格兰与威尔士完成之行为部分应认定为有罪。

（2）若第（1）段适用：

（a）该犯罪行为的诉讼可在英格兰与威尔士任何地方提起；并且

（b）该犯罪可能为了各种偶然的目的，仍应视上述地点为行为地。

（3）若某人仅因为第（1）段犯相关犯罪，他负有以下责任：

（a）被检控罪名成立的，被判处不高于 2 年的监禁刑；并且

（b）循简易程序定罪的，被判处不超过适当刑期的监禁刑或被判处不超过适当数量的罚金刑。

（4）适当的刑期指：

（a）在 2003 年《刑事司法法令》第 154（1）条实施以后被定罪的案件，12 个月；

（b）其他案件，3 个月。

（5）适当的数量指：

（a）若以日为计算标准，每天 100 英镑；

（b）若不以日为计算标准，以罚金尺度第 5 级处。

**国内市场：非英国服务提供者**

4.（1）对相关犯罪行为的诉讼不应针对非英国服务提供者所提起，除非克减条件允许。

（2）在以下诉讼制度中，克减条件得以满足：

（a）为了公共利益目的的有必要追诉；

（b）与某一侵害公共利益目的的或展现出对公共利益目的有严重且重大侵害可能性的信息社会服务相关；并且

（c）与该公共利益目的具有相称性。

（3）公共利益目的即为公共政策，尤其是对相关犯罪的防止、调查、侦查与起诉。

（4）在本规定中，“非英国服务提供者”即指在欧洲经济区除英国外其他成员国设立的服务提供者。

**连线服务者的例外**

5.（1）服务提供者不对涉及提供众多信息社会服务过程中的相关犯罪行为负责，基于以下：

（a）关于接入通讯网络的措施；或者

（b）通讯网络中服务接受者所提供的信息的传输，若传输条件允许的话。

（2）传输条件即指服务提供者不为以下行为：

（a）发起传输；

（b）选择传输接受者；或者

（c）选择或修改传输中所包含的信息。

（3）第（1）（b）段不适用于为第6项规定所适用的信息。

（4）为实现本规定的目的，接入通讯网络的措施及在网络中信息的传输，包括为了实现网络中传输目的的自动化的、为媒介的以及短暂的信息储存。

（5）第（4）段不适用于必要的传输时间外过长的信息储存。

**超高速缓存的例外**

6.（1）本规定适用于以下信息：

（a）由服务接受者所提供；并且

（b）是自动化的、为媒介的以及短暂的信息储存的对象，且该信息仅仅为了使该信息向其他提出要求的服务接受者的上传更加有效率。

（2）基于通讯网络中信息的传输，服务提供者不对涉及提供众多信息社会服务过程中的相关犯罪行为负责，本规定适用于：

（a）服务提供者未对信息进行修改；

（b）服务提供者遵守获取信息的所有条件；

（c）第（3）段所适用的案件中，服务提供者迅速地移除该信息或者阻止对该信息的获取。

（3）本段适用于服务提供者实际认识到：

（a）传输的起始资源信息已被从网络上移除；

（b）对该信息的获取已被阻止；或者

（c）法院或行政机关已经命令移除网络上的该信息，或已经命令对该信息的获取设立障碍。

**主机代管的例外**

7.（1）基于服务接受者提供的信息的储存，服务提供者仅对涉及提供众多信息社会服务过程中的相关犯罪行为负责：

（a）该服务提供者明知该威胁或以引发宗教仇恨为目的而提供的信息何时被提供；或者

（b）当实际认识到该信息威胁或以引发宗教仇恨为目的而提供时，服务提供者未迅速地移除该信息或阻止对该信息的获取。

（2）第（1）段不适用于服务接受者在服务提供者授权或控制下的行为。

# 英国电子商务指令（基于宗教或性取向仇恨他人）规则[①]

2010 年第 894 号

电子通讯

刑法，英格兰与威尔士

2010 年 3 月 22 日制定

2010 年 3 月 23 日起生效

国务大臣指定 1972 年《欧洲共同体法案》第 2（2）章与信息社会服务相关。

国务大臣在上述章节的授权下制定以下《规定》。

依照被 2009 年《审判和验尸法案》第 143（2）条修订后的 1972 年《欧洲共同体法案》附件 2 第 2（2）段，该《规定》草案被提交议会并被国会两院所通过。

**引用与实施**

1. 本《规定》可被引用为 2010 年《电子商务指令（基于宗教或性取向仇恨他人）规定》，并且应于制定之日的后一日起发生效力。

---

① The Electronic Commerce Directive ( Hatred against Persons on Religious Grounds or the Grounds of Sexual Orientation ) Regulations 2010。

**解释**

2.（1）在本《规定》中：

“1986 年《法案》”即指 1986 年《公共秩序法》。

“《指令》”即指欧洲议会及枢密院2000 年6 月8 日制定的关于信息社会服务，尤其是关于国内市场电子商务之信息社会服务的《2000/31/EC 指令》（《电子商务指令》）。

“基于性取向的仇恨”为 1986 年《法案》（“基于性取向的仇恨”的意思）所列明之意。

“信息社会服务”即指：

（a）有《指令》第 2（a）条规定之意［其指的是欧洲议会以及枢密院 1998 年 6 月 22 日制定的设立技术标准与规定领域程序的《98/34/EC 指令》第 1（2）条］；以及

（b）在《指令》17 条陈述事实部分概括为包含，“任何普通远程有偿服务，该服务由电子设备处理（包括数字压缩），并以数据形式存储，并且通过个人请求而接受服务”。

“服务接受者”即指任何不论是否基于其职业需要而使用信息社会服务的人，尤其是是为了搜寻信息或取得信息的人。

“相关犯罪”即指 1986 年《法案》（基于宗教或性取向仇恨他人）第 3A 部分规定之犯罪。

“宗教仇恨”为 1986 年《法案》第 29A 条（“宗教仇恨”的意思）所列明之意。

“服务提供者”即指提供信息社会服务的人。

（2）为了实现本《规定》之目的：

（a）服务提供者为设立于欧洲经济区成员国内，且其在某一成员国内无限期地运用固定设施提供服务，并以此追求经济效益，且其为欧洲经济区成员国国民或《欧盟运行条约》第 54 条所说的公司或企业；

（b）存在或运用在某一特定地点的设备或其他技术手段提供信息社会服务本身并不构成服务提供者的设立；

（c）在无法确定服务是由特定的提供信息社会服务的若干设备中哪一个所提供的时，该服务应被认定为由服务提供者进行与服务相关活动中心地之设备所提供，在任何地方设立都应该有相应的解释。

**国内市场：英格兰与威尔士服务提供者**

3.（1）若以下：

（a）在提供信息社会服务过程中，在英格兰与威尔士境内设立的服务提供者，在英国以外其他欧洲经济区成员国进行活动；并且

（b）其所进行的活动在英格兰与威尔士完成，且构成了相关犯罪，该服务提供者在英格兰与威尔士应认定为有罪。

（2）若第（1）段适用：

（a）该犯罪行为的诉讼可在英格兰与威尔士任何地方提起；并且

（b）该犯罪可能为了各种偶然的目的，仍应视上述地点为行为地。

**国内市场：非英国服务提供者**

4.（1）对相关在对信息社会服务采取措施过程中的犯罪行为的诉讼不应针对非英国服务提供者所提起，除非克减条件允许。

（2）在以下诉讼制度中，克减条件得以满足：

（a）为了公共利益目的有必要追诉；

（b）与某一侵害公共利益目的的或展现出对公共利益目的有严重且重大侵害可能性的信息社会服务相关；并且

（c）与该公共利益目的具有相称性。

（3）公共利益目的即为公共政策的追求。

（4）在本规定中，“非英国服务提供者”即指在欧洲经济区除英国外其他成员国设立的服务提供者。

**连线服务者的例外**

5.（1）服务提供者不对涉及提供众多信息社会服务过程中的相关犯罪行为负责，基于以下：

（a）关于接入通讯网络的措施；或者

（b）通讯网络中服务接受者所提供的信息的传输，若传输条件允

许的话。

（2）传输条件即指服务提供者不为以下行为：

（a）发起传输；

（b）选择传输接受者；或者

（c）选择或修改传输中所包含的信息。

（3）第（1）（b）段不适用于为第6项规定所适用的信息。

（4）为实现本规定的目的，接入通讯网络的措施及在网络中信息的传输，包括为了实现网络中传输目的的自动化的、为媒介的以及短暂的信息储存。

（5）第（4）段不适用于必要的传输时间外过长的信息储存。

**超高速缓存的例外**

6.（1）本规定适用于以下信息：

（a）由服务接受者所提供；并且

（b）是自动化的、为媒介的以及短暂的信息储存的对象，且该信息仅仅为了使该信息向其他提出要求的服务接受者的上传更加有效率。

（2）基于通讯网络中信息的传输，服务提供者不对涉及提供众多信息社会服务过程中的相关犯罪行为负责，本规定适用于：

（a）服务提供者未对信息进行修改；

（b）服务提供者遵守获取信息的所有条件；

（c）第（3）段所适用的案件中，服务提供者迅速地移除该信息或者阻止对该信息的获取。

（3）本段适用于服务提供者实际认识到：

（a）传输的起始资源信息已被从网络上移除；

（b）对该信息的获取已被阻止；或者

（c）法院或行政机关已经命令移除网络上的该信息，或已经命令对该信息的获取设立障碍。

**主机代管的例外**

7.（1）基于服务接受者提供的信息的储存，服务提供者仅对涉及提供众多信息社会服务过程中的相关犯罪行为负责：

（a）该服务提供者明知该威胁或以引发宗教仇恨或性取向仇恨为目的而提供的信息何时被提供；或者

（b）当实际认识到该信息威胁或以引发宗教仇恨或性取向仇恨为目的而提供时，服务提供者未迅速地移除该信息或阻止对该信息的获取。

（2）第（1）段不适用于服务接受者在服务提供者授权或控制下的行为。

**废除**

8.（1）2007 年《电子商务指令（2006 年种族与宗教仇恨法案）规定》被废除，但该项废除不应对本《规定》生效前已经全部或部分完成之相关犯罪产生影响。

（2）为了实现第（1）段的目的，若任何构成犯罪的行为或结果在本《规定》生效前发生，即意味着该犯罪在本《规定》生效之前已经全部或部分完成。

# 英国极端色情（电子商务指令）（苏格兰）规则[①]

2011 年第 137 号

刑法

电子通讯

2011 年 2 月 21 日制定

2011 年 2 月 23 日提交苏格兰议会

2011 年 3 月 28 日起生效

苏格兰大臣在 1972 年《欧洲共同体法案》第 2（2）章授权下制定以下规定，且其制定该规定行为受到其他所有权力所授权。

**引用、实施与范围**

1.（1）本《规定》可被引用为 2011 年《英国极端色情（电子商务指令）（苏格兰）规定》，且应于 2011 年 3 月 28 日起发生效力。

（2）本《规定》适用范围仅限于苏格兰。

**解释**

2.（1）在本《规定》中：

---

① The Extreme Pornography（Electronic Commerce Directive）（Scotland）Regulations 2011。

“1982 年《法案》”即指 1982 年《公民管理（苏格兰）法案》。

“《指令》”即指欧洲议会及枢密院 2000 年 6 月 8 日制定的关于信息社会服务，尤其是关于国内市场电子商务之信息社会服务的《2000/31/EC 指令》（《电子商务指令》）。

“信息社会服务”即指：

（a）有《指令》第 2（a）条规定之意［其指的是欧洲议会以及枢密院 1998 年 6 月 22 日制定的设立技术标准与规定领域程序的《98/34/EC 指令》第 1（2）条］。

（b）在《指令》17 条陈述事实部分概括为包含“任何普通远程有偿服务，该服务由电子设备处理（包括数字压缩），并以数据形式存储，并且通过个人请求而接受服务”。

“服务接受者”即指任何不论是否基于其职业需要而使用信息社会服务的人，尤其是是为了搜寻信息或取得信息的人；

“有关犯罪”即指 1982 年《法案》（极端色情）第 51A 章规定之犯罪；

“服务提供者”即指提供信息社会服务的人。

（2）为了实现本《规定》之目的：

（a）服务提供者为设立于英国的一部分或欧洲经济区成员国内，且其在该英国的一部分或该成员国内无限期地运用固定设施提供服务，并以此追求经济效益，且其为欧洲经济区成员国国民或《欧盟运行条约》第 54 条所说的公司或企业；

（b）存在或运用在某一特定地点的设备或其他技术手段提供信息社会服务本身并不构成服务提供者的设立；

（c）在无法确定服务是由特定的提供信息社会服务的若干设备中哪一个所提供时，该服务应被认定为由服务提供者进行与服务相关活动中心地之设备所提供，在任何地方设立都应该有相应的解释。

**非英国服务提供者：起诉的限制**

3.（1）对有关犯罪行为之诉讼不应针对非英国服务提供者提出，除非减损克减允许。

（2）在下列诉讼的提起中，克减条件为允许：

（a）为了公共利益目的有必要进行追诉；

（b）与某一侵害公共利益目的的或展现出对公共利益目的有严重且重大侵害可能性的信息社会服务相关；并且

（c）与该公共利益目的具有相称性。

（3）公共利益目的指对公共政策的追求，尤其是防止、调查、侦查与起诉有关犯罪行为的公共政策追求。

（4）在本规定中，“非英国服务提供者”指在除英国外的其他欧洲经济区成员国设立的服务提供者。

**连线服务者的例外**

4.（1）服务提供者不对涉及提供众多信息社会服务过程中的相关犯罪行为负责，基于以下：

（a）关于接入通讯网络的措施；或者

（b）通讯网络中服务接受者所提供的信息的传输，若传输条件允许的话。

（2）传输条件即指服务提供者不为以下行为：

（a）发起传输；

（b）选择传输接受者；或者

（c）选择或修改传输中所包含的信息。

（3）第（1）（b）段不适用于为第5项规定所适用的信息。

（4）为实现本规定的目的，接入通讯网络的措施及在网络中信息的传输，包括为了实现网络中传输目的的自动化的、为媒介的以及短暂的信息储存。

（5）第（4）段不适用于必要的传输时间外过长的信息储存。

**超高速缓存的例外**

5.（1）本规定适用于以下信息：

（a）由服务接受者所提供；并且

（b）是自动化的、为媒介的以及短暂的信息储存的对象，且该信息仅仅为了使该信息向其他提出要求的服务接受者的上传更加有效率。

（2）基于通讯网络中信息的传输，服务提供者不对涉及提供众多信息社会服务过程中的相关犯罪行为负责，本规定适用于：

（a）服务提供者未对信息进行修改；

（b）服务提供者遵守获取信息的所有条件；并且

（c）第（3）段所适用的案件中，服务提供者迅速地移除该信息或者阻止对该信息的获取。

（3）本段适用于服务提供者实际认识到：

（a）传输的起始资源信息已被从网络上移除；

（b）对该信息的获取已被阻止；或者

（c）法院或行政机关已经命令移除网络上的该信息，或已经命令对该信息的获取设立障碍。

**主机代管的例外**

6.（1）基于服务接受者提供的信息的储存，服务提供者不对涉及提供众多信息社会服务过程中的相关犯罪行为负责：

（a）该服务提供者不明知该信息何时被提供；或者

（b）当实际认识到该信息包含违法内容时，服务提供者迅速地移除了该信息或阻止了对该信息的获取。

（2）“违法内容”即指持有该内容即构成有关犯罪。

（3）第（1）段不适用于服务接受者在服务提供者授权或控制下的行为。

# 英国极端色情（电子商务指令）（苏格兰）修正规则[①]

2011 年第 170 号

刑法

电子通讯

2011 年 3 月 1 日制定

2011 年 3 月 1 日提交苏格兰议会

2011 年 3 月 28 日起生效

苏格兰大臣在 1972 年《欧洲共同体法案》第 2（2）章授权下制定以下规定，且其制定该规定行为受到其他所有权力所授权。

**引用、实施与范围**

1.（1）本《规定》可被引用为 2011 年《英国极端色情（电子商务指令）（苏格兰）修正规定》，且应于 2011 年 3 月 28 日起发生效力。

（2）本《规定》适用范围仅限于苏格兰。

---

① The Extreme Pornography ( Electronic Commerce Directive ) ( Scotland ) Amendment Regulations 2011.

**对2011年《英国极端色情（电子商务指令）（苏格兰）规定》的修正**

2. 依照第3项规定对2011年《英国极端色情（电子商务指令）（苏格兰）规定》进行修正。

3. 在第4项规定中（连线服务者的例外），第（2）（b）段中的“或者”应由“并且”取而代之。

# 英国电子商务指令（以剥削利用为目的贩卖人口）规则[①]

2013 年第 817 号

电子通讯

刑法，英格兰与威尔士

2013 年 4 月 9 日制定

2013 年 4 月 10 日起生效

国务大臣指定 1972 年《欧洲共同体法案》第 2（2）章与信息社会服务相关。

国务大臣在上述章节的授权下制定以下《规定》。

依照被 2009 年《审判和验尸法案》第 143（2）（a）条修订后的 1972 年《欧洲共同体法案》附件 2 第 2（2）段，该《规定》草案被提交议会并被国会两院所通过。

**引用、实施与范围**

1. 本《规定》：

（a）可被引用为 2013 年《电子商务指令（以剥削利用为目的贩

---

① The Electronic Commerce Directive（Trafficking People for Exploitation）Regulations 2013。

卖人口）规定》；（b）应于制定之日的后一日起发生效力；

（c）范围及于英格兰与威尔士。

**解释**

2.（1）在本《规定》中：

“《指令》”即指欧洲议会及枢密院2000年6月8日制定的关于信息社会服务，尤其是关于国内市场电子商务之信息社会服务的《2000/31/EC指令》（《电子商务指令》）。

“信息社会服务”即指：

（a）有《指令》第2（a）条规定之意［其指的是欧洲议会以及枢密院1998年6月22日制定的设立技术标准与规定领域程序的《98/34/EC指令》第1（2）条］；以及

（b）在《指令》17条陈述事实部分概括为包含“任何普通远程有偿服务，该服务由电子设备处理（包括数字压缩），并以数据形式存储，并且通过个人请求而接受服务”。

“服务接受者”即指任何不论是否基于其职业需要而使用信息社会服务的人，尤其是是为了搜寻信息或取得信息的人。

“相关犯罪”即指以下规定下之犯罪。

（a）2003年《性罪行法令》（以性剥削为目的贩卖人口）第59A条；或者

（b）2004年《难民与移民（索赔处理等）法案》第4条。

“服务提供者”即指提供信息社会服务的人。

“英国国民”即指：

（a）英国公民；

（b）依照1981年《英国国籍法案》第4部分的英国国民，且其在英国具有居留权；或者

（c）与直布罗陀有关系的英国海外领土公民。

（2）为了阐释本《规定》对建立于英格兰与威尔士或者英国之外的其他欧洲经济区成员国的服务提供者的适用：

（a）服务提供者建立于英格兰与威尔士或者英国之外的其他欧洲

经济区成员国内，若该服务提供者：

（ⅰ）其在英格兰、威尔士或者该欧洲经济区成员国内无限期地运用固定设施提供服务，并以此追求经济效益；并且

（ⅱ）其为欧洲经济区成员国国民或《欧盟运行条约》第54条所说的公司或企业。

（b）存在或运用在某一特定地点的设备或其他技术手段提供信息社会服务本身并不构成服务提供者的设立。

（c）在无法确定服务是由特定的提供信息社会服务的若干设备中哪一个所提供的时，该服务应被认定为由服务提供者进行与服务相关活动中心地之设备所提供。

**国内市场：英格兰与威尔士服务提供者**

3.（1）本《规定》适用于在英格兰与威尔士设立的非英国国民服务提供者（即“英格兰与威尔士服务提供者”）。

（2）英格兰与威尔士服务提供者在提供社会信息服务的过程中犯2003年《性罪行法令》59A条所规定的之罪的，若以下：

（a）所有策划或帮助活动在英国之外进行，且策划或帮助活动的任何一部分在欧洲经济区其他成员国国内进行；或者

（b）除英国以外的欧洲经济区其他成员国是犯罪行为的发生国、结果发生国、经过国或（在该案件可能的情况下）发出国。

（3）英格兰与威尔士服务提供者在提供信息社会服务的过程中犯2004年《难民与移民（索赔处理等）法案》第4条所规定之罪的，若以下：

（a）所有策划或帮助活动在英国之外进行，且策划或帮助活动的任何一部分在欧洲经济区其他成员国国内进行；或者

（b）除英国以外的欧洲经济区其他成员国是犯罪行为的发生国、结果发生国、经过国或（在该案件可能的情况下）发出国。

（4）若第（2）与第（3）段得以适用：

（a）针对该犯罪的诉讼活动可在英格兰与威尔士的任何地方提起；并且

（b）该犯罪可能为了各种偶然的目的，仍应视上述地点为行为地。

**国内市场：非英国服务提供者**

4.（1）本规定适用于服务提供者建立在英国以外的欧洲经济区其他成员国境内的情况（即“非英国服务提供者”）。

（2）对相关在对信息社会服务采取措施过程中的犯罪行为的诉讼不应针对非英国服务提供者所提起，除非克减条件允许。

（3）在以下诉讼制度中，克减条件得以满足：

（a）为了公共利益目的有必要追诉；

（b）与某一侵害公共利益目的的或展现出对公共利益目的有严重且重大侵害可能性的信息社会服务相关；并且

（c）与该公共利益目的具有相称性。

（4）公共利益目的即为公共政策的追求。

**连线服务者的例外**

5.（1）服务提供者不对涉及提供众多信息社会服务过程中的相关犯罪行为负责，基于以下：

（a）关于接入通讯网络的措施；或者

（b）通讯网络中服务接受者所提供的信息的传输，

若传输条件允许的话。

（2）传输条件即指服务提供者不为以下行为：

（a）发起传输；

（b）选择传输接受者；或者

（c）选择或修改传输中所包含的信息。

（3）第（1）（b）段不适用于为第6项规定所适用的信息。

（4）为实现本规定的目的，接入通讯网络的措施及在网络中信息的传输，包括为了实现网络中传输目的的自动化的、为媒介的以及短暂的信息储存。

（5）第（4）段不适用于必要的传输时间外过长的信息储存。

**超高速缓存的例外**

6.（1）本规定适用于以下信息：

（a）由服务接受者所提供；并且

（b）是自动化的、为媒介的以及短暂的信息储存的对象，且该信息仅仅为了使该信息向其他提出要求的服务接受者的上传更加有效率。

（2）基于通讯网络中信息的传输，服务提供者不对涉及提供众多信息社会服务过程中的相关犯罪行为负责，本规定适用于：

（a）服务提供者未对信息进行修改；

（b）服务提供者遵守获取信息的所有条件；

（c）第（3）段所适用的案件中，服务提供者迅速地移除该信息或者阻止对该信息的获取。

（3）本段适用于服务提供者实际认识到：

（a）传输的起始资源信息已被从网络上移除；

（b）对该信息的获取已被阻止；或者

（c）法院或行政机关已经命令移除网络上的该信息，或已经命令对该信息的获取设立障碍。

**主机代管的例外**

7.（1）基于服务接受者提供的信息的储存，服务提供者不对涉及提供众多信息社会服务过程中的相关犯罪行为负责：

（a）该服务提供者不知该为相关犯罪一部分的信息何时被提供；或者

（b）当后来认识到以上情况时，服务提供者迅速地移除该信息或阻止对该信息的获取。

（2）第（1）段不适用于服务接受者在服务提供者授权或控制下的行为。

**司法审查**

8.（1）国务大臣应不时地：

（a）对本《规定》进行司法审查；

（b）以报告形式对司法审查进行阐述；并且

（c）公布该报告。

（2）在进行司法审查中，在合理的范围内，国务大臣应考虑《指令》在其他成员国内如何实施。

（3）报告应详细地：

（a）阐述本《规定》设立的监管体制所要达成的目标；

（b）对已达成的目标的程度进行评估；以及

（c）对目标是否保持适当性进行评估，若仍然适当，则对在施加最少的规定下该目标所能实现的程度进行评估。

（4）本规定下第一篇报告应于本《规定》生效之日起计算的5年期截止前予以公布。

（5）本规定下的之后的报告公布时间之间不应超过5年。

# 欧盟关于信息社会服务尤其是内部市场电子商务的法律问题的指令①

欧洲议会与欧盟理事会，

根据《建立欧洲共同经济体条约》，尤其是其中第47（2）、第55与第95条，

根据欧盟委员会的提议，

根据经济社会委员会的意见，

按照《条约》第251条规定的程序，

鉴于：

（1）欧洲联盟正在竭尽全力缔造欧洲国家与公民间空前紧密的联系，正在竭尽全力保证经济与社会进步；根据《条约》第14（2）条，内部市场由无内部边界区构成，在无内部边界区中，商品与服务的流动以及机构设立的自由均得以保障；无内部边界区内信息社会服务的发展对于将欧洲公民分离开来的障碍的消除具有举足轻重的作用。

（2）信息社会中电子商务的发展为欧洲联盟提供大量就业机会，尤其是在小型企业与中型企业中，并且将促进经济的增长与欧洲企业

---

① Directive 2000/31/EC of the European Parliament and of the Council of 8 June 2000 on certain legal aspects of information society services, in particular electronic commerce, in the Internal Market (" Directive on electronic commerce")。

的创新投资，其亦能提高欧洲产业的竞争力，使人人能够使用互联网。

（3）共同体法以及共同体法律秩序的特点是使欧洲公民与业者无需考虑国界，充分享有电子商务所提供的的机会的举足轻重的条件；因此，本《指令》的目的在于保证共同体法律高度一体化，以建立一个真正没有内部边界的信息社会服务区。

（4）保证电子商务从内部市场充分获益十分重要，因此，正如1989年10月3日《89/552/EEC欧盟理事会指令》与成员国关于电视广播活动的法律、规定或行政规定的协调性规定所提到的，实现高质量的区域整合。

（5）共同体内信息社会服务的发展受到了一系列对于内部市场合理运转的法律障碍的阻碍，这使得对于机构设立的自由与提供服务的自由的实践丧失了魅力；这些障碍源于立法的差异与各国适用于上述服务的法律的不稳定性；在相关地区缺乏立法的协调与调整下，法律障碍可能根据欧洲共同体法院的判例法被证明是正当的；法律的不稳定性使得成员国可能控制其他成员国提供的服务。

（6）根据《条约》第43与第49条以及欧盟派生法所规定的欧洲共同体的目标，上述法律障碍应通过协调各国法律，并通过在欧盟标准与保证内部市场合理运转的必要下阐明特定法律概念而予以消除；仅仅为了处理导致内部市场问题的特定专门问题的，本《指令》完全符合遵守《条约》第5条规定的原则的必要性要求。

（7）为了保证法律的稳定性与消费者的信心，本《指令》应制定清楚而一般性的体系，并应包含内部市场电子商务的特定法律方面。

（8）本《指令》的目的在于，创建一种能够为在成员国间自由流动的信息社会服务提供保障的法律体系，但不包括使刑法领域获得上述协调。

（9）在许多情况下，信息社会服务的自由流动在欧洲共同体法律中是更一般性原则的具体体现，亦即，在《欧洲保障人权和基本自由公约》第10（1）条中言论自由神圣不可侵犯，其已被各成员国所认可；基于此种理由，涉及信息社会服务的提供的指令必须保证按照上述条文自由从事信息社会服务活动，且该活动仅受上述条文第2段与《条约》第46（1）条规定的限制；本《指令》并不着意对关于言论自由的国家基本原则与规则产生影响。

（10）根据比例原则，本《指令》所规定的措施被严格限定于为实现内部市场合理运转的目的所要求的最低限度内；当采取欧洲共同体水平的行动必要，且就电子商务而言，对某一确无内部国界的地区进行保障，该《指令》应高度保证对总体利益的保护，尤其是对弱势群体、人格尊严、消费者以及公共健康的保护；根据《条约》第152条的规定，对公共健康的保护是欧洲共同体其他政策的重要组成。

（11）如欧洲共同体法案所规定的，本《指令》对于保护的标准没有损害，尤其是对于公共健康与消费者权益的保护；在其他法律中，1993年4月5日关于消费者合同中不公平条款的《93/13/EEC欧盟理事会指令》，以及1997年5月20日关于远距离合同的消费者保护的《97/7/EC欧洲议会与欧盟理事会指令》，构成了对于合同领域消费者保护至关重要的部分；上述《指令》亦完全适用于信息社会服务；共同体既存典章制度如上，即其完全适用于信息社会服务，且其包括1984年9月10日关于误导与比较广告的《84/450/EC欧洲理事会指令》，1986年12月22日关于成员国对于消费信贷近似于法律、规定与行政规定的《87/102/EEC欧洲理事会指令》，1993年5月10日关于安全领域投资服务的《93/22/EEC欧洲理事会指令》，1990年6月13日关于包价旅游、包办旅游与旅行团的《90/314/EEC欧洲理事会指令》，1998年2月16日关于指示向消费者提供的产品价格的消费品的《98/6/EC欧洲议会与理事会指令》，1992年6月29日关于通用产品安全的《92/59/EEC欧洲理事会指令》，1994年10月26日关于在分时基础上使用不动产合同中对于消费者的保护的《94/47/EC欧洲议会与理事会指令》，1998年5月19日关于保护消费者权益的禁令的《98/27/EC欧洲议会与理事会指令》，1985年7月25日关于有瑕疵产品责任的近似于法律、规定与行政规定的《85/374/EEC 欧洲理事会指令》，1999 年 5 月 25 日关于日用消费品销售以及相关保障的《1999/44/EC 欧洲议会与理事会指令》，今后欧洲议会与理事会关于消费者金融服务远距离营销的指令以及 1992 年 3 月 31 日关于药品广告的《92/28/EEC 欧洲理事会指令》；本《指令》不应对 1998 年 7 月 6 日关于成员国对于烟草制品广告与赞助的在内部市场体系内适用的，或者对于保护公共健康适用的，近似于法律、规定与行政规定的《98/43/EC 欧洲理事会指令》；本《指令》补充上述指令与《97/7/EC 指令》关于信息需求的规定。

（12）有必要将特定活动排除在本《指令》范围外，是由于眼下在这些领域中，提供服务的自由在《条约》或欧盟派生法下无法得到保证；将这些领域所排除，并不对任何可能是内部市场合理运转所必需的手段产生阻碍作用；税收，尤其是对于本《指令》所覆盖的众多服务所征的增值税，应排除在本《指令》范围外。

（13）本《指令》并非旨在建立财政制度规定，也并非旨在预先拟定关于电子商务财政方面的欧洲共同体文书。

（14）在个人数据处理过程中对个人的保护，仅由 1995 年 10 月 24 日关于保护个人数据处理过程中对个人保护以及关于该数据自由传送的《95/46/EC 欧洲议会与理事会指令》进行规制，且 1997 年 12 月 15 日关于个人数据处理以及关于电子通讯行业中隐私保护的《97/66/EC 欧洲议会与理事会指令》，以上两部指令均可适用于信息社会服务；上述指令已建立起个人数据领域的欧洲共同体法律体系，因此，本《指令》无规定该问题去保证内部市场的顺利运行的必要，特别是个人数据在成员国之间的自由传送；本《指令》的实施与适用应与保护个人数据的规定完全一致，特别是对于不请自来的商务通讯及中介责任；本《指令》不能阻止匿名使用公开的网络，例如互联网。

（15）通讯的保密由《97/66/EC 指令》第 5 条所保证；依照上述指令，成员国应阻止任何一种拦截或者监测由除发送者及接收者外其他人发出的通讯，除非其得到合法授权。

（16）被排除在本《指令》适用范围外的赌博活动，包括纯投机游戏、彩票以及投注，以上赌博活动包括以货币下赌注；但不包括推广性竞争，或者以刺激产品或服务为目的，并且若价格有所提升也仅仅为了获得促销产品或服务的活动。

（17）信息社会服务的定义已在欧洲共同体法律中所规定，即规定技术标准领域信息设备的规定以及关于信息社会服务的规则的1998年6月22日《98/34/EC欧洲议会与理事会指令》，且在1998年11月20日关于服务保护的《98/84/EC欧洲议会与理事会指令》中亦有规定；该定义包括任何远程有偿且通过电子设备进行处理（包括数字压缩）的常规服务以及数据保存，且该服务是应接受者请求所提供的；上述服务规定于《98/34/EC指令》附件V的指示性名单中，其并不意味着数据处理与储存不包含在本定义中。

（18）信息社会服务在在线的经济活动中跨度很广；这些活动大部分由在线出售产品组成；不包括例如产品发送等之类的活动或者离线服务；信息社会服务并不仅限于提供在线缔约服务，而且目前还包括经济活动的代理，甚至是并非由服务接受者给予报酬的服务，例如那些提供在线信息或商务通讯的，或者那些提供搜索、获取及检索数据工具的；信息社会服务还包括由通讯网络中信息传送所构成的服务，该服务提供接入通讯网络的手段或者提供获得信息接受者所提供的信息的方法；《EEC/89/552指令》中所规定的电视广播及无线电广播并不是信息社会服务，因为此二者并非基于个人诉求所提供；相比之下，点对点传送的服务，例如电视点播或者经由电子邮件所进行的商务通讯则属信息社会服务；自然人个体在其贸易、商务或职业活动之外，包括其签订合同在内，所进行的电子邮件或与其相当的个人远程通讯都不属于信息社会服务；雇主与雇员间的合同关系亦不属于信息社会服务；因本身特性无法远程及通过电子手段进行的活动不属于信息社会服务，例如公司账户的审计或需要通过对患者进行体检所做出的医嘱。

（19）服务提供者所设立的地点不必依照法院判例法所决定，根据法院判例法，设立地的定义包括通过固定设施无限期地进行经济活动；上述要求对有给定期限所组织的公司也得适用；提供互联网网站提供服务的公司的设立地，并非指其网站的技术支持设备所在地或者其网站接入设备所在地，而是指其进行经济活动所在地；若某一服务提供者拥有数个设立地，则应判断相关服务主要是由哪一个设立地设备所提供；若无法判断服务是由哪一个服务设立地设备所提供，则服务提供者进行其主要服务活动中心地视为服务提供地。

（20）“服务接受者”的定义涵盖所有对信息社会服务使用类型，不仅包括在互联网等公开网络上的服务提供者，也包括为了个人或职业需要在互联网上搜索信息的人。

（21）协调领域的范围，对于未来欧洲共同体信息社会服务的和谐发展以及依照欧洲共同体法律的未来国家级法律的适用都不能产生损害；协调领域仅涵盖与在线活动相关的领域，例如在线信息、在线广告、网络购物、在线合同，但不含成员国对于如安全标准、商标义务或产品责任等与产品相关的法律需求，亦不含成员国对于包括医药产品的配送的与产品发送或运输相关的法律需求；协调领域不涵盖政府当局对于如艺术作品等特定产品行使优先购买权。

（22）信息社会服务应在其源头就被监督，这是为了保证对公共利益目的的有效保护；为了该目的，有必要保证主管部门不仅对于其本国公民提供上述保护，也对所有欧洲共同体公民提供该种保护；为了提高成员国间的相互信任，有必要明确规定服务发出之成员国的责任；此外，为了有效保证提供服务的自由以及对于服务提供者与接受者的法律的确定性，信息社会服务原则上应遵守于服务提供者设立地所在成员国的法律规定。

（23）本《指令》既不旨在设立额外的关于法律冲突的国际私法规定，亦不解决法院管辖权问题；国际私法所确定的得以适用的法律，不应限制本《指令》所确立的提供信息社会服务的自由。

（24）在本《指令》的背景下，虽然规则从源头上对信息社会服务进行管控，成员国在本《指令》确立的情形下采取行动限制信息社会服务的自由流动是合理的。

（25）国家法庭，包括民事法庭，在处理私法纠纷时可以依照本《指令》所确立的情形，采取措施减损提供信息社会服务的自由。

（26）成员国依照本《指令》确立的情形，可以在为了采取所有调查及其他必要措施对犯罪行为进行侦查与预防时，适用其本国刑法与刑事诉讼法的规定，且其不必要将所采取的措施通知委员会。

（27）本《指令》与今后欧洲议会与理事会所要制定的关于远程消费者金融服务市场的指令，将促成金融服务在线规定法律体系的创制；本《指令》并不对金融服务领域未来的计划预先规制，尤其是考虑到该领域行为规则的一致性；本《指令》中所确立的，成员国在特定的情形下为了保护消费者而限制提供社会服务的自由的可为行为，亦涵盖金融领域的措施，尤其是旨在保护投资者的措施。

（28）成员国的义务不会因之前 1997 年 12 月 15 日关于欧洲共同体邮政服务内部市场发展与打印电子邮件信息实物交付服务质量提高的《97/67/EC 欧洲议会与理事会指令》的授权不含邮政服务，而对参与信息社会服务提供者的活动产生限制，且其不影响自愿认证系统，尤其是不影响提供者电子签名认证服务。

（29）商务通讯对于信息社会服务融资及发展多种多样的新的免费服务至关重要；为了保护消费者与公平交易，商务通讯，包括折扣、促销活动和促销竞争或赌博，应满足一系列的透明性要求；上述要求不应有损《97/7/EC 指令》；本《指令》不应对现存的商务通讯方面的指令产生影响，尤其是《98/43/EC 指令》。

（30）通过电子邮件的不请自来的商务通讯的发出可能是消费者与信息社会服务提供者不希望的，且其可能干扰互动网络的正常运转；接受者对于不请自来的商务通讯的特定形式的同意的问题，本《指令》不予以解决，但该问题已得到解决，特别是在《97/7/EC 指令》与《97/66/EC 指令》中有所解决；在允许通过电子邮件的不请自来的商务通讯的成员国中，应鼓励与帮助设立筛选服务发起者的适当行业；此外，有必要对任何情况下的不请自来的商务通讯明确界定，如此来提高透明度并帮助上述行业发起者运转；通过电子邮件的不请自来的商务通讯不应给接受者带去额外的通讯费用。

（31）允许设立在其境内的服务提供者在不征得接受者同意的前提下，发出通过电子邮件的不请自来的商务通讯的成员国，应保证服务提供者定期咨询，并保证服务提供者遵守当自然人不愿意接受上述商务通讯可以对其自己进行注册的退出注册规定。

（32）为了消除对欧洲共同体内成员可能在互联网上提供的需要监管的跨边界的服务发展的障碍，有必要在欧洲共同体水平上保证遵守旨在保护消费者或公共健康的职业规定；欧洲共同体水平的行为准则是决定适用于商务通讯的职业道德准则最好依据；应鼓励上述规定的拟定或条件适宜时的适用不损害职业团体与协会的自治权。

（33）对与受管制的行业相关，并包含一系列与该领域规定相关的欧洲共同体法律及国内法，本《指令》起到补充作用。

（34）各成员国若对其包含义务性规定，尤其是包含关于成立的义务性规定的法律进行修订，其应对通过电子方式制定的合同进行规制；对需要调整的法律所进行的检查应该是有体系的，且应涵盖合同过程所有必要的步骤与行为，包括合同的归档；修订的结果应使所涵盖的合同具有电子化可行性；电子签名的法律效力由 1999 年 12 月 13 日关于欧洲共同体电子签名框架的《1999/93/EC 欧洲议会与理事会指令》所规定的；服务提供者对于接受的确认可采取在线提供有偿服务的形式。

（35）本《指令》不影响成员国保有或者建立关于能够以电子手段签订的合同的一般性或特别性法律规定的可能性，尤其是关于保障电子签名安全的规定。

（36）对于通过法律而与法院、行政机关或行使公共权力的行业有牵连的合同，成员国可以保留对其电子合同使用的限制；上述可能性亦包含为了对第三方产生影响以及法律授权或由公证认证的，与法院、行政机关或行使公共权力的行业有牵连的合同。

（37）成员国消除使用电子合同障碍的义务，仅涉及由法律规定所导致的障碍，以及由在特定情形下无法使用电子手段所导致的非实际性的障碍。

（38）成员国实施消除使用电子合同障碍的义务应与欧洲共同体法律所宣告的法律规定相一致。

（39）除外规定涉及仅仅通过电子邮件或本《指令》提供的同等个人通讯方式所缔结的合同，关于信息的提供与订单的下达不应允许信息社会服务提供者传递上述规定。

（40）成员国现有的与新出现的制定法与判例法中的差异，涉及充当保护内部市场正常运转中介者身份的服务提供者责任，尤其是削弱跨界服务发展与扭曲竞争的责任；服务提供者有义务在特定情形下为了预防或阻止违法活动而采取措施；本《指令》应构成快速且可信赖的对于违法信息的获取进行消除与阻止的程序的合理基础；上述机制可在所有相关当事人自愿同意的基础上发展，且成员国应鼓励该机制的发展；适用与实施上述程序是为了所有参与信息社会服务当事人的利益；本《指令》关于责任的规定不应对保护和鉴别技术系统的不同利益团体的发展与有效运行产生阻碍，亦不应对在《95/46/EC 指令》及《97/66/EC 指令》规定的数字技术范围内的技术检测仪器的不同利益团体的发展与有效运行产生阻碍。

（41）本《指令》在处于紧要关头的不同利益团体间保持平衡，并确立了行业协议与标准得以建立其上的规则。

（42）本《指令》设立的免责规定仅适用于信息社会服务提供者在操作以及提供通讯网络活动中遵循技术流程的情况，上述通讯网络活动由第三方提供信息，并用于传递与暂时性储存，且仅为了使信息传递更加有效率；该活动纯粹是技术的、自动化的以及消极性的，即意味着信息社会服务提供者既不明知亦不对所传递或储存的信息进行控制。

（43）当服务提供者完全没有涉足信息传递时，其能够得益于“连线服务者”与“超高速缓存”的免责规定；除此之外，要求服务提供者并未修改其所传递信息；本规定不包括在传递过程中当服务提供者并未改变所传递信息的性质时所产生的对技术性质所进行的操作。

(44) 当服务提供者为了进行在“连线服务者”或“超高速缓存”活动之外的违法行为，而故意与其服务的接受者之一进行合作的，其不得得益于上述活动的免责规定。

(45) 本《指令》所规定的中介服务商责任的限制不对不同形式禁止令的可行性产生影响；上述禁止令大多是由法院或行政机关所发出的要求禁止与预防侵害行为的命令所构成的，包括删除违法信息或者阻止对其的获取。

(46) 为了得益于责任限制，包括信息储存在内的信息社会服务提供者当确实明知或意识到违法活动时，应迅速采取行动删除或阻止对该信息的获取；所要采取的删除或阻止对信息的获取的行动应遵守言论自由的原则，以及遵守国家层面对于实现言论自由而设立的程序；本《指令》不对成员国制定特别规定的权力产生影响，但该特别规定应在对信息实施删除或阻止获取之前尽快制定。

(47) 不允许成员国对服务提供者施加对一般性义务的监控义务；即并不关注具体案件中的监控义务，特别是不影响行政机关依照国内法发布命令。

(48) 本《指令》不影响成员国为了侦查与预防某些种类的违法活动，而要求掌握由服务接受者提供的信息，服务提供者履行在国内法中具体规定且在合理预期内的注意义务。

(49) 成员国与欧盟委员会应鼓励制定行为规范；这么做并非为了对上述规范的无偿性质予以减损，也并非为了对利益集团自由决策是否遵守上述规范予以减损。

(50) 考虑到确立与欧洲共同体层面的侵犯版权及邻接权的中介者责任问题相关的清楚的法律体系，所提出的关于版权特定方面协调的以及信息社会服务中的邻接权的指令，应与本《指令》在相同的时间范围内发生效力。

(51) 在必要的情况下，应要求各成员国对易阻碍通过电子途径庭外调解纠纷制度适用的法律进行修订；修订的结果应使上述制度在立法与实践中真实且有效地运行，即便是在跨边界的情况下。

（52）内部市场自由有效的实践使得保障受害者有效采取措施解决纠纷具有重要作用；与信息社会服务联系中可能导致的损害以其快速性及地域广泛性为特征；鉴于上述特殊的特点以及保证国家当局不危及国家间的相互信任的要求，本《指令》要求成员国保证合理的法庭程序可以得以适用；成员国应对通过适当的电子途径提供启动司法程序的必要性的调查。

（53）适用于信息社会服务的《98/27/EC 指令》为与旨在保护消费者集体利益的禁止令相关提供解决机制；该机制将通过保证高水平的消费者保护而促进信息社会服务的自由传递。

（54）本《指令》所规定的惩罚不消减国内法所规定的任何其他惩罚或救济措施；成员国对违反依照本《指令》而适用的国内规定的行为无规定刑罚的义务。

（55）本《指令》不对适用于消费者合同之合同义务的法律产生影响；因此，本《指令》不会导致剥夺消费者惯常居所所在成员国法律关于合同义务的强制性规定赋予消费者的保护。

（56）对于本《指令》中与消费者所缔结的合同之合同义务有关的克减规定，所提及的对于合同的决策具有决定性影响的义务应以合同之重要内容所包含的信息的形式予以解释，消费者权利亦如此。

（57）欧盟法院一贯认为成员国拥有对为了规避可能适用于其的本国法律而在其他成员国设立但在本国领域内从事其全部或大部分活动的服务提供者采取禁止措施的权力。

（58）本《指令》不适用于在第三国设立的服务提供者所提供的服务；然而，鉴于全球电子商务维度，应保证欧洲联盟法律与国际法保持一致；本《指令》不损害国际组织（WTO、OECD、联合国国际贸易法委员会等其他国际组织）关于法律问题的讨论。

（59）尽管电子通讯具有国际性，国内法规定措施在欧洲联盟层面上的协调对于避免内部市场分裂以及建立适当的欧洲法律体系具有重要作用；上述协调亦应有助于建立一个具有普遍性与坚实性的国际论坛。

（60）为了使电子商务不受阻碍地发展，法律体系必须清楚而简洁、具有可预见性且与国际层面适用的规定相一致，只有如此，该法律体系才不会对欧洲产业竞争力及创新力产生负面影响。

（61）若市场在全球化环境下通过电子途径而实际运转，欧洲联盟及主要非欧洲地区应与彼此商议如何使法律与程序并存不悖。

（62）应加强与第三国在电子商务领域的合作，尤其是申请加入欧洲联盟的国家、发展中国家以及欧洲联盟其他的贸易伙伴国。

（63）本《指令》的适用不会阻碍成员国对随着信息社会而到来的各种群体、社会与文化影响的考虑；特别是，本《指令》的适用不应阻碍成员国为了达到社会、文化与民主目标，为了保证与保持公众获得最广泛范围的信息社会服务，基于其语言差异、国家和地区的特殊性以及其文化遗产的考虑而采取的与欧洲联盟法律相一致的措施；无论如何，信息社会的发展将会保障欧洲联盟公民获得数字环境下的欧洲文化遗产。

（64）电子通讯为成员国提供了绝好的途径来提供文化、教育与语言领域的公共服务。

（65）在欧盟理事会 1999 年 1 月 19 日关于信息社会消费者层面的决议中，欧盟理事会强调在该领域中对于消费者的保护值得特别关注；欧洲联盟将对现有的对消费者保护规定在信息社会环境下对消费者保护不足的程度进行调查，在必要的情况下也将对法律的不足及可能需要额外措施的问题进行鉴别；如若必要，欧洲联盟应制定特殊额外规定来解决上述已被鉴别出的不足。

本《指令》已得采取。

## 第一章　一般性规定

**第一条**　目标与范围

1. 本《指令》旨在通过保证成员国间信息社会服务的自由流转

而促进内部市场的合理运转。

2. 本《指令》在第1段所规定的要实现的目标方面，与关于内部市场、服务提供者的建立、商务通讯、电子合同、中介机构的义务、行为规范、庭外调解纠纷解决机制、司法活动及成员国间合作的信息社会服务的国内法规定类似。

3. 如欧洲联盟法律与国内立法中规定，实施这些法律是为了不对提供信息社会服务的自由进行限制，本《指令》对于适用于信息社会服务的欧洲联盟法律进行补充，且不损害对公共健康与消费者权益的保护水平。

4. 本《指令》不对国际私法增加额外规定，亦不对法院管辖权问题进行规定。

5. 本《指令》不适用于：

（a）税收领域；

（b）《95/46/EC指令》与《97/66/EC指令》所规定的信息社会服务相关问题；

（c）卡特尔法规制的协议或实践相关问题；

（d）信息社会服务以下活动：

——达到与政府机关实践活动有直接或特殊联系程度的公证或同等专业活动，

——法庭上委托人的陈述及其为自己利益的答辩，

——包括在投机游戏中以货币下赌注的赌博活动，包括彩票与投注在内。

6. 在欧洲联盟法律方面，为了提升文化与语言的多样性，并为了保障对多元主义的保护，本《指令》不对欧洲联盟或国家层面采取的措施产生影响。

**第二条** 定义

为了实现本《指令》的目标，下述术语应受到其后意思的约束：

（a）“信息社会服务”：《98/34/EC指令》第1（2）条经《98/48/EC指令》修订后规定内的服务；

（b）“服务提供者”：任何提供信息社会服务的自然人或法人；

（c）“所设立的服务提供者”：服务提供者无限期使用固定设施提供信息社会服务来追求经济效益。提供服务所要求的技术手段及技术的存在与使用，并不独立地构成服务提供者的设施；

（d）“服务接受者”：任何为了职业需求或其他需求，尤其是为了实现信息搜索或获取信息，而使用信息社会服务的自然人或法人；

（e）“消费者”：任何为了其自身贸易、商业或职业外的目的而活动的自然人；

（f）“商务通讯”：任何形式的用以直接或间接提升产品、服务或提升从事商务、工业或工艺活动或从事规范化职业的公司、组织或个人的形象的通讯；

——提供直接进入该公司、组织或个人活动的途径的信息，尤其是网域名称或电子邮件地址，

——与产品、服务或公司、组织或个人形象有关的通讯，且该通讯通过独立的方式编制，尤其是当其不具有经济因素时；

（g）“规范化职业”：任何在 1988 年 12 月 21 日关于对完成持续三年以上的职业教育与训练的高学历认证的一般性系统的《89/48/EC 欧盟理事会指令》第 1（d）条规定下的职业，或任何在补充《89/48/EEC 指令》的 1992 年 6 月 18 日关于对职业教育与训练的一般性系统的《92/51/EEC 欧盟理事会指令》规定下的职业；

（h）“协调领域”：成员国法律体系内对信息社会服务提供者或对信息社会服务所适用的规定，不论其是具有一般性的规定还是特别制定的规定。

（i）协调领域涉及服务提供者必须遵守的关于以下方面的规定：

——该信息社会服务方面的活动的发起，例如涉及资格、授权或申报的规定，

——该信息社会服务方面的活动的执行，例如涉及服务提供者行为的规定，与服务质量及内容有关的规定包括适用于广告与合同的规

定，或者是涉及服务提供者责任的规定；

（ⅱ）协调领域不包含例如以下之规定：

——适用于产品等的规定，

——适用于产品发送的规定，

——适用于不经由电子手段提供的服务的规定。

**第三条** 内部市场

1. 每个成员国均应保证在其领域内设立的服务提供者所提供的信息社会服务遵守适用于该成员国的国内法关于协调领域的规定。

2. 成员国不应基于协调领域的原因，对其他成员国提供信息社会服务的自由进行限制。

3. 第1与第2段不应适用于附件里所提到的领域。

4. 若下列情况得到满足时，成员国可采取措施违背第2段关于现存信息社会服务的规定：

（a）措施应为：

（ⅰ）基于下列原因的必要措施：

——公共政策，尤其是防止、调查、侦查与起诉犯罪行为的公共政策，包括对弱势群体的保护及对煽动种族、性别、宗教或国别仇恨的行为所做的斗争，以及与违反个体人类尊严所做的斗争，

——对公共健康的保护，

——公共安全，包括维护国家安全与国防，

——对消费者的保护，包括对投资者的保护；

（ⅱ）对现存信息社会服务损害第（ⅰ）点中所提到的目标的行为，或对上述目标有严重且紧迫的损害危险时所采取的对抗措施；

（ⅲ）与上述目标相称的其他目标；

（b）在采取涉及到的措施之前，且不损害审判程序的前提下，包括不损害预备程序及刑事侦查框架内所采取的行动，成员国应完成以下行为：

——已请求第1段所规定的成员国采取措施，且后者之成员国不采取措施或采取措施不足，

——已通知欧盟委员会与第 1 段规定的成员国预备采取措施。

5. 成员国可以在紧急情况下违反第 4（b）段规定的情况。在出现上述情况时，所采取的措施应在最短的时间内通知欧盟委员会与第 1 段所规定的成员国，表明基于何种理由该成员国认为此情况属紧急情况。

6. 在不对成员国采取措施的权利造成损害的情况下，欧盟委员会应在最短可能的时间内，对成员国所通知的措施的与欧洲委员会法律的相容性进行调查；若调查结论是该措施与欧洲联盟法律不具有相容性，欧盟委员会应要求问题所涉及的成员国中止其正在进行的措施，或在紧急情况下终止所涉及的措施。

## 第二章　原　　则

**第 1 部分：设立与信息需求**

**第四条**　不包括先前授权原则

1. 成员国应保证信息社会服务提供者所发起与从事的活动不是基于先前授权或其他具有相当作用的规定所做出的。

2. 第 1 段应不会对不特别且除外性地针对信息社会服务的授权体制有所损害，或者不会对 1997 年 4 月 10 日关于电性服务领域一般授权及个人许可的普遍性框架的《97/13/EC 欧洲议会与理事会指令》中所规定的授权有所损害。

**第五条**　所提供的一般信息

1. 除欧洲联盟法律所规定的其他信息需求外，成员国应保证服务接受者、主管部门至少对服务提供者的下列信息能够轻松、直接且持久地获得：

（a）服务提供者的名称；

（b）服务提供者设立所在地地理位置；

（c）通过直接与高效的手段能够快速与服务提供者取得联系的详细信息，包括其电子邮件地址；

（d）服务提供者进行贸易登记所在地或与此类似的公共登记所在

地中，服务提供者进行登记的贸易登记以及其登记编号，或者其他相当的可对其登记进行辨识的信息；

（e）活动所遵守的授权体制中相关监督权细节；

（f）关于规范化职业：

——服务提供者进行登记的任何职业团体或类似机构，

——职称及所授予该职称的成员国，

——涉及所能适用的设立地之成员国职业规定及取得上述规定的方式；

（g）服务提供者所进行的应缴增值税的活动中，在1977年5月17日关于协调成员国关于营业税法律规定的《77/388/EEC第六届欧盟理事会指令》第22（1）条（即增值税普通体系：统一评估的基础）规定下的标识号。

2. 除欧洲联盟法律所确立的其他信息需求外，有参考价格的信息社会服务中，成员国至少应保证价格被清楚而明确地表明，且特别是价格应能够表明其是否包含税费与运输费用。

**第2部分：商务通讯**

**第六条** 所提供的信息

除欧洲联盟法律所确立的其他信息需求外，成员国应保证商务通讯是遵守至少下列情况的信息社会服务的一部分或构成信息社会服务：

（a）商务通讯本身应是可清楚辨认的；

（b）代表进行商务通讯活动的自然人或法人应是可清楚辨认的；

（c）服务提供者设立地所在成员国许可的促销活动，例如折扣、赠品与礼物，应可被清楚辨认，且上述活动获得许可所要满足的情况应可轻松获得并清楚而明确地被列明；

（d）服务提供者设立地所在成员国许可的促销性竞争或游戏，应可被清楚辨认，且参与该活动的情况应可轻松获得并清楚而明确地被列明。

**第七条** 不请自来的商务通讯

1. 除欧洲联盟法律所确立的其他信息需求外，允许经由电子邮件的不请自来的商务通讯的成员国应保证上述有设立在其领土内的服务提供者所提供的不请自来的商务通讯可在其被接受者接收时起被清楚而明确地辨认。

2. 在不损害《97/7/EC 指令》与《97/66/EC 指令》的情况下，成员国应采取措施保证从事经由电子邮件的不请自来的商务通讯的服务提供者，定期咨询且当自然人不愿接受上述商务通讯而自行登记时遵守退出注册规定。

**第八条**　规范化职业

1. 成员国应保证商务通讯的使用，是规范化职业成员依据职业规定被许可所提供的信息社会服务的一部分或构成信息社会服务，上述职业规定特别涉及职业独立性、尊严与荣誉，职业秘密以及该职业客户及其他成员的公平。

2. 在不损害职业团体与行业协会自治的情况下，成员国与欧盟委员会应鼓励行业协会与职业团体为了鉴别信息种类而在欧洲联盟的层面上建立与第 1 段规定相一致的实现商务通讯的行为准则。

3. 对欧洲联盟提出关于第 2 段规定的信息的可使内部市场正常运转的可行性建议时，欧洲议会应考虑欧洲联盟层面可适用的行为准则，还应与相关行业协会与职业团体进行密切合作。

4. 本《指令》应作为对关于设计参与与进行规范化职业的欧洲联盟指令的补充进行适用。

**第 3 部分：以电子手段缔结的合同**

**第九条**　合同的处理

1. 成员国应保证其法律体系允许以电子手段缔结合同。成员国应特别保证适用于合约流程的法律规定既不会阻碍电子合同的使用，亦不会因为上述合同由电子手段缔结而使其法律效力及有效性受到剥夺。

2. 成员国可制定规定排除第 1 段对下列种类中所有或特别几个合同的适用：

（a）除出租权外，创立或转让不动产权利的合同；

（b）法律要求涉及法院、行政机关或行使公共权力的行业的合同；

（c）个人为了其贸易、商业或职业以外的目的所提供的被授予保证的合同以及抵押债券合同；

（d）由婚姻法或继承法进行规制的合同。

3. 成员国应对欧洲议会说明其不适用第1段规定的第2段中合同的种类。成员国应每五年向欧洲议会提交对第2段的适用的报告，说明其如何考虑仍然保持对第2（b）段中合同种类不适用第1段的理由。

**第十条** 所提供的信息

1. 除欧洲联盟法律确立的其他信息需求外，除当达成协议的双方不是消费者外时，并且在服务接受者发出要约之前，成员国应至少保证服务提供者提供的下列信息是清晰的、可理解的与明确的：

（a）缔结合同所遵守的不同技术步骤；

（b）不论服务提供者是否将已缔结的合同归档以及不论该合同是否能够被查阅；

（c）在请求提出前对输入错误进行鉴别与纠正的技术手段；

（d）缔结合同所使用的语言。

2. 除当达成协议的双方不是消费者外时，成员国应保证服务提供者对其自己所声明的任何相关行为准则及这些准则应如何以电子手段适用的信息均予以承认。

3. 向接受者所提供的合同条款与一般条款应以一种可使其储存与复制的方式制定。

4. 第1与第2段不应适用于仅以电子邮件交换或相当个人通讯手段缔结的合同。

**第十一条** 要约的发出

1. 除当达成协议的双方不是消费者外时，成员国应保证在服务提供者通过技术手段发出要约时，适用以下规定：

——服务提供者应毫不迟延地以电子手段承认收到服务接受者所发出的要约，

——当要约与承诺双方能够读取要约与承诺时，要约与承诺被认为得到接受。

2. 除当达成协议的双方不是消费者外时，成员国应保证在服务接受者发出要约之前，服务提供者向服务接受者提供适当的、有效的与可获取的技术手段使服务接受者鉴别与纠正输入错误。

3. 第 1 段第一缩进行以及第 2 段不适用于仅以电子邮件交换或相当个人通讯手段缔结的合同。

**第 4 部分：中介服务提供者的责任**

**第十二条**　连线服务者

1. 在服务提供者满足下列条件时，在信息社会服务的提供构成通讯网络内的服务接受者提供的信息的传输，或构成连接通讯网络的条件的情况下，成员国应保证服务提供者不对信息的传输承担责任：

（a）不是该传输的发起者；

（b）未对该传输的接收者进行挑选；以及

（c）未对该传输所包含的信息进行挑选或修改。

2. 第 1 段提到的传输与连接条件的活动包括自动化的、为媒介的以及暂时的，对于通讯网络中仅为了进行传输而进行的对所传输之信息的储存，且规定不包括超过合理必要传输时间而依旧储存的信息。

3. 本节规定不应对法院或行政机关在成员国法律系统下要求服务提供者终止或预防侵害行为的权力产生影响。

**第十三条**　超高速缓存

1. 若满足下列条件，在所提供的信息社会服务构成通讯网络中由服务接受者所提供的信息的传输时，成员国应保证该服务提供者不对自动化的、为媒介的以及暂时的，仅为了使应其他服务接受者的请求而对其他服务接受者上传信息更加高效而储存的信息负责：

（a）提供者未对信息进行修改；

（b）提供者遵守对信息获取的条件；

（c）提供者遵守与信息更新的规定，特别是以行业广泛认可与采用的形式行为；

（d）提供者不为了在使用信息中获得数据，而抵触行业广泛认可与使用的对于技术的合法使用；以及

（e）当明确得知信息在传输源头处被从网络上删除或对其的获取已被阻止或者法院或行政机关已命令进行上述删除或阻止获取时，提供者对其所储存的信息迅速地予以删除或阻止对该信息的获取。

2. 本节规定不应对法院或行政机关在成员国法律系统下要求服务提供者终止或预防侵害行为的权力产生影响。

**第十四条** 主机代管

1. 若满足下列条件，在所提供的信息社会服务构成通讯网络中由服务接受者所提供的信息的储存时，成员国应保证服务提供者不对应服务接受者所请求而储存的信息负责：

（a）提供者不明知违法行为或违法信息，且至于损害赔偿而言，提供者不知显示该违法活动或违法信息的事实或情况；或者

（b）当明知或得知时，提供者迅速地删除信息或阻止对该信息的获取。

2. 第1段不应适用于服务接受者在提供者授权或控制下进行行为的情况。

3. 本节规定不应对法院或行政机关在成员国法律系统下要求服务提供者终止或预防侵害行为的权力产生影响，亦不应对成员国制定程序管理删除信息或阻止对信息的获取的权力产生影响。

**第十五条** 无一般监督义务

1. 成员国不应对提供第12条、第13条与第14条规定下之服务的提供者施加一般义务，使其对其所传输或储存的信息予以监督，亦不应对提供者施加积极寻找显示违法活动的事实或情况的一般义务。

2. 成员国可为信息社会服务提供者及时确立义务，从而提醒胜任的政府当局正在发生的涉嫌违法活动或服务接受者所提供的信息，或者基于胜任的当局的请求而向其传达信息使其鉴别有储存合意的服务接受者的义务。

## 第三章　实　施

**第十六条**　行为规范

1. 成员国与欧盟委员会应鼓励：

(a) 为了对第 5 条至第 15 条予以补充，由行业、专业与消费者协会或组织制定共同体层面的行为准则；

(b) 国家或共同体层面的行为准则草案向欧盟委员会的自愿传播；

(c) 通过电子手段可以获得用共同体语言制定的行为准则；

(d) 由行业、专业与消费者协会或组织通过评估其行为准则的适用以及其对于与电子商务有关的实践、行为习惯或习俗的影响，而进行的与成员国及欧盟委员会的传输；

(e) 为了保护弱势群体及人类尊严而制定的行为准则。

2. 成员国与欧盟委员会应鼓励协会或组织代表消费者，参与对其利益产生影响并依第 1 (a) 段制定的行为准则的起草与实施。适当时，考虑到消费者的特殊需求，对于表面的损害及禁止，协会应供人查阅。

**第十七条**　庭外争端解决机制

1. 成员国应保证，当信息社会服务提供者与服务接受者不能达成一致时，本国法律不会对国内法规定下的庭外争端解决机制的适用产生损害，包括适当的电子手段。

2. 成员国应鼓励庭外争端解决机制负责团体实行能为所涉及的各方提供充分的程序保障的机制，尤其是针对消费者争端。

3. 成员国应鼓励庭外争端解决机制负责团体将其对于信息社会服务的重要决定通知欧盟委员会，并将其他关于实践、使用或与电子商务有关的行为习惯的信息向欧盟委员会传达。

**第十八条**　诉讼

1. 成员国应保证，在国内法规定内适用于关于信息社会服务活动的诉讼活动允许快速采取包括临时性的措施在内的措施，来制止涉嫌违法的行为与预防对所包含的利益将要造成的进一步损害。

2. 《98/27/EC 指令》的附件应如下进行补充：

“2000 年 6 月 8 日关于信息社会服务内部市场个别法律方面，尤其是电子商务的《2000/31/EC 欧洲议会与理事会指令》（电子商务指令）（OJ L178，2000 年 7 月 17 日，第 1 页）。”

**第十九条** 合作

1. 成员国应具备足够的监督与调查手段保证本《指令》的有效实施，且应保证服务提供者以必备的信息来满足其需要。

2. 成员国应与其他成员国进行合作；其最后应指定一个或几个联络点，对联络点的详细情况，成员国应向其他成员国及欧盟委员会通知。

3. 成员国应尽快依照国内法，对其他成员国或欧盟委员会的请求予以协助及提供信息，包括以通过适当的电子途径所进行的。

4. 成员国应建立联络点，该联络点应至少可通过电子手段获得，且接受者与服务提供者经由该联络点，可以：

（a）通过合同权利与义务获得基本信息，以及通过争议可适用的投诉和赔偿机制获得基本信息，包括上述机制涉及的实践环节；

（b）获得能够从政府、协会或组织的详细情况中所可能获得的更多信息或实际帮助。

5. 成员国应鼓励与欧盟委员会对于下列类型决定的交流：关键性的，在其领域内实施的，关于信息社会服务及其实践中争议的，涉及使用与消费者的电子商务的，行政或司法决定。欧盟委员国应与其他成员国就上述决定进行交流。

**第二十条** 处罚

成员国应针对违反依照本《指令》予以适用的国内法规定，决定合适的处罚，且应采取所有必要的措施保证上述处罚措施的强制力。成员国所提供的处罚措施应具有效率、符合比例性原则并具有劝诫性。

## 第四章 最后条款

**第二十一条** 复查

1. 在2003年7月17日之前，以及其后每两年，欧盟委员会应向欧洲议会、理事会及经济社会委员会提交本《指令》适用情况的报告，附随于此，在有必要的时，对于通过建议将本《指令》适用于信息社会服务领域的法律、技术与经济发展中，尤其是关于犯罪预防、弱势群体保护、消费者保护以及内部市场正常运转方面。

2. 对于调查本《指令》适用必要性方面，上述报告应特别对关于以下方面的建议的必要性进行分析：超链接与定位工具服务提供者可信度、避风港原则以及所记载内容的归责原则。上述报告也应对在第12条与第13条中鉴于技术进步所提供的免除责任的附加条件的必要性进行分析，且应对将内部市场规则适用于通过电子邮件的不请自来的商务通讯的可能性进行分析。

**第二十二条**　变通性规定

1. 成员国应在2002年1月17日前对遵照本《指令》的法律、规定与行政规定赋予效力。成员国应立即将其通知欧盟委员会。

2. 当成员国采用了第1段所规定的措施时，其措施应向本《指令》进行备案，或者应向其当时的官方公文中的规定进行备案。进行上述备案的方式由成员国自行规定。

**第二十三条**　生效

本《指令》应于其在欧洲共同体官方杂志发表当日发生效力。

**第二十四条**　适用对象

本《指令》适用于成员国。

# 大洋洲篇

# 澳大利亚电子交易法[①]

一九九九年第162号（已修正）

本法于2011年6月22日加入2011年第33号修正案

修正案的内容不得应用于备注章节中所注明的日期之前

在使用已被并入原条款中的修正案内容时，须考虑备注章节中所附加的适用性条款

本修正案由司法部法律起草与出版办公室于堪培拉修订

本法案旨在促进电子交易及其他目的

## 第一章　介　　绍

**第一条**　简称

本法案可引称为电子交易法案一九九九。

**第二条**　生效日期

（1）除本条第（2）款另有规定外，本法案于公布择定生效之日起发生效力。

（2）若本法案未能据本条第（1）款之规定在本法案获得皇室批准之日起计六个月内生效，本法案则在这期间后之第一天开始生效。

**第三条**　立法目的

① Electronic Transactions Act 1999。

本法的立法目的是旨在提供一个管理架构以：

（1）认定信息经济对澳大利亚未来的经济及社会发展之重要性；及

（2）促进电子交易；及

（3）提高商业和社交场合使用电子交易的信心；及

（4）在商业和社交场合能够使用电子通讯与政府交易往来。

**第四条　简介**

本法案简介如下：

（1）为实现联邦法案之目的，一项电子交易不会因为其通过一种或以上电子方式进行，而被视作无效。

（2）根据法案规定，以下要件能够以电子形式完成：

（a）规定须以书面形式提交信息；

（b）规定须提供签名；

（c）规定须出示文件；

（d）规定须记录信息；

（e）规定须保留文件。

（3）为实现联邦法案之目的，在认定发出及接收电子通讯之时间及地点方面已制定了相应的条款。

（4）为实现联邦法案之目的，只要该通讯是由声称发出者本人或经由发出者授权的人发出的，则该电子通讯对声称发出者即有约束力。

（5）第二A章包含适用于含有电子通信的合同的以下条款：

（a）无地址的发价形成的合同视为要约邀请，无论其是否会最终形成合同；

（b）由于没有人的复查和干涉，自动生成的合同是无效的；

（c）在特定情形下，电子通信中的一部分存在输入错误时可以被撤销；

（d）第二章某些特定条款规定了其不适用时的情况。

**第五条　定义**

（1）本法案中，除非有相反意图，否则其定义如下：

电子通信的接收人指发送者想要电子信息到达的人，但不包括中间人。

自动信息系统是指使用电脑程序或电子及其他手段发出或接受全部或部分的数字信息，且无需人的审查或介入，该信息系统即可发出或回复信息。

联邦单位是指：

（a）任何部长；或

（b）任何联邦官员或雇员；或

（c）任何人持有或执行根据联邦法案授予官方职责；或

（d）任何联邦机关，或任何联邦机关雇员。

（i）同意包括可合理地从有关人员的行为推断得出同意的意思表示。

（ii）资料包括在1968版权法案中指明的全部或部分任何计算机程序。

（iii）数据存储设备指任何物品或材料（如磁盘），在需要或不需要其他物品或装置的协助下，使其中的信息可被复制。

电子通讯是指：

（a）任何信息通讯以资料、文字或影像形式，并通过引导及/或非引导的电磁性能源进行；或

（b）任何信息通讯以语言形式，并通过引导及/或非引导的电子电磁性能源，且该语言在其目的地被自动语音识别系统处理过。

（i）信息是指以资料、文字、影像或语言形式存在的信息。

（ii）信息系统是指为了产生、传送、接受、储存或处理电子信息通讯的任何系统。

（iii）信息科技的规定包括软件的规定。

非盈利团体是指该团体不以营利为目，也不为其个别会员谋取利益，并且根据团体组织章程禁止任何以金钱、资产或其他形式分配给予其会员。

电子信息的发送者指生成或发送电子信息的人或以其名义生成或发送电子信息的人，但不包括电子通讯的中间人。

营业地指：

（a）就个人而言，除了（b）项中所提及的实体，营业地为其开展经济活动的非暂时性地点非临时性的供应货物或服务的特定地点；或

（b）就任何政府、任何政府机构或任何非盈利团体而言，是指一个由政府、机构或团体进行任何运作或活动的场所。

交易包括；

（a）任何其性质为合同、协议、和解的交易；及

（b）任何实质需要或形式需要合同、协议、和解的声明、要求、通知包括要约和承诺；及

（c）任何非商业性质的交易。

（2）2001 年 7 月 1 日之前，在本法案中（除本条款规定外）其定义如下：联邦法律是指在规则中指明的联邦法律。

**第六条**　法案约束王室

本法案对皇室具有全面约束力。

**第七条**　境外区域

本法案范围伸延至境外全部区域。

**第七 A 条**　规定的免除

（1）规定提供了全部或部分本法案不适用于：

（a）在为实现本节之目的的规定中，交易、要求、允许、电子通信或其他特定的方式；或

（b）在为实现本节之目的的规定中，在特定情况下或以特定方式。

（2）规定提供了本法案全部或部分特定条款不适用于特定的联邦法律。

**第七 B 条**　其他免除

法院和法庭的免除

（1）第二A章部分和第二章第二节不适用于法庭实践和程序。法庭实践和程序适用法庭的相关规定。

证据法案1995等不影响。

（2）第二A章部分和第二章第二节不影响以下行为：

（a）证据法案1995；或

（b）与证据法案1995相适应的州或境外区域法律；或

（c）关于法庭诉讼程序相关证据规定的州或境外区域法律或普通法规则。

## 第二章 法律要件在电子通讯领域的适用

### 第一节　为实现联邦法律之目的对交易有效性的一般规则

**第八条**　电子交易的有效性

（1）为实现联邦法律之目的，任何信息不得因为其全部或部分为电子形式而否认其法律效力。

（2）第（1）款有关于交易有效性的一般规则不能适用于本节内有特别规定如何处理交易有效性的条款。

### 第二节　联邦法律之规定

**第九条**　书面形式

对于须要以书面形式提供信息的规定

（1）如果在某一项联邦法案之下，某人须要以书面形式提供信息，如果该人是通过一项电子通讯来提供信息，即属符合该规定，凡：

（a）任何情况下——在信息发出后，对信息可随时读取作为其后参考的预期是合理的；及

（b）如果按照规定该信息须提供给某一联邦单位，或代表联邦单位的人，而该单位有规定须要依照特殊信息科技的规定通过某一项特定电子通讯来接受信息——则以上行为属符合该单位之规定；及

（c）按照规定该信息须提供给某一联邦单位，或代表联邦单位的人，且该单位须采取特定行为来确认接受该信息——则以上行为即属符合该单位之规定；及

（d）如果按照规定该信息须提供给某人，而其既不是任何联邦单位也不是代表任何联邦单位的人，而该人按照规定是须要接受信息的人同意该信息以电子通讯形式提供。

允许以书面形式提出信息

（2）如果在某一联邦法律之下，一个人被允许以书面形式提供信息，那么他可通过一项电子通讯方式来提供信息，凡：

（a）任何情况下——在信息发出时，对信息可随时提取作为其后参考的预期是合理的；及

（b）如果按照规定该信息被允许提供给某一联邦单位，或代表联邦单位的人，而该单位有规定须要依照特殊信息科技的规定通过某一项特定电子通讯来接受信息——则以上行为属符合该单位之规定；及

（c）如果按照规定该信息被允许提供给任何联邦单位，或代表联邦单位的人，且该单位须采取特定行为来确认接受该信息——则以上行为即属符合该单位之规定；及

（d）如果按照规定该信息被允许提供给某人，而其既不是任何联邦单位也不是代表任何联邦单位的人，而该人按照规定是须要接受信息的人同意该信息以电子通讯形式提供。

某些不受影响的其他法律

（3）本条款不影响为其他任何联邦法律施行且为符合一些特殊信息科技的规定而订立或与之相关连或允许提供信息的条款，凡：

（a）在特定数据存储装置上；或

（b）通过某一项特定种类之电子通讯方式。

提供信息

（4）本条例适用于任何规定或允许提供信息，无论其表达方式是提供、发出或送递或其他。

（5）为实现本节之目的，提供信息包括但不限于以下情况：

(a) 提出申请；

(b) 提出或起诉要求任何赔偿；

(c) 提供，发出，或送递任何通告；

(d) 对起诉的回应；

(e) 做出要求；

(f) 做出声明；

(g) 做出诉讼要求或发出证书；

(h) 做出，改变或取消选举；

(i) 提起诉讼反对某事项；

(j) 提供原因声明。

**第十条** 签名

关于签名的规定

(1) 如果在联邦法律规定之中，规定需要本人签名。在下列情况即属符合规定：

(a) 在任何情况下——采用任何方法可以识别该人并可显示出该人对交流的信息的认可。

(b) 在任何情况下——该方法须满足以下条件之一：

(ⅰ) 在使用该方法时已考虑到全部有关情况，该方法必须是可靠及适当地作为信息交流；或

(ⅱ) 其本身或与其他证据结合在事实上满足前面 (a) 项中描述的相关规定。

(c) 按照规定该签名须提供给联邦单位，或代表联邦单位的人，及该单位规定须采用前面 (a) 项所述提供的方法并符合特殊信息科技规定的方法——则以上行为即属符合该单位之规定。

(d) 如果按照规定该签名须提供给某人，而其既不是联邦单位也不是代表任何联邦单位——而将获提供该签名的人须同意采用在前面 (a) 项所述提供的方法以符合规定。

某些不受影响的其他法律

(2) 本节不会影响为其他为以下联邦法律的施行：

（a）包含在任何一项电子通讯的电子签名（无论如何表述）；或

（b）包含在任何一项电子通讯有独特识别的电子形式；或

（c）就某一项电子通讯而言使用一种特殊方法来识别通讯发出者及显示该通讯发出者认可该信息。

（3）上述第一款所述需要签名的法律包括引用无签名会导致一定结果的法律。

**第十一条** 出示文件

出示文件的规定

（1）如果根据一项联邦法律，要求某人须出示任何书面、对象或材料形式的文件，如果该人通过某种电子通讯传递的电子形式的文件来出示，即属符合该规定，凡：

（a）在任何情况下——在通讯时已考虑到全部相关情况，而用来产生该电子形式文件的方法必须提供一个可靠形式来确保维持文件上信息的完整性；及

（b）在任何情况下——在发出通讯时，对存在电子形式文件中信息可随时读取作为其后参考的期望是合理的；及

（c）若按照规定该文件须提供给联邦单位，或代表联邦单位的人，而该单位规定须要以电子形式文件及符合特殊信息科技的规定通过某一项特定电子通讯来出示信息——则以上行为即属符合该单位规定；及

（d）若该按照规定文件须提供给任何联邦单位，或任何代表某一联邦单位的人，及该单位规定须采取特定行为来确认该文件的接收——则以上行为即属符合该单位规定；及

（e）若按照规定该文件被规定须提供给某人，而其既不是联邦单位也不是代表联邦单位，那么他是须要被允许接受该文件的人同意该文件通过电子通讯以电子形式出示。

批准出示文件

（2）若根据联邦法律，某人被批准出示一份以书面、对象或材料的形式的文件，那么他可通过电子通讯以电子形式的文件来代替使用

该形式来出示该文件，凡：

（a）在任何情况下——在通讯时已考虑到全部相关情况，而用来产生该电子形式文件的方法必须提供一个可靠形式来确保维持文件上信息的完整性；及

（b）在任何情况下——在发出通讯时，对存在电子形式文件中信息可随时读取作为其后参考的期望是合理的；及

（c）若按照规定该文件被允许提供给联邦单位，或代表联邦单位的人，而该单位规定须要以电子形式文件及符合特殊信息科技的规定通过某一项特定电子通讯来出示信息——则以上行为即属符合该单位规定；及

（d）若该按照规定文件被允许提供给任何联邦单位，或任何代表某一联邦单位的人，及该单位规定须采取特定行为来确认该文件的接收——则以上行为即属符合该单位规定；及

（e）若按照规定该文件被允许提供给某人，而其既不是联邦单位也不是代表联邦单位，那么他是须要被允许接受该文件的人同意该文件通过电子通讯以电子形式出示。

信息的完整性

（3）为实现本节之目的，文件上信息的完整性得以确认，仅在该信息仍然是保持完整且未被修改。除非在正常通讯程序、储存或显示过程中发生以下情形：

（a）附加批注；或

（b）非实质性更改；

某些不受影响的其他法律

（3）本条款不影响为其他任何联邦法律施行且为符合一些特殊信息科技的规定而订立或与之相关连或允许提供信息的条款，凡：

（a）在特定数据存储装置上；或

（b）通过某一项特定种类之电子通讯方式。

例外：移民及公民身份文件

（5）附件1已生效。

版权

(6) 以下条款已生效：

(a) 电子形式文件的产生其目的是：

(ⅰ) 本节；或

(ⅱ) 某一州或区域的法律与本条例相符；

将不会构成侵犯其作品内或包含在其他物品内的版权的行为。

(b) 通过电子通讯方式而制作的任何电子形式文件其目的是：

(ⅰ) 本条例；或

(ⅱ) 某一州或区域的法律与本条例相符；

将不会构成侵犯其作品内或包含在其他物品内的版权的行为。

**第十二条** 保留

信息的记录

(1) 若根据联邦法律的规定，一个人被规定须以书面形式记录信息，如果该人以电子形式记录信息，即属符合该规定，凡：

(a) 在任何情况下——在记录信息时，对存在电子形式文件中信息可随时读取作为其后参考的期望是合理的。

(b) 如果规定信息须在特定类型的数据储存装置以电子形式来记录，则该行为即属符合该规定。

书面文件的保留

(2) 如果根据一项联邦法律，要求保留任何书面、对象或材料形式的文件，如果该人通过某种电子通讯传递的电子形式的文件保留，即属符合该规定，凡：

(a) 在任何情况下——在通讯时已考虑到全部相关情况，而用来产生该电子形式文件的方法必须提供一个可靠形式来确保维持文件上信息的完整性。

(b) 在任何情况下——在产生该电子形式的文件时，对存在电子形式文件中信息可随时读取作为其后参考的期望是合理的。

(c) 如果规定信息须在特定类型的数据储存装置以电子形式来保留，则该行为即属符合该规定。

(3) 为实现上述第 (2) 款之目的，文件上信息的完整性得以确认，仅在该信息仍然是保持完整且未被修改。除非在正常通讯程序、储存或显示过程中发生以下情形：

(a) 附加批注；或

(b) 非实质性更改。

电子通讯的保留

(4) 如果根据一项联邦法律，某人（第一个）被规定须于一段特定期间保留某一份信息，而这份信息是一份电子通讯的组成部分。若在此期间该第一者或由其引起其他人以电子形式来保留该信息，即属符合该规定，凡：

(a) 在任何情况下——在开始保留信息时，对存在电子形式文件中信息可随时读取作为其后参考的期望是合理的；及

(b) 在任何情况下——在开始保留信息时已考虑到全部相关情况，而用来产生该电子形式文件的方法必须提供一个可靠形式来确保维持文件上信息的完整性；及

(c) 在任何情况下——在该段期间，同样地第一者保留或由其引起其他人以电子形式保留由第一者取得的附加信息，足以确认以下情况：

(i) 电子通讯的来源；

(ii) 电子通讯的目的地；

(iii) 电子通讯的发出时间；

(iv) 电子通讯的接收时间。

(d) 在任何情况下——在开始保留在 (c) 项中所述的附加信息时，对附加信息可随时读取作为其后参考的预期是合理的。

(e) 如果规定信息须在特定类型的数据储存装置以电子形式来保留，则该行为即属符合该规定。

(5) 为实现 (4) 款之目的，构成电子通讯的主体的信息的完整性得以保持，仅在该信息仍然是保持完整且未被修改。除非在正常通讯程序、储存或显示过程中发生以下情形：

(a) 附加批注；或

(b) 非实质性更改。

版权

(6) 以下条款已生效：

(a) 电子形式文件的产生其目的是：

(ⅰ) 本节；或

(ⅱ) 某一州或区域的法律与本条例相符；

将不会构成侵犯其作品内或包含在其他物品内的版权的行为。

(b) 通过电子通讯方式而制作的任何电子形式文件其目的是：

(ⅰ) 本条例；或

(ⅱ) 某一州或区域的法律与本条例相符；

将不会构成侵犯其作品内或包含在其他物品内的版权的行为。

**第十三条**（无）

## 第三节——其他与联邦法律相关的条款

**第十四条** 发出时间

(1) 为实现联邦法律之目的，除发送人和接收人另有约定外，电子信息的发出时间为：

(a) 电子信息离开发送者或代表发送者之人控制的信息系统；或

(b) 若电子信息未离开发送者或代表发送者之人控制的信息系统，则为该信息被接收人收到之时。

注：(b) 项旨在使用双方使用相同的信息系统的情况。

(2) 即使在十四B条中所述信息系统支持电子地址不同于其被发出的地址的情况下也是用上述第（1）款的相关规定。

**第十四A条** 接收时间

(1) 为实现联邦法律之目的，除发送人和接收人另有约定外，电子信息的发出时间为：

(a) 若电子通讯的接收者指定一个信息系统作为接收电子通讯之用，接收时间将会是该通讯进入该信息系统的时间。

（b）接收者另外的电子地址接受到电子信息的时间为以下二者：

（ⅰ）当电子信息可以被接收人的地址收到时；及

（ⅱ）接收者留意到该电子通讯已被发送至那个地址时。

（2）为实现上述第（1）款之目的，除非双方另有约定，当电子信息到达接收人的地址时即可推断接收人已收到该信息。

（3）即使在十四B条中所述信息系统支持电子地址不同于其被发出的地址的情况下也是用上述第（1）款的相关规定。

**第十四B条** 发出及接收地点

（1）为实现联邦法律之目的，除非电子通讯的发送者和接收者另有约定，否则：

（a）发送者的发出地点为发送者的营业地；及

（b）接收者的接受地点为接收者的营业地。

（2）为实现上述第一款对电子通讯的适用：

（a）若因发送者或接收者的暗使得某地被认定为其营业地，则可以照此认定除非另一方明确否认不是自己的营业地；及

（b）若发送者或接收者并未暗示何处为自己的营业地但其仅有一处营业地，则可认定该处为其营业地；及

（c）若发送者或接收者并未暗示何处为自己的营业地但其有多于一个营业地，而其中一个地点与有关交易存在着较密切关系——即可假设该营业地就是发送者或接收者的唯一营业地；及

（d）若发送者或接收者有多于一个营业地，但（c）项不适用该情况——则可假设发送者或接收者的主要业务地点就是发送者或接收者的唯一营业地；及

（e）如果发送者或接收者没拥有任何营业地——则可假设发送者或接收者的通常居住地点就是发送者或接收者的营业地。

（3）由于以下原因，一个地点不应被视为营业地：

（a）发送者或接收者的信息系统的设备所在地和技术支持地；或

（b）信息系统可被其他人获得之地。

（4）发送者或接收者使用某国的域名或电子邮件地址并不意味着

他的营业地在那国。

**第十五条** 电子通讯的归属

（1）为实现联邦法律之目的，除非该电子通讯的声称发送者和接收者另有约定，否则该项通讯对声称发送者是有约束力，只要该通讯是由声称发送者或经由声称发送者授权而送出。

（2）第（1）款并不是有意去影响制订如下规则的法律（无论是书面或非书面）的运作：

（a）个人参与的行为而该行为是在其个人的实际或表面归属于别人的权力；或

（b）个人限制于别人参与的行为而该行为是属于别人的实际或表面的权力。

证据法案 1995 相关条款等不影响

（3）本条例不影响下列法案之操作：

（a）证据法案 1995 年的第 87 条或第 88 条；或

（b）某一州或区域的法案与证据法 1995 年的第 87 条或第 88 条等同；或

（c）一州或区域的法案或任何普通法的规例，规定任何人做出的口供被视为是法庭诉讼中的认罪。

## 第二 A 章——关于涉及电子通信的合同的补充规定

**第十五 A 条** 本章的适用和执行

（1）根据第（2）款，本章适用于在联络中使用电子通信监理合同的各方，其适用于：

（a）不论其中有些货所有参与人在澳大利亚或任何其他地方；及

（b）不论涉及的合同是商业目的、个人目的、家族目的或其他任何目的

（2）仅在以下情况中，本章适用于或涉及到合同：

（a）适用于该合同的法律是某一州或区域的法律；及

（b）合同成立之时，没有相关的州或区域的法律与本章的内容实

质上相同。

**第十五B条** 关于合同中邀请的处理

（1）在以下情况中，通过一次或多次电子通信所发出的成立合同的邀请视为要约，除非发出方的意图明确暗示出其邀请限制于承诺：

（a）该邀请并未发给地址确定的各方；及

（b）对于其他任何使用该信息系统的人均可获取该信息。

（2）上述条款扩展适用于通过信息系统，使用交互应用放置的指令。

**第十五C条** 使用自动信息系统形成合同格式——无人为因素介入情况下

在以下情况中，仅因为自动信息系统生成的任何独立行为或结果生成的合同在没有人为的检查或介入时，并非无效或无强制履行效力：

（a）交互是由自动信息系统和人共同作用的；或

（b）交互是由自动信息系统作用的。

**第十五D条** 关于合同中电子通信的错误

（1）本节适用于各方需成立或选择成立合同或合同形式的声明、需求、通知等的要约和承诺。

（2）若

（a）一个自然人在电子通讯中与自动信息系统或其他方交流过程中造成了一个输入错误；及

（b）自动信息系统不允许其改正错误；

在以下情况下，造成错误的人或代表他的那方有权利取消发生错误的那份电子通信：

（c）那个人或代表他的那方，在错误发生后立即通知了相关其他方面，告知此错误；及

（d）那个人或代表他的那方，并没有从其他各方那里收到任何物质上的利益或价值。

（3）在本节中提到的取消电子通信的权利并不是撤销合同或终止

合同履行的权利。

（4）若有需要，本节中提到的取消电子通信的权利实行的结果需与其他可适用的法律原则相符合。

注：在某些情况下，一份电子通信的取消可能导致整个电子通信的失效或是的合同格式失效。（参见联合国贸易法委员会为使用电子通信的国际合同制定的解释文件 241 条，2005 年 11 月 23 日于纽约作出）

**第十五 E 条**　关于合同方面法案的适用

（1）根据第（2）条，第 8 条、第 14 条和第 14B 条适用于以下情况：

（a）交易与合同组成或其涉及到合同；或

（b）电子信息涉及到合同本身或形式；

其适用方式与在这些章节中提到的交易或电子通信相同，若出现“为实现联邦法律之目的”或“在联邦法律要求下”，其适用也相同。

（2）然而，本部分（包含上述第一款）不适用于涉及合同的以下情况：

（a）若本部分得以适用，第二章亦可由自身效力适用；或

（b）若本部分得以适用，州或区域法律（本质上与第二章相同的条款）亦可由自身效力适用。

注：本款使得第二章的条款适用于合同或计划中的合同，在其仅仅因为被表述为适用于涉及“联邦法律”的情况下得以扩展。本款同时也使得第二 A 章的条款不能适用于第二章所适用的情形。举例来说就是当合同在州或区域中谈判而其供应商来自海外，此时第二章即不可适用。

**第十五 F 条**　与其他管辖权无冲突

（1）若：

（a）除了本款外，本章的运行受来自州政府的其他权力或职责的干扰；及

（b）由于宪法原因可使其无效；

本章即无法适用。

（2）若：

（a）除了本款外，本章的运行受来自首都特区或北部特区的其他权力或职责的干扰；及

（c）若假定特区同州一同看待，则由于宪法原因可使其无效；

本章即无法适用。

## 第三章　杂　　项

**第十六条**　规则

总理可订立以下规则来明确相关事宜：

（a）本法案规定需要或准许作明确；或

（b）为实施或执行本法案所须必要性或便利性作出明确。

**第十七条**　过渡条款——电子交易修正法案 2011

在本法案下，在第七 A 条生效日期前制定的规则继续生效，如同其制定之初一样。

根据第（3）款：

第十五 B 条扩展至生效日期之前发出的要约；及

第十五 C 条扩展至生效日期之前的行为；及

第十五 D 条扩展至生效日期之前作出的合同或合同形式的声明、需求、通知等的要约和承诺。

第（2）款和第二 A 章不适用于在生效日期之前形成的合同。

在第（2）款和第（3）款中的生效日期指的是第二 A 章的生效日期。

## 附件一　第十一条对于移民及公民资格文件之例外

注：参见第十一条第（5）款

**第一条**　移民文件之例外

（1）第十一条不适用于有关下列情况规定或准许出示的文件：

（a）关于移民法案条款的操作：

（ⅰ）申请或批出签证；或

（ⅱ）取消签证；或

（ⅲ）驱逐某人出境。

（b）移民法律对于非公民的适用，而该人：

（ⅰ）没有持有签证，或被合理地怀疑没有持有签证；或

（ⅱ）寻求非法进入澳大利亚，或被合理地怀疑正在寻求非法进入澳大利亚；或

（ⅲ）寻求非法进入移民区域或被合理地怀疑正在寻求非法进入移民区域。

（c）移民法案 1958 年第 2 章的第 2、5、8 或 11 部分的操作。

（d）移民条例 1994 年第 1 章的第 1.4、1.4A、或 1.4B 部分的操作。

（2）在第（1）款（a）项或（b）项及在移民法案 1958 内的辞句是有着相同的解释。

（3）在本条款中，移民法律是指：

（a）移民法案 1958 年；或

（b）该法案之下的规则。

**第二条**　公民权文件的例外

（1）第十一条不适用于与下列之规定或准许出示的文件：

（a）核实某人是否或保持澳大利亚州公民身份。

（b）与下列情况相关的公民权法律条款的操作：

（i）登记；或

（ii）申请或批出澳大利亚州公民权证书；或

（iii）申请或发出任何证明证书；或

（iv）取消或放弃任何证明证书；或

（v）放弃澳大利亚州公民权；或

（vi）剥夺澳大利亚州公民权。

（c）与下列情况相关的公民权法律条款的操作：

（i）保留公民登记册；或

（ii）更正登记册上的任何项目；或

（iii）取消登记册上的任何项目。

（2）本条款中：公民权法律是指：

（a）澳大利亚州公民权法案 1948；或

（b）该法案之下的规则。

**第三条** 附件不限制第十三条之规定

本附件不会用暗示方式来限制第十三条之规定（为处理第二章的第二部分的例外情况）。

# 瓦努阿图共和国电子交易法[①]

## 2006 年合订版

生效日期：2000 年 11 月 6 日

**电子法 263 章**

**2000 年 24 号法令**

## 本法旨在规定电子交易及其相关行为

## 第一部分——序言

**第一条** 定义

在本法中，除非有相反的意思表示——

“认证证书”是指以下电子记录：

一、使某个签名验证设备与某个人相关联；及

二、确认了该人的身份；及

三、由第 20 条所说的被授权认证服务提供者发行。

“收件人”，在与电子记录有关时，是指被发出者希望收到电子记录的人，但不包括对于该电子记录是中介身份的人。

“适当的执法机构”是指：

① Electronic Transactions Act。

一、检察官；或

二、总检察长；或

三、在本法其他条款中规定的人。

“批准格式”是指部长许可以根据本法使用的格式。

“被授权认证服务提供人”是指在第二十条第二款的授权下提供认证证书的认证服务提供商。

“认证服务提供商”是指为电子签名作身份证明或向公众提供其他有关电子签名服务的人。

“数据管理员”是指单独或联合或共同与其他人，决定任何个人信息将为何目的及以何方法被处理的人。

“数据处理员”是指代表数据管理员处理个人信息的人。

“电子商务服务提供商”是指通过电子途径提供商品、服务或信息的人。

“电子代理设备”是指用于启动或响应电子记录的程序、电子方式或自动化方式。

“电子记录”是指以电子方式创建、储存、形成、接收或传送的纪录。

“电子签名”是指一个签名在电子形式，附属于，或在逻辑上相关于签名者表明他或她接受了通知内容的信息，并且符合以下要求：

一、该签名唯一性地关联于签名者；

二、该签名可被用来识别签名者；

三、该签名被创建的方法或手段是可以被签名者持续单独控制的；

四、任何信息变动在披露之后其所链接的信息都应有所变动。

“电子签名产品”是指硬件或软件，或二者之一的组件，其旨在用于由认证服务提供者提供的电子签名服务。

“可识别的个人”是指可由直接或间接的人，特别是通过引用一个身份证号码或一个或多个特定于他或她的生理、心理、经济、文化或社会身份的因素。

“信息”包括数据、文本、图像、声音、编码、计算机程序、软件和数据库。

“信息处理系统”是指用于创建、生成、发送、接收、存储、显示或以其他方式处理信息的电子系统。

“中介”与电子记录有关，是指代他人发送、接收或储存该电子记录或对该电子记录提供其他服务的人。

“部长”是指负责电信和电子商务的部长。

“发送人”与电子记录有关，是指由本人，或代表其电子记录声称已发送或生成之前存储（如果有的话）、但不包括作为该电子记录的中介人士的人。

“个人资料”是指有关识别或可识别个人的任何信息。

“规定”是指本条例所订明的规定。

“纪录”是指刻在有形媒介或者是存储在电子、纸质或其他任何媒介、可收回可感知的形式的信息。

“签名创建设备”是指在制作电子签名时由签字人采用的独特的数据或一个独特配置的物理装置。

“签名验证设备”是指用于验证电子签名的独特的数据或一个唯一配置的物理设备。

**第二条** 宗旨

本法的宗旨是：

一、提高瓦努阿图作为国际商业中心的声誉；及

二、以可靠的电子记录方式方便电子交易；及

三、以书面形式规定文件和签名，消除电子交易中的不确定性；及

四、增强公众对进行电子交易的有效性、完整性和可靠性的信心；及

五、促进必要的法律和商业基础设施的发展，以实现安全电子交易。

**第三条** 监管政策

政府通过电子方式规范交易的进行以达到以下目的：

一、通过自由市场的力量许可，并鼓励企业借助电子方式进行发展；及

二、促进最大限度地利用行业自律。

第四条 政府无义务使用电子记录

本法令并不责成任何部委，部门的政府或机构生成、发送、接收、储存或以其他方式以电子方式处理任何记录。

第五条 政府对电子记录的认可

部长可以通过在公报发表声明，表明政府的一个部委、部门或机构将接收和处理电子记录的相关问题可能会在通知中指定。

**第六条** 一般的例外

第二部分和第三部分不适用于下列任何法律书面规则或签名的事项：

一、创建、执行或撤销遗嘱或遗嘱性质的文书；

二、不动产或不动产利益的转让。

**第七条** 部长规定的例外

部长可借书面命令、规定该法或该条文在该命令中指明的，并不适用于任何类别的交易、人、事项或问题。

## 第二部分——电子记录的法律规定

**第八条** 电子记录的法律认可

以下信息具有不可否认的法律效力、有效性、可接收性或可执行性：

一、以电子记录的形式；或

二、不包含在电子记录声称的法律效力中，但涉及该电子记录。

**第九条** 书面形式

一、如果信息是：

（一）按法律规定须以书面形式，或

（二）被写入任何法定条款的描述中，

如果信息包含在电子记录中能够被调取并能够保留做后续参考，则该信息即是电子记录。

二、第一款实施要求以书面形式书写信息，或者按照法律规定不用以书面形式。

**第十条** 交付

一、如果信息按照法律规定交付、发出、给予或送交，或被送达给某人，电子记录需符合以下条件：

（一）该电子记录的发送人声明该电子记录已被承认接收；及

（二）收件人确认其已经收到。

二、第一款适用于以法律规定的格式无论交付、发送、给予、发出或服务的要求或是尚未送达的交付、发送、给予、发出或服务是一项法定义务。

**第十一条** 签字

一、如果个人签名根据法律规定，在符合以下条件下可成为电子记录：

（一）一种方法是用来识别该人并以表明他或她打算在该电子记录签字或以其他方式采用的信息；及

（二）适合于这种生成或传递在所有情况，包括任何相关协议所用的电子记录的目的的方法是可靠的。

二、电子记录符合第一款第（一）项和第（二）项的要求的，不能当场否定其法律效力、有效性和可执行性：

（一）其不是一个电子签名；或

（二）其与认证证书没有关联。

三、无论是签名的义务的要求或者法律规定的没有签名的后果都符合第一款规定。

**第十二条** 原始形式

一、如果信息是法律规定必须出示或保留其原始形式，这样的电子记录需符合以下要求：

（一）以当时的完整性信息首先生成的最终形式的电子记录或其

它方式存在一个可靠的保证；及

（二）被要求提交这些信息之时该信息能够准确反映所有人的信息。

二、对于被出示或保留其原始形式的信息的要求是一项义务或法律规定适用于第一款，除非它不出示或保留其原始形式的后果的形式。

三、为施行第一款第（一）项：

（一）完整性评估的标准是信息是否保存完整和未被改变，除了添加任何背书和任何改变正常通信、存储和显示的行为；及

（二）可靠性要求的标准的评估是由于信息生成和所有相关的环境的目的。

**第十三条** 电子记录的保留

一、如果某些文件，记录或信息须依法予以保留，需符合以下条件：

（一）电子记录中包含的信息能被访问并能够保留后续参考；

（二）电子记录保留在生成、发送或接收的格式，或可证明的格式来表示准确信息生成、发送或接收；

（三）须保留任何能够识别的信息来源和目的地的电子记录和发送或接收时的日期和时间。

二、保留文件、纪录或信息的义务按照第一款不延伸到任何信息的唯一目的是使信息能够被发送或接收。

三、如果条件符合第一款的（一）、（二）和（三）项的要求，则一个人可以通过使用任何其他人的服务符合第一款所指的要求。

**第十四条** 电子记录的可采性和证据效力

一、在任何法律程序中，没有任何证据规则的使用可否认电子记录作为证据的可接纳性：

（一）它是唯一的电子记录；或

（二）如果这是最适当的证据，援引它的人可合理预期允许它不是其原始形式。

二、以电子纪录形式的信息是应给予应有的证据力并评估电子记录的证据力，必须考虑以下因素：

（一）生成、储存或传输的电子记录的方式是可靠的；及

（二）保持信息完整性的方式是可靠的；及

（三）发送人发送的方式确定；及

（四）任何其他的有关因素。

## 第三部分——电子记录的传达

**第十五条** 合同的格式和效力

一、在合同形成的背景下，除非当事人另有约定，一项要约以及对要约的承诺可由电子记录方式表达。

二、不能否认发送人和收件人之间的电子形式的电子记录、意思表示或其他陈述或交付的行为的法律效力，有效性或可执行性。

**第十六条** 电子记录的归属

一、电子记录是由人的行为，通过该人的代理人或该人的电子代理装置产生的；

二、属性可以被任何方式证明，包括展示任何安全程序的效力适用于确定的人。

**第十七条** 电子记录的签收的确认

一、第二、三及四款适用于发送电子记录之中或之前，或发送人以电子记录的方式对已请求，或已与收件人商定该收据的电子记录进行确认。

二、如果发送人未确认在特定形式或某种特定方法给予收件人同意，确认可由下式给出：

（一）任何由收件人或自动回复或其他形式发出的讯息；或

（二）任何的收件行为；

这些已经合理表明收件人已经收到该电子记录。

三、如果发送人声明电子记录以确认接收为送达条件，则该电子记录视为从未送达，直到确认接收。

四、如果发送人并未声明该电子记录的接收需得到确认，并且发送人未在指定的时间收到确认或同意，如果没有指定或同意任何时间，在合理时间内，发送人可做以下行为：

（一）可通知收件人，说明没有确认已收到，并指定一个合理的时间内必须确认收到；及

（二）如果在第（一）项规定的时间内确认没有收到，可以通知收件人电子记录好像从未发送或行使其他发送人的权利。

五、如果发送人收到收件人的收讫确认，可推定收件人收到相关的电子记录，但是这种推断并不意味着该电子记录与接收的记录相符合。

六、除了到目前为止的其涉及到的发送或接收的电子记录，本条的目的不是要处理电子记录的流转或确认其收到的法律后果。

**第十八条**　电子记录发送和接收的时间和地点

一、除非发送人与接收人之间另有协议，当电子记录进入发送人控制范围之外的信息处理系统时电子记录的发送行为即为发生。

二、除非发送人与收件人另有协议，收到的电子记录的时间确定如下：

（一）如果收件人已指定信息处理系统用于接收电子记录，收到的时间为：

1. 电子记录进入指定的信息处理系统的时间；或

2. 如果该电子记录被发送给收件人的信息处理系统不是指定的信息处理系统，该电子记录引起收件人注意的时间；或

（二）如果收件人并未指定信息处理系统，当电子记录进入收件人的任意信息处理系统或以其他方式引起收件人注意时视为接收；

三、在第（四）款条件下，第（二）款适用的信息处理系统所在地可能不同于电子记录实际被接收的地方。

四、除非发送人与收件人另有约定，电子记录从发送人的营业地点被发送，并且在接收人的营业地点被接收。

五、为施行第（四）款：

（一）如果发送人有一个以上的营业地点，与电子记录关系最紧密或其他地点没有这样的业务的营业地点为主要营业点；或

（二）如果发送人或接收人没有营业地，则推定该地为发送人或接收人的常住地。

## 第四部分——电子签名

**第十九条** 与认证证书相关联的电子签名

该签名是指根据第二十条符合第十一条第一款第（一）项和第（二）项条件下与得到授权的认证服务提供者签发的认证证书关联的电子签名。

**第二十条** 认证和废止认证

一、个人可向部长申请授权提供认证证书。

二、该申请必须按照规定的格式并附带规定的费用。

三、部长可以提供认证，如果申请人符合以下条件：

（一）具有知识和专长以提供认可证书；及

（二）具有相应的技术能力以提供认可证书；及

（三）符合任何其他规定的标准；

通过在公报上进行公示，申请人可被授权提供经认可的证书。

四、根据第五款，如果授权认证服务提供者不再符合第三款第（一）、（二）和（三）项中规定的标准，部长可通过在公报公示撤销对其的授权。

五、在撤销授权之前，部长必须向被授权认证服务提供者发布书面通知：

（一）声明部长拟撤销对其的授权；及

（二）指明撤销的理由并提出撤销；及

（三）允许该人在14天以内以书面形式申诉该授权不应被撤销的理由。

六、部长必须考虑任何这样的申诉在决定是否撤销授权，并允许授权认证服务提供者在收到通知后7日内作出他或她的决定。

七、撤销在该通知所注明的日期起生效。

**第二十一条** 外部认证服务提供人的识别

一、部长可以通过公报的公告承认：

（一）在其他司法管辖区颁发的证书或证书类证书；或

（二）在其他司法管辖区的认证服务的提供商或类认证服务提供商。

二、自通知公布和支付规定的相关费用起：

（一）这些证书或类认证证书均被列为已认可的证书；及

（二）根据第二十条第二款这些认证服务提供商或类认证服务提供商均被授权。

三、在决定是否符合第一款内容规定的协议，部长必须考虑如下因素：

（一）证书或证书类证书需要符合现实中所要求的认证证书；及

（二）认证服务提供者或类认证服务提供者需要符合现实中授权认证服务提供者的标准。

四、部长可以根据第一款通过在公报发布通知撤销给予的任何认证。

五、在撤销任何认证之前，部长必须向受到影响的人发送书面通知：

（一）声明部长准备撤销认证；及

（二）表明撤销的理由；

（三）允许该人在 14 天以内以书面形式申诉该授权不应被撤销的理由。

六、部长必须考虑任何这样的申诉在决定是否撤销授权，并允许授权认证服务提供者在收到通知后 7 日内作出他或她的决定。

七、撤销在该通知所注明的日期起生效。

**第二十二条** 化名

一、认证服务提供者可以依据一个特定签字人的要求，注明有关证书化名代替签字人的姓名。

二、根据第一款规定，如果一个化名在处理涉及使用电子签名处理法律问题等事务时，认证服务提供者必须移交有关签字的个人资料。

三、根据第二款，如果个人数据发生转移，认证服务提供者必须记录转移，同时尽快向签字者发出数据转移的通知。

**第二十三条** 被授权认证服务提供人的责任

一、通过发放认证证书，授权认证服务提供者应承担任何合理依赖该证书产生的法律责任：

（一）所有的信息内容自认证证书发布之日起确定，除非授权认证服务提供者已经声明认证证书中有其他信息；及

（二）保证个人持有的认证证书在认证证书被发布的时间签名生成装置需要与签名验证装置提供识别的认可证书中保持一致；及

（三）如果授权认证服务提供者同时生成签名制作设备和签名验证装置，须保证两个设备在一起具有互补的功能；

除非依赖认证证书的人直到或者应当知道授权认证服务提供者被撤销。

二、在下列情况下，授权认证服务提供者不为认证证书中的错误信息承担责任：

（一）认证证书中的信息由代表人提供或确认；及

（二）认证服务提供者可以证明已经采取所有合理可行的措施来验证信息。

三、授权认证服务提供者：

（一）需要指明认证证书的使用范畴；及

（二）需要使第三方知道这些限制。

对于违反认证证书的那些限制而造成的损害可以不承担责任。

四、第三款的限制可包括其认可的证书中规定的交易上限是有效的。

## 第五部分——加密和数据保护

**第二十四条** 加密

一、部长可订立规则：

（一）在涉及到使用，进口和出口加密程序或其他的加密产品；及

（二）根据瓦努阿图一般或特别等限制性规定禁止加密程序或其他加密产品的出口。

二、为规避不确定性，除了第一款下的规定外，个人在瓦努阿图使用任何已合法纳入其财产的加密程序或加密产品都是合法的。

**第二十五条** 数据保护

一、部长可以制定命令规定个人数据处理的标准，无论该数据是否来源于瓦努阿图内部。

二、该条例可以规定如下：

（一）通过数据管理员和数据处理员的自愿注册和撤销注册的标准；

（二）建立一个注册表供公众查阅，用来显示数据管理员和数据处理员中已登记或撤销登记的标准及其日期以及国家有关注册的申请的细节；

（三）条例中规定的国家指定的应用标准；

（四）关于个人原始数据来自不同的国家有不同的应用标准。

三、根据第一款的标准自愿注册的数据管理员或数据处理员必须同意该标准，由于其可随时修订，有关个人数据可以：

（一）适用该地区的原始数据的标准；及

（二）注册期间包括注销后的任何时间通过数据管理员收集的数据。

四、数据管理员不遵守第三款规定的属于犯罪，经定罪将被处1，000，000瓦图以下罚款或6个月以下监禁，或两者并罚。

## 第六部分——中介机构和电子商务服务提供商

**第二十六条** 中介机构的责任

一、如果中介不是电子记录和中介的发起者，则提供服务的相关

中介机构不承担任何电子记录中有关民事或刑事方面的法律责任：

（一）不知该信息引起的民事或刑事责任；或

（二）没有任何意识到应当知道有关该信息的民事或刑事责任的可能性。

（三）如果中介有以下载于二十七条的情况：

1. 获得知识的信息引起民事或刑事责任；或

2. 意识到应当已经知道信息中有关于民事或刑事责任的可能性的事实或情况。

二、中介提供服务来建立联系，不需要监视电子记录中的任何信息或者意识到这些信息是否会引起民事或刑事责任的事实或情况。

三、本条没有解除与中介有关的电子记录的任何合同或其他应遵守的法律义务。

**第二十七条** 处理非法、诽谤等信息的程序

一、如果中介明确知悉在电子记录中的信息会引起民事或刑事责任，中介必须马上采取以下措施：

（一）从信息处理系统中删除中介可以控制的任何信息并向有关信息停止提供服务；

（二）如果该人的身份被中介知道，中介需要将有关的信息报告部长或相关的执法机构。

二、如果一名中介在明确意识到或应当知道电子记录中的有关信息的民事或刑事责任，则这种中介必须尽快：

（一）如果这样的规范或标准适用与中介则按照第二十八条的相关程序或标准进行处理；

（二）报告给部长。

三、如果在第二款的情况下部长收到信息的相关报告，部长应该指示中介：

（一）在中介可以执行的范畴内从信息处理系统中移送任何可以移送的信息；及

（二）停止向电子记录的有关人员提供服务；及

（三）停止该电子记录的有关服务。

四、中介不向任何人承担责任（无论是在合同，侵权，根据法律或根据任何其他权利），包括向任何该电子记录的有关信息的人提供服务的任何行为：

（一）该中介在第一款的条件下是善意的；或

（二）根据第三款规定受到部长的指示。

**第二十八条** 中介机构和电子商务服务提供商的行为准则和标准

一、如果部长信任一个法人或中介组织的代表或电子商务服务提供商，则可以通过公示给予该法人或组织，要求其：

（一）制定适用于中介机构或电子商务服务提供商的行为守则用来处理一个或多个与指定事项有关的中介机构或电子商务服务提供商的服务；及

（二）在要求中规定的时间期限内提供一份行为守则的副本给部长。

二、如果部长很满意在第一款下制定的行为守则，部长将把行为守则在公报上进行公布。公布之后，该行为守则将应用于该通知中指明的中介或电子商务服务提供商。

三、如果部长认为：

（一）没有法人或中介组织代表或电子商务服务提供者；或

（二）某个法人或组织没有根据第一款的通知符合部长的要求；

部长可以通过公报将批准适用于中介机构或电子商务服务商的标准进行公示。

四、在该部分下经批准的行为准则或标准应该与以下几项有关：

（一）中介机构被允许提供的服务和顾客的类型；

（二）中介机构提供的服务被允许包含在电子记录中的信息的种类；

（三）相关规范的规定或标准在中介机构和电子商务服务提供商与客户在合同中应用；

（四）包括姓名、地址、电子邮件地址和联系方式和注册详情等信息由中介机构和电子商务服务提供商披露；

（五）使用瓦努阿图相关的质量认证标志；

（六）万一中介机构和电子商务服务提供商发送大批的未订阅的电子记录顾客所能采取的行动；

（七）在该法之下以电子方式的业务活动的开展禁止根据公司法［Cap. 191］或国际公司法［Cap. 222］；

（八）出版的材料不得与瓦努阿图的任何法案相抵触；

（九）投诉的处理程序；

（十）包括通过电子方式解决争议的纠纷的解决程序。

**第二十九条** 违反行为准则或标准的违法行为

一、如果行为准则或标准是部长根据第二十八条批准的用来服务于中介机构或电子商务服务商，此类中介机构或服务商必须遵守这些行为准则或标准。

二、如果中介机构或服务商违反了这些行为准则或标准，则部长：

（一）必须在第一时间向该人发出书面警告；及

（二）可以指示该人停止或以其他方式纠正该人的行为。

三、根据第二款第（二）项明示的期限内，如果某人没有停止或以其他方式纠正其行为即属有罪，一经定罪将在该违反行为持续的期限内每天处以100，000瓦图罚款。

## 第七部分——一般原则

**第三十条** 规章条例

一、部长可制定规则限定所有事项：

（一）通过本法要求或允许某项行为；或

（二）根据必要或方便，制定或实施本法。

二、本条例可以规定处罚违反条例的规定，罚款不得超过50，000瓦图。[①]

① 瓦图是瓦努阿图的法定货币单位，译者注。

# 新西兰电子交易法[①]

公法 2002 年第 35 号

批准日期 2002 年十月十七日

生效时间 见第二节

**1. 名称**

本法案名为 2002 年电子交易法。

**2. 生效时间**

（1）在议会命令下，该法案由总督指定生效日期（第十四条第三款和第三十六条除外）。

（2）第十四条第三款和第三十六条在该法案取得皇室同意后次日生效。

注：根据 2003 年电子交易法案执行令（SR 2003/289），2002 年电子交易法（第十四条第三款和第三十六条除外）在 2003 年 11 月 21 日生效。

## 第一章 前 言

**3. 立法目的**

本法旨在通过以下方式促进电子技术的应用：

① Electronic Transactions Act 2002。

(a) 减少不确定性的认定——

(i) 电子形式的信息或使用电子手段传递的信息的法律效力；

(ii) 电子通信发出和送达的时间与地点。

(b) 在某些特定的需要纸质法律文件的场合下认定使用电子技术的效力可以满足该法律需求。

**4. 概述**

在本法中——

(a) 关于电子形式或使用电子手段传输的信息的法律效力问题将在第8条中阐明；

(b) 关于电子信息发出和接收的默认时间地点的相关规定将在第9至13款中阐明；

(c) 使用电子技术满足特定法律要件的关键规定将在第14至17款中阐明；

(d) 关于某些需要使用电子技术满足的法律要件，及其如何达到该要求的详细规定将在第18至32款中阐明。

**5. 法律解释**

在本法中，除上下文另有规定外——

数据存储设备即任何可以复制信息的物品或装置（例如磁盘），无论是否需要其他物品或装置协助；

电子方式包括使用电力、数码、磁性、光学、电磁、生物测定、光子；

电子通讯即使用电子手段进行通讯；

电子签名涉及电子形式的信息，即其可以用来确认身份且可推断其本人认可该信息；

信息包括以文档、签名、印章、数据、文本、图像、声音或讲话形式存在（无论是不是原始形式）；

信息系统的含义将在第10（2）款中阐明；

法律要件的含义将在第15（2）款中阐明；

大臣（部长）即被委任或由首相授权的在当时负有管理本法案实施职责的联合王国政府大臣；

交易包括——

（a）非商业性交易；

（b）单一交流通讯；

（c）复合型交流通讯产生的结果。

**6. 法律解释的进一步规定**

解释本法的过程中，可能需要参考：

（a）由联合国国际贸易委员会在1996年12月16日通过的《电子商务示范法》；

（b）任何来自联合国国际贸易委员会关于《电子商务示范法》的相关文件，或其工作团队在筹备上述法案时的任何文件。

**7. 法案约束王室**

本法案约束王室

## 第二章　提高电子信息和电子通讯的确定性

### 合法性

**8. 信息的合法性**

为避免疑问，基于以下原因不能单独否认信息的法律效力——

（a）信息是以电子形式或在电子交流通信中出现的；

（b）信息与产生该法律效力的电子通讯相关联。

电子信息发出和接收的默认时间地点的相关规定

**9. 适用第10至13款规定的情形**

第10至13款适用于电子通讯，以下情况除外——

（a）参与通讯的当事人不同意；

（b）其他法规另有规定。

**10. 发出时间**

（1）电子通讯的发出时间在电子通信第一次进入信息系统且脱离发送者之时；

（2）为达到第10、11条之目的，信息系统即可以产生、发送、接收、存储、显示或其他处理电子通讯的系统。

**11. 接收时间**

电子通讯的接收时间为——

（a）若收件人指定了一个以接收电子通讯为目的的信息系统，则为电子通信进入此系统时；

（b）在其他的情况下，为收件人注意到之时。

**12. 发出地点**

电子通讯的发出地点为——

（a）发送者的营业地。

（b）若发送者有一个以上的营业地——

（i）与潜在的交易联系最紧密的营业地；

（ii）若无前款中所指示的营业地，则为发送者的主要营业地。

（c）若发送者无营业地，则为其经常居住地。

**13. 接收地点**

电子通讯的接收地为——

（a）收件人的营业地。

（b）若收件人有一个以上的营业地——

（i）与潜在的交易联系最紧密的营业地；

（ii）若无前款中所指示的营业地，则为收件人的主要营业地。

（c）若收件人无营业地，则为其经常居住地。

## 第三章　电子交易法律要件的适用

### 第一节——前言

**14. 本章可以适用的情况**

（1）除第2条规定外，本章适用于所有在本法生效前后通过的任何新西兰法律。

（2）本章不适用于——

（a）法案要求录制、提供、制作或保存的信息，给出的签名或被证实的签名或印章；

(i) 符合特定电子技术的要求；

(ii) 在特定种类的数据存储设备上；

(iii) 通过特定种类的电子通信方式。

(b) 在附件的第一章明确指出的法案。

(c) 在附件的第二章明确指出的法案条款。

(d) 在附件的第三章描述的法案条款。

(e) 在附件的第四章描述的法案条款，除了在本章特指的，为提供与此相符合的电子技术使用方法，由法庭给出的规则或由法庭授权而提出的原则。

(3) 通过枢密院令，总督可以修改、撤销或替换新附件。

(4) 每一个要补充附件内容的枢密院令需——

(a) 不晚于每年的六月三十日之前制定，于当年的十二月三十一日期满，除非其已在本年度由议会立法所明确确认；

(b) 在每年的六月三十日及之后制定，于次年的十二月三十一日期满，除非其已在下一年度由议会立法所明确确认。

(5) 枢密院令的期限届满不影响之前根据该枢密院令所制定的法令。

**15. 通过电子方式满足法律要件的情况**

若符合第二节的适用条款或任何在第 36 条中适用性规定，则该法律要件可由电子方式满足。

为明确本章之目的，法律要件即——

本章制定的法令所需要的要件；

包括适用本章内容的法令中的条款，且该条款的适用与否会引发不同的后果。

**16. 适用电子技术的合意**

在无合意的情形下，本章内容不要求任何人使用、提供或接受电子形式的信息。

为明确本章之目的——

在认可信息的形式或其产生、发送、接受、传递、存储、显示的方法的情况下，任何人可以同意使用、提供或接受电子形式的信息。

同意可以由行为人的行为推断得出。

本条中第（1）款和第（2）（a）款意在避免不确定性。

**17. 保持信息完整性的情形**

为明确本章之目的，仅在信息内容保持完整且未被改变，信息的完整性得以维持，除了有背书的附加或在正常的通信、存储、显示过程中发生的非实质性改变。

## 第二节——法律要件

**书面形式**

**18. 信息须为书面形式的法律要件**

当电子形式的信息可以被读取且能够为以后参考所使用，则可认定该电子形式的信息满足书面形式的要求。

**19. 记录须为书面形式的法律要件**

当电子形式的记录可以被读取且能够为以后参考所使用，则可认定该电子形式的记录满足书面形式的要求。

**20. 提供信息须为书面形式的法律要件**

（1）以书面形式提供信息的法律要件可以通过电子形式，是否通过电子通讯技术或其他方式，取决于——

（a）信息随时可以接收，以便事后证明；

（b）可适用的条件下，信息接收人同意以电子形式接收信息并同意电子通讯。

（2）若第（1）款适用，则法律要求在同一时间向同一信息接收人所提供的信息应采用多种文本方式，且所提供的信息须规定唯一文本的电子版。

（3）第（1）款规定了提供信息的法律要求，即使被要求以某一特定的方式提供信息也应遵循此要求。例如：编档、邮寄、送达、传送、提呈或者公布此信息。

（4）须遵循以上法律要件的提供信息行为包括：

（a）制作申请书；

(b) 制作或呈递权利请求书；

(c) 发布、呈递或者送达通知书；

(d) 呈递税务申报表；

(e) 提出请求；

(f) 做出意思表示；

(g) 呈递或签发证明书；

(h) 作出、改变或取消选举；

(i) 呈递异议；

(j) 做出解释。

**21. 信息和书写材料的法律要求和格式**

(1) 为了使18至20条中电子形式的规定适用法律，对信息和书写材料不再要求必须使用纸质形式。

(2) 在本条和36条 (b) 项 (ii) 中，纸质形式的要求意味着下列各项信息须适用于纸质或非电子形式：

(a) 有关信息的设计与格式的法律要求；

(b) 有关书写材料的法律要求；

(c) 任何类似的法律要求。

## 签名

**22. 签名的法律要件**

(1) 除第 (2) 条规定外，在下列条件下，非证人签字的签名法律要件可以通过电子的方式予以满足——

(a) 足以认定签名人，且足以推断与该信息相关联的签名人对该信息的认可。

(b) 该电子签名的可信度与适当性满足签名所被赋予的目的以及签名时所处的环境要求。

(2) 仅在当事人同意的前提下，与信息有关的签名的法律要件可适用于电子签名。

**23. 证人签名或盖章的法律要件**

(1) 除第 (2) 款规定外，以电子签名形式的证人签名的法律要件须符合下列条件：

（a）在签名有见证人见证的情况下，该证人的电子签名须符合第22条的规定；

（b）在签名或盖章有见证人见证的情况下，证人的电子签名须：

（i）能够充分识别且充分表明该签名或盖章是在有见证人的情况下进行；

（ii）该电子签名的可信度与适当性满足签名所被赋予的目的以及签名时所处的环境要求。

（2）有见证人见证的签名或盖章仅在当事人同意接受的前提下，与信息有关的签名的法律要件可适用电子签名。

**24. 电子签名可靠性的法律推定**

（1）根据第22、23条，在下列条件下可推定电子签名具有可靠性：

（a）电子签名属于签名者，而与他人无联系；

（b）电子签名是在签名者意志控制下进行的，无外人干扰；

（c）对于该电子签名的事后修改是可检测的；

（d）签名的法律要件旨在对于与其相关的信息的完整性提供保证，对于签名后的信息进行的修改是可检测的。

（2）在下列条件下，本条第（1）款并不阻却第三人以其他理由或其他方式证明电子签名：

（a）是适当且可信的；

（b）是不适当且不可信的。

**保留**

**25. 保留纸质或非电子形式的文件和信息的法律要件**

（1）在下列条件下，采用电子形式保留信息适用保留纸质或其他非电子形式的信息的法律要件。

（a）以电子形式可保证信息的完整性；

（b）信息可随时获取以便事后举证。

（2）仅在首席档案官同意保管电子信息的前提下，本条第（1）

款可适用于公共档案且须符合2005年公共记录法的宗旨。

（3）为避免纠纷，若以电子形式记录的信息符合本条第（1）款的规定，纸质或其他非电子形式的信息不需要再次记录。

**26. 保留电子形式信息的法律要件**

除第27条外，保留电子形式的信息须符合下列条件：

（a）以纸质或其他非电子形式时，以电子形式可保证信息的完整性。

（b）以电子形式时——

（i）以电子形式可保证信息的完整性；

（ii）信息可随时获取以便事后举证。

**27. 电子通讯的其他情形**

除第26条限定的情形外，若一个人被要求保留含有电子通讯技术的信息时：

（a）此人须同时持有以下可用于鉴定的信息：

（i）原始电子通讯信息；

（ii）电子通讯的送达地；

（iii）电子通讯信息的发送和接收时间。

（b）与本条（a）项有关的信息必须可随时获取以便事后举证。

**信息的提供、产生和获取**

**28. 提供、产生纸质或其他非电子形式的信息的法律要件**

以书面或其他非电子形式提供信息的法律要件可适用于提供或产生电子形式的信息，是否通过电子通讯技术或其他方式，取决于——

（a）在特定情形下该信息被要求提供或产生，提供或产生信息的形式或方法可保证信息的完整性；

（b）信息可随时获取以便事后举证；

（c）若客观条件允许，被申请人同意以电子的形式或利用电子通讯技术的方式提供或产生信息。

**29. 提供、产生电子形式的信息的法律要件**

提供、产生电子形式的信息的法律要件适用于下列信息：

(a) 纸质或其他非电子形式的信息；但若无法保证信息的完整性，被申请人须做到：

(i) 通知所有要求获取或生成信息的人实情；

(ii) 若被要求提供信息，则电子形式的信息须适用本条 (b) 项。

(b) 若符合下列条件，可以适用电子通讯技术或其他方式产生的电子形式的信息：

(i) 提供或产生信息的方式或方法可保证信息的完整性且符合目的；

(ii) 信息可随时获取以便事后举证；

(iii) 若客观条件允许，被申请人同意以电子的形式或利用电子通讯技术的方式提供或产生信息。

**30. 提供获取纸质版信息或非电子版信息的渠道的法律要件**

在以下情况下，一旦提供电子信息即享有获取纸质版信息或是其他非电子形式信息权利。

以这样的形式和渠道获得的信息是能够有效确保信息完整性，同时要求可信且符合其目的，并且是必需的；以及提供信息的人同意通过电子方式传达信息。

**31. 提供获取电子形式信息渠道的法律要件**

获得电子形式信息权利需满足以下要件——

(a) 通过纸质或者其他非电子形式取得信息权利；但是如果信息的完整性不能被保证，那么提供者必须：

(i) 通知涉及到的人员知悉这样的情况，同时要求可信且符合其目的，并且是必须的；以及

(ii) 如果是被要求这样做，通过电子形式提供信息权利需要与 (b) 条一致。

(b) 通过电子形式取得的，不管通过远程交流还是其他形式，如果——

(i) 这样的形式和方法能够有效保障信息的完整性；

(ii) 提供信息的人同意通过电子方式传达信息。

## 原件

**32. 原件**

对比和文件原件的法律要件，如果电子版文件可以保证文件的完整性，可以由对比一个文件原件的电子版文件来满足。

## 第三节——其余部分

**33. 涉及到信息内容的法律要件**

这部分没有内容显示，法律要件和信息内容之间的必然联系。

**34. 知识产权**

如果，由于用来满足法律要件的需要通过电子方式传递，作品中的知识产权不会因为以下行为而被侵犯：

（a）电子形式文件的更新换代；

（b）用于电子交流的信息产物。

**35. 对于第三部分法律和规范排除适用的重审**

（1）经济发展部必须在这部法案生效的两年之内，向部长汇报——

（a）被第三部分排除的法律和规范是否符合预期并且是否应当继续被排除；以及

（b）如果报告被指出，这些被第三部分排除的法律和规范不应再继续被排除，那么根据第 36 节是否需要有其他的规范。

（2）在准备报告时，经济发展部必须要考虑到由法律委员会或者任何相关机构出具的其他报告。

（3）当收到来自经济发展部的报告后，部长需要尽快复制一份至众议院。

**36. 规范**

总督可以根据议会的指令，为实现下述所有或部分目的来制定法规：

（a）规定任何必须被遵守的规定，通过电子形式，满足法律要件。

（b）不仅限于第（a）款，规定1条或更多的法律要件——

（i）需要通过电子方式满足18到20节的法律要件；并且

（ii）替代纸质版本的要求适用。

（c）如果这样的一个法案颁布，必须符合法律要件的目的，制定电子形式可以替代其实施。

（d）如果一个法案提供的法律要件中的时间的满足是根据邮寄或者其他非电子方式，那么通过电子方式交流的同样适用。

**37. 制定适用电子形式要件的权力机关**

（1）有权制定的人经过以下授权——

（a）符合法案的目的和精神；以及

（b）制定交流中适用的电子形式和电子签名的要件。

（2）在第（1）款中，不需要任何法令赋予个人要求使用电子形式的权利。

**38. 与1999年解释法中相关的修正**

与法案相关合并结合的修正案。

附件

第三部分排除适用的法律以及条款

第一部分 制定法

1993年全民公决法案（1993年第101号）

1995年全民公决规范（SR 1995/227）

1993年选举法（1993年第87号）

1996年选举规范（SR 1996/93）

1990年鱼类及猎物委员会选举规范（SR 1990/361）

2001年地方选举法案（2001年第35号）

第二部分 条款

1977年公民法（1977年第61号）

19节第一款

2002年公民规范（SR 2002/73）

第十条

1990 年民用航空法（1990 年第 98 条）

第 11 节第二款以及第（6）（b）条

2005 年修正法（SR 2005/53）

第 133 条

1997 年信贷法（1997 年第 85 号）

第 8、9、17、20、21、29（2）（a）、33 以及 38 条

1975 年残疾人社会福利保障法（1975 年第 122 号）

第 25F（4）节

1967 年全程销售法案（1967 年第 126 号）

第 6（1）节

1996 年渔业法（1996 年第 88 号）

第八部分

1984 医疗规范法（SR 1984/143）

第 41 和 42 条

1978 年不当用药修正案（1978 年第 65 号）

第 13C 节

1992 年护照法（1992 年第 92 号）

第 12 节

附件第二部分 1978 年公民规范，于 2003 年 11 月 21 日被电子争议法 2003 年法庭命令（2003/290）排除条款中第 3（1）（a）条排除适用。

附件第二部分 2002 年公民规范，于 2003 年 11 月 21 日由电子争议法 2003 年法庭命令（2003/290）排除条款中第 3（1）（a）条嵌入适用。

附件第二部分 2005 年修正法，于 2008 年 6 月 6 日由电子争议法 2008 年法庭命令（SR 2008/113）附件修正第 4（2）条嵌入适用。

附件第二部分 1985 年刑事司法规范，于 2003 年 11 月 21 日由电子争议法 2003 年法庭命令（2003/290）排除条款中第 3（1）（b）条

排除适用。

附件第二部分1988年牙科法，于2008年6月6日由电子争议法2008年法庭命令（SR 2008/113）附件修正第4（1）（a）条排除适用。

附件第二部分1950年营养师法，于2008年6月6日由电子争议法2008年法庭命令（SR 2008/113）附件修正第4（1）（b）条排除适用。

附件第二部分1956年健康法，于2008年6月6日由电子争议法2008年法庭命令（SR 2008/113）附件修正第4（1）（c）条排除适用。

附件第二部分1964年人体组织法，于2008年6月6日由电子争议法2008年法庭命令（SR 2008/113）附件修正第4（1）（d）条排除适用。

附件第二部分1995年医师法，于2008年6月6日由电子争议法2008年法庭命令（SR 2008/113）附件修正第4（1）（e）条排除适用。

附件第二部分1992年精神健康（强制评估和治疗）法，于2008年6月6日，由2008年电子交易程序（修订附表）第4（1）（f）款规定废止（SR 2008/113）。

附件第二部分1949年职业治疗法，于2008年6月6日，由2008年电子交易程序（修订附表）第4（1）（g）款规定废止（SR 2008/113）。

附件第二部分2000年惩教院所法，于2008年6月6日，由2008年电子交易程序（修订附表）第4（1）（h）款规定废止（SR 2008/113）。

附件第二部分1970年药剂法，于2008年6月6日，由2008年电子交易程序（修订附表）第4（1）（i）款规定废止（SR 2008/113）。

附件第二部分1949年物理治疗法，于2008年6月6日，由2008年电子交易程序（修订附表）第4（1）（j）款规定废止（SR 2008/

113）。

附件第二部分1948年结核法，于2008年6月6日，由2008年电子交易程序（修订附表）第4（1）（k）款规定废止（SR 2008/113）。

附件第二部分1982年性病条例，于2008年6月6日，由2008年电子交易程序（修订附表）第4（1）（l）款规定废止（SR 2008/113）。

第三部分

成文法则的条文说明

涉及到以下成文法的规定：

（a）信息必须公示；

（b）信息必须以书面形式或者以挂号邮递方式送达；

（c）信息必须能连接到任何东西或者能在任何地方展；

（d）宣誓书，法定声明，或宣誓的文件；

（e）授权书或持久授权书的权力；

（f）遗嘱，附录，或其他遗嘱性质的文书；

（g）可转让票据；

（h）提货单；

（i）已废止；

（j）已废止；

（k）要求生产或服务的授权书或其他授权文件——

（i）进入住处，或者

（ii）搜查任何人，地方或事物，或者

（iii）夺取任何事物；

（l）根据1986年公平交易规定任何商品或服务需要关于消费者信息标准或产品安全标准或服务安全标准方面的信息；

（m）已废止。

附件第三部分第（i）款：于2008年6月6日，被2008年电子交易程序（修订附表）第5款规定废止（SR 2008/113）。

附件第三部分第（j）款：于2008年6月6日，被2008年电子交易程序（修订附表）第5款规定废止（SR 2008/113）。

附件第三部分第（m）款：于2008年6月6日，被2008年电子交易程序（修订附表）第5款规定废止（SR 2008/113）。

第四部分

关于某些法院和法庭的成文法规定

关于下列法院的实体法或程序法的成文法规定——

（1A）最高法院：

（1）1908年司法法保留上诉法庭或高等法院；

（2）1947年区际法院法保留区际法院；

（3）家庭法院根据1980年家庭法院法设立；

（4）少年法庭根据1989年儿童、青少年及其家庭法设立；

（5）争议法庭根据1988年纠纷法庭法设立；

（6）根据1993年Te Ture Whenua毛利法保留毛利人的上诉法院和毛利土地法院；

（7）根据1953年军事法庭上诉法保留军事法庭上诉法院；

（8）新西兰的军事法庭根据2007年军事法庭法案第8条设立；

（8A）新西兰摘要上诉法院根据1971年武装部队纪律法案成立；

（9）海关当局上诉法院根据1996年海关法成立；

（10）历史审查委员会根据1996年渔业渔获法设立；

（11）已废止；

（12）土地估价法庭根据1948年土地估价诉讼法设立；

（13）汽车纠纷机动车法庭根据2003年汽车纠纷机动车销售法设立；

（14）根据2009年移民法保留难民身份上诉委员会，驱逐审查局和居留审查委员会，并且设立了移民保护审裁处；

（15）社会保障上诉委员会和福利审查委员会根据1964年社会保障法设立，包括根据该法第53A条委任的任何上诉委员会；

（16）学生津贴上诉委员会根据1989年教育法设立；

（17）已废止；

（18）租赁法庭根据 1986 年住宅租赁法设立；

（19）1991 年资源管理法保留环境法院；

（20）怀唐伊法庭根据 1975 年怀唐伊法条约成立；

（21）审查法庭根据 1992 年精神健康（强制性评估和治疗）法设立；

（22）已废止；

（23）已废止；

（24）已废止；

（25）已废止；

（26）已废止；

（27）已废止；

（28）已废止；

（29）2006 年管道工、煤气工和工渠工法保留管道工、煤气工和工渠工委员会；

（30）心理学家委员会得到保留，根据 1981 年心理学家法，投诉评估委员会成立。

附件第四部分第（1A）款：于 2004 年 1 月 1 日通过 2003 年最高法院法第 48（1）规定插入（2003 年 53 号）。

附件第四部分第（7）款：于 2009 年 7 月 1 日由 2007 年军事法庭上诉修订法第 35 条取代（2007 年 99 号）。

附件第四部分第（8）款：于 2009 年 7 月 1 日由 2007 年军事法庭法案第 87 条取代（2007 年 101 号）。

附件第四部分第（8A）款：于 2009 年 7 月 1 日通过 2007 年武装部队纪律法修正案（第 2 号）第 81 条插入（2007 年第 98 号）。

附件第四部分第（11）款：于 2003 年 11 月 21 日由 2003 年电子交易（豁免规定法）令第 3（2）款废止（SR 2003/290）。

附件第四部分第（13）款：于 2008 年 6 月 6 日由 2008 年电子交易（修订附表）令第 6（1）款取代（SR 2008/113）。

附件第四部分第（14）款：于 2010 年 11 月 29 日凌晨 2 点由

2009年移民法第406（1）款取代（2009年第51号）。

附件第四部分第（17）款：于2003年11月21日由2003年电子交易（豁免规定法）令第3（2）款废止（SR 2003/290）。

附件第四部分第（21）款：于2008年6月6日由2008年电子交易（修订附表）令第6（2）款取代（SR 2008/113）。

附件第四部分第（22）款：于2008年6月6日由2008年电子交易（修订附表）令第6（3）款废除（SR 2008/113）。

附件第四部分第（23）款：于2008年6月6日由2008年电子交易（修订附表）令第6（3）款废除（SR 2008/113）。

附件第四部分第（24）款：于2008年6月6日由2008年电子交易（修订附表）令第6（3）款废除（SR 2008/113）。

附件第四部分第（25）款：于2008年6月6日由2008年电子交易（修订附表）令第6（3）款废除（SR 2008/113）。

附件第四部分第（26）款：于2008年6月6日由2008年电子交易（修订附表）令第6（3）款废除（SR 2008/113）。

附件第四部分第（27）款：于2008年6月6日由2008年电子交易（修订附表）令第6（3）款废除（SR 2008/113）。

附件第四部分第（28）款：于2008年6月6日由2008年电子交易（修订附表）令第6（3）款废除（SR 2008/113）。

附件第四部分第（29）款：于2010年4月1日由2006年管道工、煤气工和工渠工法第185款修订（2006年74号）。

目录

1. 一般情况
2. 重印状况
3. 如何筹备重印
4. 根据1989年该法令和法规出版法第17C条规定所做的修改
5. 纳入重印修订的列表（最新者最先）

注释

1. 一般情况

这是2002年电子交易法的重印。该重印于2010年11月29日纳入了所有对该法的修订，指定的修订列表在这些注释的结尾。

那些不能在该转载汇编中的有关的任何修订成文法包含过渡，储蓄，或应用程序的条文在主要的制定后也包括在内，按照年代顺序。更多信息详见：http：//www. pco. parliament. govt. nz/reprints/。

2. 重印状况

根据1989年法令和法规出版法的第16D条规定，重印被假定为正确表述，于转载之日起，通过该法的主要制定和修正案制定的法律。即使1989年授权法案和法规出版法第17C款规定的编辑修改已在重印中推定适用。

此项推定可能通过产生的主要制定和修订法规正式卷或法定规范被推翻。

3. 如何筹备重印

筹备重印伴随一些社论公约。例如，制定的表述不包括在该法案内，被废除或撤销的规定予以省略。至于社论公约的详细列表，详见http：//www. pco. parliament. govt. nz/editorial – conventions/或者新西兰行为和条例及法律规定以及被视为强行法规法的表的第8部分。

4. 根据1989年该法令和法规出版法第17C条规定所做的修改

该法令第17C条和1989年法规出版法授权的载于第该法令第17D款和第17E款重印编辑改动，这样一来，在允许的范围内，制定重印的格式和风格与目前起草立法工作的做法一致。不得将修改立法的效果变化。在2000年1月1日引入了立法的新格式。自1997年以来立法起草工作作风也取得了改变，并且持续改变中。由该法令第17C条规定及1989年出版法允许的范围内，2000年1月1日后所有立法以立法的新形式重印，在重印的时候反映了当前的起草实践。

提纲中，根据本法令第17C条规定和1989年出版法的规定，授权重印中所做的编辑改动载于下文，而他们也被应用到了在此重印的准备相关的地方：

·省略不必要的引用文字（如“本节”和“本法”）

·字体和字号（罗马时代体，一般为11.5号字）

·布局规定，包括：

缩进

节标题的位置（例如，数字，现在的标题出现上述章节）

定义格式（例如，定义的术语以粗体显示，不带引号）

日期的格式（例如，原表述为“1999年1月1日”的日期，现在表述为“1999年1月1日”）

获得批准的日期的位置（现在显示在每个法案的头版）

标点符号（如冒号定义后未使用）

各部分的罗马数字编号被替换为阿拉伯数字，以及所有交叉引用相应改变

·字母和单词的外形和外观，包括：

标题的格式［例如，标题，每个字前显示首字母大写后跟小型大写字母被修改为以粗体显示，并且只有第一个单词（和专有名词）显示首字母大写］

在节和小节的小型大写字母现在引用大写字母

时间表重新编号（如附表1替换附表1），并且所有的交叉引用相应改变

页眉（每个页面顶部显示的信息）

相应修订的两列时间表和废除附表格式（例如，它们按字母顺序而不是按时间顺序重新排列）。

5. 纳入重印修订的列表（最新者最先）

2009年移民法（2009年第51号）：第406（1）款

2008年电子交易（修订附表）令（SR 2008/113）

2007年军事法庭法案（2007年第101号）：第87条

2007年军事法庭上诉法修正案（2007年第99号）：第35条

2007年武装部队纪律法修正案（第2号）（2007年第98号）：第81条

2006 年水管工，煤气工和工渠工法（2006 年第 74 号）：第 185 条

2005 年公共记录法（2005 年第 40 号）：第 67（1）款

2003 年最高法院法（2003 年第 53 号）：第 48（1）款

2003 年电子交易（豁免规定）令（SR 2003/290）

2003 年电子交易法实行令（SR 2003/289）

# 萨摩亚电子交易法[①]

2008 年第 15 号

本法旨在促进电子交易及与其相关的事项的使用。

2008 年 5 月 8 日

萨摩亚议会通过立法会制定的法律如下：

## 第一部分——序言

**第一条** 简称及生效日期

一、本法可被引用为《2008 年电子交易法》；

二、本法自国家元首同意时即为生效。

**第二条** 解释

在本法中，除非文中另有规定：

“接收人”，是指与电子记录有关的、发件人希望接收到电子记录的人，但不包括该电子记录的中介人；

“可采性”是指在任何法律程序中作为证据的可采性；

“电子”包括电子、数字、磁性、光学、电磁、生物和光子；

“电子数据交换”是指使用一种已达成协议的标准构建信息结构，从而实现电子信息在电脑间的传送；

① Electronic Transactions Act 2008。

“电子记录”是通过电子手段生成、发送、接收或存储的信息，包括电子数据交换、电子邮件、电报、传真或传真印件；

“电子系统”是指一个用来生成、发送、接收、储存或以其他方式处理电子记录的系统；

“中介”与电子记录有关，是指代表他人发送、接收或者储存电子记录或提供其他电子记录方面的服务的人；

“发件人”，与电子记录有关，是指处理发送或储存之前电子记录的人或其代表，但不包括该电子记录的中介；

“部长”是指财政部长。

**第三条** 例外情况

第二部分和第三部分不适用于下列法律要求的书面或签署的任何规则：

（一）遗嘱或遗嘱性质文件的建立、执行或撤销；

（二）不动产的转移或不动产中任何权益的转移；

（三）任何需要契据完成的事项；或

（四）任何由法律规定的其他事项。

**第四条** 电子记录的同意使用

一、本法规定，电子记录的使用、提供或接收不需要经过当事人的同意。

二、为落实本法——

（一）当事人可能通过该电子记录的生成、发送、接收、储存或显示装置同意使用、提供或接收电子记录或与电子记录形式有关的信息；及

（二）能够通过当事人的行为推测其同意。

**第五条** 使政府受法律约束

一、本法对政府具有约束力。

二、尽管第一款除了电子交易之外所牵涉的仅有萨摩亚国际金融管理局，除非由部长通过公告的方式授权，本法不适用于任何其他电子交易。

## 第二部分——应用电子记录的法律规定

**第六条** 法律规定的电子记录

在下列情况下不得否定信息的法律效力、有效性或可执行性：

（一）该信息是以电子记录的形式呈现；或

（二）该信息不受电子记录所声称将产生的法律效力的约束，但其仅与上述电子记录相关。

**第七条** 书面书写的要求

法律规定满足日后查用的电子记录需以书面形式记录其信息。

**第八条** 签字或盖章的要求

一、法律规定成为电子签名的签名需满足以下条件：

（一）电子签名足够辨认签字人。

（二）电子签名足够辨认以下信息：

1. 签字人认可该签字的有关信息；或

2. 作为一个签字或盖章的证据，该签字或盖章已被证明。

（三）该电子签名的可信度与适当性满足签名所被赋予的目的以及签名时所处的环境要求。

（四）与签名有关信息的接收者同意接收该电子签名 和每个证人的电子签名。

二、为落实本款，如果满足以下条件，则可推测电子签名是可靠和适当的：

（一）制作电子签名的手段是与签字人联系在一起而与他人无关；

（二）制作电子签名的手段在签字人的控制之下而不受他人控制；

（三）电子签名经检测后不得变更；及

（四）法律要求签名的目的是为其有关的信息的完整性提供保证，签名经检测后不得变更其中的信息。

三、第二款不禁止任何人证明在其他条件下或通过其他方式的电子签名：

（一）是可靠和合适的；或

（二）是不可靠和不合适的。

四、本法律规定的印章需满足电子印章的要求。

**第九条** 原始格式的要求

一、法律规定下列条件下满足电子记录的信息应以其原始形式进行展示或保存：

（一）该信息以电子记录或其他方式首次以最终形式产生时其有可靠的保证其信息的完整性；及

（二）当该信息被要求展示时能够按展示要求进行展示。

二、为落实第一款第（一）项：

（一）完整性评估的标准是信息是否保持完整和未被改变，除了增加任何背书和任何发生在任何发生在正常通讯、存储和显示过程中的变动；及

（二）其所要求的可靠性标准应当出于评估该信息的生成和所有的相关情况的目的。

**第十条** 信息的保留

一、法律规定电子记录满足以下条件的需要将信息保留：

（一）其中所包含的信息可以将来被引用；

（二）电子记录保留其被生成、发送或接收的格式，或以其被证明将准确呈现该信息被生成、发送或接收的格式；及

（三）为了识别电子记录的发送地的和接收地以及它被发送或接收的日期和时间的信息将被保存。

二、根据第一款保留信息的义务不适用于将电子记录的发送或接收作为唯一目的的信息。

三、当事人通过使用任何其他人提供的服务可能满足第一款的法律规定时，适用第一款（一）、（二）和（三）的规定。

**第十一条** 电子记录的可采性和证据力

一、以下电子记录不得拒绝采用：

（一）它是唯一的电子记录；或

（二）在电子记录不是它原始形式的条件下，如果当事人引用该

证据可以合理预期获得最好的证明力。

二、应给予电子记录形式的信息应有的证据力，为此须注意以下几点：

（一）电子记录被生成、存储或传输的方式的可靠性；

（二）保持信息完整性的方式的可靠性；

（三）发送人确认的方式；及

（四）任何其他的有关因素。

## 第三部分——电子记录的传达

**第十二条** 合同的形式和效力

一、除非当事人另有约定，有关于合同形成的要约或要约的接收须由电子记录的方式表达。

二、当合同由电子记录形成时，该合同的法律效力、有效性或执行力在该电子记录使用目的的唯一领域内不应被否认。

三、电子记录被用来形成一个合同应遵守管辖合同的法律规定，除非当事人根据萨摩亚法律另有约定。

**第十三条** 被当事人认可的电子记录

不得否定发送人与电子记录的接收人之间以电子记录的形式做出的意思表示或其他声明的法律效力、有效性或可执行性。

**第十四条** 电子记录的归属

一、若电子记录是由发送人自己发出的，则该电子记录属于发送人。

二、在发送人与接收人之间，若属于以下情况则电子记录被认为是发送人的：

（一）通过有权代表发送人的人发送的有关电子记录；

（二）通过一个信息系统程序或代表发送人自动操作。

三、在发送人和接收人之间，如果符合以下情况，接收人有权视该电子记录是发送人的，并依此假定做出行动：

（一）为了确定电子记录是否属于发送人，接收人完全应用程序

之前经过了发送人的同意；或

（二）当事人与发送人或者与任何发送人雇佣的代理人以获得的经发送人识别的电子记录授权访问的方式等有关系的行动导致电子记录被接收人接收 。

四、第三款不适用于以下情况：

（一）当接收人收到发送人的通知说明电子记录不属于发送人时，并有合理的时间做出相应的行动；或

（二）在第三款第（二）项的情况下，在当接收人已经知道或应当知道的任何时候，其行使了合理的注意义务或使用了任何约定的程序，则该电子记录不属于发送人。

五、如果一个电子记录属于发送人或被认为是发送人的，或接收人有权按这种假定做出行动，那么，作为发送人与接收人之间而言，接收人有权以电子记录被接收时按照发送人意图发送的形态做出行动，除非接收人已经知道或者应当知道或者其已经尽到了合理的注意义务或使用任何约定程序知道该电子传输导致了电子记录接收后的任何错误。

六、接收人有权以每个接收到的电子记录作为一个单独的电子记录并按这种假定做出行动，除了接收人已经知道或者应当知道，或其已经尽到合理的注意义务或采取其他的约定程序知道该电子记录是另一个电子记录的副本之外。

**第十五条** 回执

一、第二款至第四款适用于发送电子记录之时或之前，或 以电子记录的方式，发送人已经请求或已经同意接收人对电子记录的收到进行的确认。

二、如果发送人未同意接收人就特定形式或特定方式给予的确认，确认可以以以下方式给出：

（一）任何由接收人、自动或以其他形式发出的通讯；或

（二）接收人任何足以向发送人表明电子记录已收到的行为。

三、如果发送人表示电子记录的接收需要以确认收到为接收条

件，电子记录应该被视为好像其从未被发出过，直到收到确认。

四、如果发送人没有表示电子记录的接收需要以确认收到为接收条件，并且发送人没有在指定的或协议的时间内收到确认，或者如果没有指定或协议的时间，在合理的时间内，发送人可以：

（一）可以通知接收人说明没有收到确认并指定在一个合理的时间内必须确认收到；或

（二）如果在第（一）项的特定时间中没有收到确认，在通知接收人之后可视该电子记录好像从未发送过并消去其可能拥有的任何其他权利。

五、如果发送人收到了接收人的接收确认，其可以推定有关的电子记录已经被接收人收到，但是这种推定并不意味着该电子记录与发送的电子记录相符合。

六、如果接收人的接收确认表明有关的电子记录满足了发送人与接收人所达成的应达到的技术要求，则应推定其满足了上述要求。

七、除了到目前为止因其涉及到的电子记录的发送或接收，本条并不影响电子记录或接收确认涉及到的法律后果。

**第十六条** 电子记录发出和收到的时间和地点

一、发送人和接收人之间除非另有协议，当一个电子记录在发送人或代替发送人发出电子记录的代理人的控制之外，并进入一个信息系统时，视为发生电子记录的发出行为。

二、除非发送人与接收人另有协议，收到电子记录的时间确定如下：

（一）如果接收人指定了用来接收电子记录的信息系统，接收行为发生在：

1. 在电子记录进入该指定系统的时间；或

2. 如果该电子记录被发送至不是接收人指定的信息系统，在该电子记录被接收人寻回的时间；

（二）如果接收人并未指定信息系统，当电子记录进入一个属于接收人的信息系统时发生接收行为。

三、尽管信息系统的方位可能不同于第四款下电子记录被视为收到的方位，但都适用于第二款。

四、除非发送人与接收人另有约定，电子记录被视为在发送人的营业场所被发出，并且被视为在接收人的营业场所被接收，为落实本款：

（一）如果发送人或者接收人有一个以上的营业场所，该“营业场所”是与相关交易关系最密切的场地，如果没有相关交易，则为最主要的营业场所；或

（二）如果发送人或接收人没有营业场所，视情况而定，电子记录在发送人或接收人的经常居住地被视为发出或接收。

## 第四部分——其他事项

**第十七条** 条例

一、国家元首可以制定条例，与本法不一致的，本法规定的所有事项需要或允许被规定或在必要的或合适的情况下实施本法。

二、在不限制第一款的情况下，条例可以为了达到以下目的而制定：

（一）管理操作与本法相关的任何类别的交易、人、事宜或事物，或参考任何特定的目的或条款；

（二）规定的条件除了替代需求之外，必须遵守第二部分关于电子记录的规定；及

（三）本法中的规定或其他任何条款，不得适用于除了电子交易外任何类别的交易、人、事宜或事物。

2008 电子交易法由萨摩亚国际金融管理局执行。

# 美洲篇

# 美国统一电子交易法案[①]

**第一条** 标题

本法案名称定为“统一电子交易法案”。

**第二条** 定义

在本法案中：

(1)“协议”是指事实上的当事人以语言明示的交易，或者基于适用于特定交易的法律从特定场合和赋予合意效力的规则、规定和程序所推定的交易。

(2)“自动交易”是指一项交易整体或部分通过电子手段或电子记录执行或履行，其中一方或双方当事人在签订合同、履行已存在的合同或交易义务的行为或记录中，未参与其中的个人审查。

(3)“计算机程序”是指为达到特定结果直接或间接用于信息处理系统的一系列语句或指令。

(4)“合同”是指当事人根据本法案和其他适格的法律订立的协议所导致的全部法律责任。

(5)“电子方式”是指采用电子、数字、磁、无线、光学、电磁或类似手段的技术。

(6)“电子代理”是指未经个人的行为或审核，全部或部分的独

① Uniform Electronic Transactions Act (UETA)。

立发起某种行为或响应电子记录或履行的计算机程序、电子手段或其他自动化手段。

（7）“电子记录”是指通过电子手段创造、生成、发送、传输、接收或储存的记录。

（8）“电子签名”是指附着于或逻辑地关联于一项记录并意图签署该记录的人采纳或者执行的电子声音、符号或程序。

（9）“政府部门”是指联邦政府或者州、郡、市或其他州属政治机构的行政、立法或司法机构、部门、理事会、委员会、当局、研究所或其他机构。

（10）“信息”是指数据、文本、图形、声音、代码、计算机程序、软件、数据库或者其他类似事物。

（11）“信息处理系统”是指创制、生成、发送、接收、储存、显示或处理信息的电子系统。

（12）“主体”是指个人、公司、商业信托、地产、信托、合伙、有限责任公司、联合体、合资企业、政府机构、上市公司或其他任何法律或商业实体。

（13）“记录”是指刻在有形介质或者存储在电子或其他媒介，并且能够以可感知的形式恢复的信息。

（14）“安全程序”是指用于确认一项电子签名、记录或履行确属特定某人所为，或用于侦测一项电子记录中的信息变动或信息错误的程序。它包括需要使用算法或其他代码、鉴别词语或者数字、加密、回叫或其他的识别程序。

（15）“州”是指美国的一个州、哥伦比亚特区、波多黎各、美属维尔京群岛或其他美国拥有管辖权的地区或孤岛。州也包括联邦政府认可或者州政府正式承认的印第安部落或家族群、阿拉斯加原始村落。

（16）“交易”是指两个或两个以上的主体之间就完成企业、商业或政府事务而进行的一项或一系列行为。

**第三条** 范围

（a）除本条（b）款规定外，本法案适用于与交易有关的电子记录或电子签名。

（b）本法案不适用于下列法律调整的交易：

（1）管理遗嘱设立和执行、遗嘱附件、遗嘱信托的法律；

（2）《美国统一商法典》，但是该法的第 1－107 条、第 1－206 条、第 2 条、第 2A 条除外；

（3）《统一计算机信息交易法案》；

（4）其他经由州确认的法律。

（c）属于本条（b）款规定的不适用本法案的电子记录或电子签名，如其调整的法律不属于本条（b）款规定的范围，仍适用本法案。

（d）适用于本法案的交易也受到其他可适用的实体法律的管辖。

**第四条** 预期适用

本法案生效之日及生效以后所创制、生成、发送、传播、接收或储存的电子记录或电子签名都适用本法案。

**第五条** 电子记录和电子签名的使用；协议的变更

（a）本法案不要求所有的记录或签名都必须通过电子手段或以电子形式创制、生成、发送、传播、接收、存储、处理或使用。

（b）本法案仅适用于当事人各方均同意采用电子手段进行的交易。当事人是否同意采用电子手段进行交易，从合同内容和有关情境及当事人的行为判断。

（c）当事人同意采用电子手段进行一项交易时，依然可以拒绝采用电子手段进行其他交易。本款赋予的权利不能通过协议放弃。

（d）除非本法案其他条款另有规定，本法案中的任何条款的效力都可以通过协议变更。本法案中的“除非另有协议”或其他类似条款，并不意味着其他条款不能通过协议予以变更。

（e）一项电子记录或电子签名是具有法律效力，由本法案和其他适用的法律决定。

**第六条** 解释与适用

本法案必须按照下列规定解释与适用：

（1）为促进电子交易应与其他适用法律保持一致；

（2）为电子交易的合理实践以及实践的不断拓展保持一致；

（3）为实现本法案的宗旨，促进法案在各州的统一实施。

**第七条** 电子记录、电子签名和电子合同的法律认定

（a）不能仅仅因为一项记录或签名采用了电子形式而否定其法律效力或执行力。

（b）不能仅仅因为一项合同在其订立过程中使用电子记录而否定其法律效力或执行力。

（c）如果法律要求一项记录必须采用书面形式，电子记录视为符合法律规定。

（d）如果法律要求签名，电子签名视为符合法律规定。

**第八条** 书面信息的提供；记录的显示

（a）当事人各方同意通过电子方式进行一项交易，而法律规定一方当事人应向另一方当事人提供、发送书面信息，如果该信息是以在接收时可被接收方予以保留的电子记录形式提供、发送或传递，则视为符合法律要求。如果发送方或其信息管理系统禁止接收方打印或存储一项电子记录，该电子记录视为不可保留。

（b）如果其他法律要求一项记录：（i）以特定方式邮寄或显示；（ii）以特定方法发送、传播或传输；或者（iii）包含以特定方式组成的信息，那么下列规定应当遵守：

（1）记录必须按照其他法律规定的方式邮寄或者显示。

（2）除本条（d）款2项另有规定外，该项记录须以其他法律规定的特定方式发送、传播或传输。

（3）该项电子记录须包含以其他法律规定的特定方式形成的信息。

（c）如果发送方禁止接受方存储或打印一项电子记录，则该项电

子记录对接收方不具有强制效力。

（d）本条规定不得通过协议更改，但下列情形除外：

（1）如果其他法律要求信息应以书面形式提供、发送、传递，但如果允许协议变更该要求，则本条 a 款规定的信息须以可保留的电子记录形式之规定也可以协议变更。

（2）其他法律规定可通过“一级邮件，邮费预付”、“常规的美国邮件”发送、传播、传输一项记录的要求，可以通过协议变更以符合其他法律规定。

**第九条** 电子记录和电子签名的归属和效力

（a）电子记录或电子签名是某人行为的结果，则其效力归属于行为者。其行为可以通过任何方式予以体现，包括通过用以确定电子记录或电子签名归属于某人的任何安全程序表现出来。

（b）根据本条（a）款确定的电子记录或电子签名归属于某人的结果，应根据创制、执行、通过记录、签名时的特定语境和情形，以及当事人之间的协议和相关法律规定，加以确定。

**第十条** 变更的效力和错误

电子记录在交易当事人之间传输时出现变更或错误，适用以下规则：

（1）当事人各方约定使用某种安全程序检测变更或错误，一方当事人遵此执行，而另一方当事人未遵守约定，在未遵守方如遵守约定就可以检测到该变更或错误的情形下，遵守方可以撤销变更或错误的电子记录所产生的效力。

（2）在涉及个人的自动交易中，个人可撤销在与他人的电子代理人交易过程中他人的错误的电子记录的效力，当应当符合以下条件：电子代理未能提供机会避免或纠正错误，以及该个人在知道电子记录出现错误时采取如下行为：

（A）及时将电子记录错误通知另一方当事人，并且告知本人无意受另一方当事人接收到的错误电子记录的约束；

（B）采取合理举措，包括遵照另一方的合理指示将该结果返还给另一方，或根据另一方指示取消收到的对价以及根据错误情形采取其他措施；

（C）不使用或获取由另一方当事人发出的对价所产生的任何利益或价值。

（3）如果本条第（1）款和第（2）款均不适用，电子记录变动或错误的效果适用其他法律规定，包括“有关错误的法律”和当事人之间的合同。

（4）本条第（2）款、第（3）款的规定不得通过协议变更。

**第十一条** 公证和确认

如果法律要求签名或者记录需经公证、确认、证实或者宣誓，则被授权如此行为的人的电子签名，以及其他适格法律所要求的所有其他信息被附着于或逻辑地归属于该项签名或记录，则被视为符合法律规定。

**第十二条** 电子记录的保留；原件

（a）如果法律要求记录予以保留，若该记录信息中的电子记录按如下方式保留，视为符合法律规定：

（1）自一项电子记录首次以最终形式生成后，该记录能准确反映所记录的信息；并且，

（2）仍然可供以后参考。

（b）本条 a 款关于保留记录的规定，不适用于任何仅旨在使得记录可被发送、传播或接收的信息。

（c）如果一方主体使用他们的服务满足了该法律的要求的话，则视为符合本条（a）款的规定。

（d）如果法律要求记录应以其原件形式提供或保留，或是在未能以原件形式提供或保留时提供其结果，按照本条（a）款保留的电子记录即符合该法律要求。

（e）法律规定保留支票的，只要支票下面和背面内容的信息的电

子记录符合本条（a）款的规定，视为符合法律规定。

（f）法律要求当事人保留记录以作证据、审计或用于类似目的，符合本条（a）款规定的可保留电子记录视为符合法律规定，等污染效力，除非本法案生效后实施的法律为了特定目的禁止电子记录的使用。

（g）本条规定并不排除本州政府机构在其管辖范围内做出关于记录保留的额外规定。

**第十三条** 证据的可采性

在诉讼程序中，不能仅仅因为记录或签名采取电子形式而否认其作为证据的效力。

**第十四条** 自动交易

在自动交易中，下列规则应当适用：

（1）各方当事人的电子代理之间的交互行为即可成立合同，即使没有人知道或检查电子代理的行为或者产生的相关条款和协议。

（2）电子代埋人和以自己名义代表他人的个人之间的交互行为可以成立合同，该行为包括：个人可自由地拒绝履行为，以及个人知道或有理由知道电子代理人能够完成或履行交易。

（3）合同的条款由其适用的实体法决定。

**第十五条** 发送和接收的时间与地点

（a）除非发送和接收方另有约定，电子记录的发送是指：

（1）当它正确地指向或导入接收方的指定或使用的信息处理系统，该信息处理系统用于接收电子记录、或者发送该类型的信息，并且接收方能够用于恢复电子记录；

（2）当它具有能被接收方信息处理系统处理的形式；

（3）进入发送方或代表其发送的人无法控制的信息处理系统，或进入由接收方控制并使用或指定的信息处理系统的区域。

（b）除非发送方和接收方另有约定，电子记录的接收是指：

（1）进入接收方指定或使用，并用来接收电子记录或所发送类型的信息，以及用于恢复电子记录的处理系统；

（2）当它具有能被接收方信息处理系统处理的形式。

（c）即使信息处理系统所处地点与根据本条（d）款规定设计的电子记录应接收地点不一致，本条（b）款仍予以适用。

（d）除非电子记录中明示规定或发送接收双方另有约定，电子记录发送被视为从发送方的营业地发出；电子记录的接受被视为在接收方的营业地接受。基于本条适用的目的，下列规则应当遵循：

（1）发送方或接收方有一个以上营业地时，当事人营业地是与基础交易有最密切联系的营业地。

（2）发送方或接收方没有营业地时，当事人营业地是指发送方或接收方的住所地。

（e）根据本条（b）款接收的电子记录，即使没有任何个人知道其接收，视为已接收。

（f）本条（b）款规定的信息处理系统发出的“收到”电子确认通知，表明记录已被接收，其本身并不表示所接收的信息内容与所发送的信息一致。

（g）如果当事人知道电子记录据称已根据本条（a）款规定发出，或已根据本条2款规定接收，但该项电子记录未实际发出或接收，该发送或接收的效力适用其他法律规定。除其他法律另有规定外，本款规定不得通过协议变更。

**第十六条** 可转让记录

（a）本条所称“可转让记录”系指符合下列条件的电子记录：

（1）如果电子记录以书面方式呈现，《统一商法典》第3条规定的“票据”或第7条规定的“文件”被做成电子记录。

（2）电子记录的签发方明示约定该电子记录是可转让记录。

（b）如果可以证明可转让记录的利益转让人可靠地确认了该人即为可转让记录的受签发人，则该人拥有对可转让记录的控制权。

（c）如果可转让记录以下列方式创制、存储、签发，该系统视为符合本条（b）款规定，该人对该项可转让记录享有控制权：

（1）可转让记录正本存在并且是唯一的、可识别的、未经变动的，除非本款4项、5项、6项另有规定。

（2）正本认定对可转让记录的有控制权的人为：

（A）可转让记录签发的对象；

（B）如果正本显示可转让记录已被转让，最后转让的对象为控制权人。

（3）正本传递给主张控制的人或其指定代理人并由其保存。

（4）只有经过控制人的同意，才能制作增加或改变正本受让人的副本或修正本。

（5）正本的任何复制件以及复制件的复制件均一律被视为非正本。

（6）针对正本的任何修正可被视为以经过授权或未经过授权。

（d）正如《统一商法典》第1－021（20）条所界定的那样，除非另有约定，可转让电子记录的控制人，是该项可转让电子记录的持有人，享有与《统一商法典》项下同等记录或书面文件的持有相同的权利和抗辩权：在满足《统一商法典》第3－302（a）、7－501或9－308条所规定的要求时，持有人权利包括在正当过程中的持有人、合法的票据转让过程的受让人或购买人，所享有的权利和抗辩。取得和行使本款规定的任何权利，不需以交付、占有或背书为要件。

（e）除非另有约定，可转让记录的义务人享有义务人享有与《统一商法典》项下同等记录或书面文件的义务人相同的权利和抗辩。

（f）当某人被要求执行其财产时，寻求强制执行可转让记录的人应当提供合理证据，以证明该人享有对该可转让记录的控制权。证据可以包括：进入可转让记录的权威副本和足以审查可转让记录的条款、确认可转让记录控制人的身份的相关商业记录的路径。

**第十七条**　电子记录的创制与保留，政府部门对书面记录的转换

州内每一政府部门的州委任官员应决定是否以及在体积范围内由

政府部门创制电子记录、保留电子记录，并将书面记录转换为电子记录。

**第十八条** 政府部门对电子记录的接收与分发

（a）除非本法第 12 条（f）款另有规定，本州每一政府部门、州委任官员应决定是否及在何种范围内由政府部门向当事人发送或接收当事人的电子记录和电子签名，或者创制、生成、传播、存储、处理、使用、依赖电子记录和电子签名。

（b）在政府部门根据本条（a）款使用电子记录和电子签名范围内，基于安全考虑，政府部门、州委任官员可以规定：

（1）创制、生成、发送、传播、接收、存储电子记录必须采取的方式，以及为达成上达目的而设立的系统；

（2）若电子记录必须以电子手段签发，电子签名的类型、必须附着于电子记录的电子签名的方式、或者在人们通过使用第三人完成这一程序时，第三人的身份或必须达到的标准；

（3）适合于确保电子记录充分保存、处置、完整性。安全性、保密性与可审计性的控制过程和属性；

（4）用以配合非电子形式的记录所必需或特定情形下所必需的电子记录的任何其他属性。

3. 除本法案第 12 条（f）款另有规定外，本法不要求本州政府部门使用或允许使用电子记录或电子签名。

**第十九条** 相互操作性

由住所本法案第 18 条采纳某种标准的州“政府部门”、“委任官员”可以鼓励和促进本州和其他州的政府部门、联邦政府、非政府人员所采纳的类似标准保持一致与相互操作性。如果可以的话，上述标准可以按照不同标准进行修改，以供州政府部门选择最合适的标准进行特定应用。

**第二十条** 条文独立性

如果本法案某些条款或其对某些人或情形的适用无效，并不影响其他不依赖于上述无效条款或其适用的其他条款或其适用的效力，本法案的各条款是可以分割的。

**第二十一条** 生效日期

本法案自________起生效①

① 本法为美国“统一州法全国委员会”制定，该委员会致力于美国各州的法律统一运动，它起草了100多项统一标准法案，供各州选用，或按此制定相应的法律。本法实际上是示范法，并非立法机构制定的正式生效的法律，因此没有生效日期。——译者注

# 美国数字签名和电子认证法[①]

**第一条** 标题

本法案名称定为“1998 年数字签名和电子认证法”。

**第二条** 背景和目的

（a）背景——国会调查发现：

（1）技术对银行和其他金融机构的业务方式产生巨大影响，并且几乎影响到了银行业务的所有方面；

（2）该变革不仅涉及到文件和其他信息的创制、保存和传递，也涉及到资金收付、货物和服务的买卖，以及金融机构沟通与服务客户的能力；

（3）金融和其他交易将更多的依赖开放的电子网络如互联网，以及其他参与此类交易的当事人的身份不易核实，并需要确保各方信息传输不会被改变的方式；

（4）银行凭借它们在国家支付系统中的角色，他们与客户的关系，以及对技术的审慎使用，能够很好地促进通过因特网等电子媒介的金融交易；

（5）金融和其他交易的各方能够提前达成协议或者交易可按其随后发生的系统规则（即“封闭的系统交易”）；

（6）如果根据例如国家合同法之类可适用的法律，系统规则和协

① Digital Signature and Electronic Authentication Law。

议的形成是有效的，那么当事人应当按照系统规则和协议的术语与条件使用电子认证，确保电子认证的发展能够受到合适的市场驱动；

（7）过早的、矛盾的、不明智的规则会阻碍技术在金融交易中的使用，抑制电子商务的发展，并降低金融交易的安全；

（8）国会适宜确立一个能够避免过早或者不合适的规则，同时又能提供适当监管，使银行及其分支机构和附属机构能够参与电子商务和电子银行的框架；

（9）特别是，为了促进电子商务和电子银行的发展，以及研究在电子商务发展领域背景下消费者保护的需求和智慧，由美联储理事会与联邦和州的其他银行业监管机构磋商并向国会报告关于电子认证技术的使用的举措是适当的。

（b）目的——制定本法案的目的是：

（1）便利金融机构在电子商务和电子银行的交易领域中的参与；

（2）确保消费者利益获得充分保护；

（3）避免过早的或者相互冲突的规则不经意地阻碍电子银行和电子商务的发展，或者威胁到电子银行和电子商务的安全。

**第三条** 对1968年银行业保护法案的修正

（a）定义：1968年的银行业保护法案（12. U. S. A. 1881）第2条做如下修正：

（1）在“使用”之前插入“联邦监管机构”。

（2）在第四款中的“时期”前面插入“协会”。

（3）在本条结尾处加入以下内容：

“（b）分支机构：术语‘分支机构’具有与1956年的银行持股公司法案第2条（k）项相同的含义。

（c）适当的联邦银行结构：术语‘适当的联邦银行机构’具有与联邦存款保险法第三条中相同的含义，包括联邦信用联盟法案中关于保险信用联邦的国家信用联盟管理。

（d）协会：术语‘协会’是指一个进行接收、发送和解决交易支付与指示等业务，由保险储蓄机构作为其成员或者股东，或者他们参与的由一个或者多个联邦银行机构负责监督和检查的组织或者联合体。

（e）银行持股公司：术语‘银行持股公司’具有与1956年银行持股公司法案第二条相同的含义。

（f）文件：术语文件是指任何的消息、文件、信息、数据、图像、文本、程序、软件、数据库或者类似项目，不论它们是怎么创制的，都应当能被检索或者以有形方式显示。

（g）电子认证：术语‘电子认证’是指密码或者其他的电子安全技术，使该技术的用户：

（1）能够验证文件发送者的身份或者相关信息；

（2）确定文档在向接收者的传输过程中是否被变更、改变或者修改；

（3）验证接收的文件是由宣称发送方发送的。

（h）联邦银行机构：术语‘联邦银行机构’与联邦存款保险法案第3条相同的含义，并且包括国家信用联合监管。

（i）金融机构：术语‘金融机构’是指：

（1）存款保险机构及其分支、代表处，或者附属机构；

（2）银行控股公司和其附属机构；

（3）存款保险机构的分支机构；

（4）协会；

（5）在美国的国外银行保持代理机构或者分支［本术语被1978年国际银行法案第1条（b）项定义］；

（6）任何由电子资金划拨法第903条定义的金融机构或者诚实借贷法第103条规定的信用卡发行机构应当根据合理的商业实践分别提供关于选择的适当通知，并且该选择必须符合本法案规定的条款。

（j）存款保险机构：术语‘存款保险机构’具有与联邦存款保险法案第3条相同的含义。

（k）州的银行监管者：术语‘州的银行监管者’具有与联邦存款保险法第3条相同的含义。

（i）附属机构：术语‘附属机构’：

（1）与1956年银行持股公司法案第2条（d）项相同的含义；

（2）包括联邦储备法案第23A（b）（4）条中的‘附属机构’的含义。”

（b）电子商务：1968年银行保护法增补以下新的条款：

“第六条　文件的电子认证

（a）文件、信息和身份的电子认证：

（1）一般规定：如果与相当方就电子认证的使用达成协议，或者建立了使用电子认证的银行、金融或者交易系统，那么可以在商业活动中使用电子认证。

（2）适用规则：根据相关协议或者系统规则，本条所称电子认证的建立和使用应当是有效的。

（b）监督：

（1）一般规则——适当的联邦银行机构或者州银行监管机构可以根据规则或者命令，如果确定存在以下情形，可以禁止保险存款机构或其分支或者附属机构或者其他受其管辖的实体在商业活动中使用电子认证：

（A）该使用与安全和稳健的银行业务不一致；

（B）该使用可能会威胁到机构、附属机构和分支机构安全与稳健。

（2）州的权力：

（A）一般规则——不要要求金融机构：

（i）被规制、注册、认证、授权或者批准；

（ii）在州政府或者其代理机构以及部门根据本法案就电子认证的使用、行使数字认证权力或者类似角色而颁布的标准、规则或者规定中，被限制其行为。

（B）收费限制——任何州都不可：

（i）对金融机构根据本法案提供的电子认证服务收费；

（ii）征收可以由金融机构收取的，根据本法案提供的电子认证服务的任何最低的或者其他限制的收费。

（C）其他监管权力：本条没有授权州的银行监管者依照其管辖权对其管辖的州特许金融机构制定规则。

（D）消费者保护：本条规定并不损害州的一般消费者保护法赋予的消费者权利。

第七条　消费者保护

第6条（a）项不能被解释为按照下列法律损害了消费者权利：

（1）诚实借贷法或者电子资金划拨法，或者联邦储备委员会关于从消费者账户或者信用贷款到其他消费者账户的电子资金划转实施条例；

（2）任何具有相似性质或者目的的州的法律。”

**第四条**　联邦储备委员会研究

（a）报告：在2000年7月1日之前，美联储理事会在与联邦银行监管机构和州的银行监管机构磋商之后，应当向国会报告按照1968年银行保护法第6条和本法案确定的金融机构的电子认证的使用情况。

（b）考虑事项：

在按照本条（a）款要求准备报告时，理事会应当涵盖以下事项：

（1）诚实借贷法和电子资金划拨法，或者理事会关于此类交易的实施条例中，适用消费者保护条款的适当性。

（2）根据金融机构和消费者在使用有第三方保证的电子认证中的经验，决定是否需要改变对消费者的保护。

（3）基于以下目的，与其他国家就金融机构和及其他机构关于电子认证的国际使用进行磋商和合作的需求：

（A）鼓励简化监管治理、按照本法案的电子认证的外国识别和美国对外国电子认证的识别；

（B）鼓励跨国性的尽可能的互操作性；

（C）实施尽可能少的与安全和稳健的考虑一致的规则

（D）促进支付系统的平稳运行；

（E）促进金融机构自由而公平地参与国外市场的机会。

（c）定义术语的掺入：在本条中出现的任何术语应当与 1968 年银行保护法案第 2 条（包括该法案的修正案）中术语含义一致。

**第五条** 规则构建

（a）使用效果：本法案及其修正案不能被解释为限制了金融机构或者其他实体在业务活动中使用电子认证或者其他认证技术的权利。

（b）合法协议的影响：除非另有特别规定，本法案或者 1968 年银行保护法案，以及本法案的修正案不能被解释为影响到了根据其他适用的联邦或者州的法律而制定的相关协议或者系统规则的合法性。

**图书在版编目（CIP）数据**

域外网络法律译丛. 民商法卷/于志刚主编；李怀胜分册主编. —北京：中国法制出版社，2015. 7

ISBN 978－7－5093－6478－9

Ⅰ. ①域… Ⅱ. ①于… ②李… Ⅲ. ①法律－汇编－世界②民法－汇编－世界③商法－汇编－世界 Ⅳ. ①D911. 09②D913. 09③D912. 290. 9

中国版本图书馆 CIP 数据核字（2015）第 138586 号

策划编辑/刘　峰（52jm. cn@163. com）
责任编辑/张　津（zj2007011567@163. com）　　封面设计/蒋云羽

**域外网络法律译丛·民商法卷**

YUWAI WANGLUO FALÜ YICONG · MINSHANGFAJUAN

主编/李怀胜
经销/新华书店
印刷/北京京华虎彩印刷有限公司
开本/640 毫米×960 毫米 16　　印张/27. 375 字数/268 千
版次/2015 年 8 月第 1 版　　2015 年 8 月第 1 次印刷

中国法制出版社出版
书号 ISBN 978－7－5093－6478－9　　定价：80. 00 元

北京西单横二条 2 号　　值班电话：66026508
邮政编码 100031　　传真：66031119
**网址：http：//www. zgfzs. com**　　**编辑部电话：66053217**
**市场营销部电话：66033393**　　**邮购部电话：66033288**

（如有印装质量问题，请与本社编务印务管理部联系调换。电话：010－66032926）